2016年内蒙古自治区高等学校科学研究项目"科尔沁地区汉语传播史与汉语方言调查"（项目编号：NJSZ16168）研究成果。

2015年内蒙古民族大学科学研究项目"科尔沁地区汉语方言词汇研究"（项目编号：NMDGP1511）研究成果。

中国学者研学文库 | 教育与语言书系

汉语传播与汉语方言调查研究

——以科尔沁地区为例

王智杰　李淑平 | 著

中国书籍出版社
China Book Press

图书在版编目（CIP）数据

汉语传播与汉语方言调查研究：以科尔沁地区为例/
王智杰，李淑平著．－－北京：中国书籍出版社，2022.3
　ISBN 978-7-5068-8981-0

Ⅰ.①汉…　Ⅱ.①王…　②李…　Ⅲ.①汉语方言—方
言研究—调查研究—内蒙古②汉语—文化语言学—文化传
播—研究—内蒙古　Ⅳ.①H172.1②G125

中国版本图书馆 CIP 数据核字（2022）第 057208 号

汉语传播与汉语方言调查研究：以科尔沁地区为例

王智杰　李淑平　著

责任编辑	李　新
责任印制	孙马飞　马　芝
封面设计	中联华文
出版发行	中国书籍出版社
地　　址	北京市丰台区三路居路 97 号（邮编：100073）
电　　话	（010）52257143（总编室）　　（010）52257140（发行部）
电子邮箱	eo@chinabp.com.cn
经　　销	全国新华书店
印　　刷	三河市华东印刷有限公司
开　　本	710 毫米×1000 毫米　1/16
字　　数	350 千字
印　　张	19.5
版　　次	2022 年 3 月第 1 版
印　　次	2022 年 3 月第 1 次印刷
书　　号	ISBN 978-7-5068-8981-0
定　　价	98.00 元

目 录
CONTENTS

第一章

语言传播

斯大林在《马克思主义和语言学问题——论语言学的几个问题》中曾说："语言是作为人们交际的工具、作为社会中交流思想的工具为社会服务的，这个工具使人们能够相互了解并调整他们在人类活动的一切范围（包括生产的领域，也包括经济关系的领域，包括政治的领域，也包括文化的领域，包括社会生活，也包括日常生活）中的共同工作。"① 从其精辟的论述中可以得知语言的力量是巨大的，只要语言相通，就能齐心协力，所要做的事情必能达成所愿。

第一节　语言与语言传播

语言是一种社会现象，随着社会的发展变化语言也会随之发生变化。

一、语言

语言的定义是语言研究中最重要、最关键的问题，因为所有与语言研究有关的其他问题都是建立在对这一问题认识的基础之上，它对语言研究的理论、目标、范围、方法、途径、重点和结果都有重要的影响。② 因此，多年来专家、学者从不同角度对语言进行界定，索绪尔认为"语言是一种自足的结构系统，同时又是一种分类的原则"；"语言是一种表达观念的符号系统"；"语言是一个

---

① 中共中央马克思、恩格斯、列宁、斯大林著作编译局编. 斯大林选集（下）[M]. 北京：人民出版社，1979：524-525.

② 潘文国. 语言的定义 [J]. 华东师范大学学报（哲学社会科学版），2001（1）.

系统，它只知道自己固有的秩序"。① 他从语言的自然属性出发，高度概括了语言的社会性、符号性和系统性以及三者之间的关系。陈原认为应该从下面三个方面研究语言现象："语言是一种社会现象"；"语言是人类最重要的交际工具"；"语言是人的思想的直接现实"。② 他从语言的社会属性出发，强调了语言是交际工具这一基本属性。品克说："语言是人类的大脑的生理构成中的一个清晰部分。语言是一种复杂的专门化的技术，是在儿童期间自发地、无意识地、不需要花力气也不需要特别地指导形成的。"③他从人类自身的自然属性出发，强调用自然科学的方法去研究语言。沃尔夫认为："每种语言都是与他种语言各不相同的形式系统，其形式与范畴都由其文化所规定。"④他从人类的历史文化属性出发，强调用人文科学的方法去研究语言。从古希腊到当代，比较有代表性的语言定义有120余种，⑤ 但任何一种定义都无法否认语言的社会性和交际功能。语言是社会的产物，它随着社会的产生而产生，随着社会的发展而发展，没有社会语言就无从存在；语言是社会成员交际不可缺失的工具，是社会文化的重要载体。概括起来说，语言就是以语音为物质外壳，以词汇为建筑材料，以语法为结构规律而构成的一种音义结合的符号系统，是人类思维和交际的最重要的工具。从最初的民族形成到国家建立，以及民族的兴衰，在人类社会活动中，语言一直都扮演着重要的角色。语言有广义与狭义之分，广义的包括语言与表情语言、肢体语言、图形语言等，狭义的就是指上面所说的语言学领域中的语言，我们这里的语言就是狭义的语言。

二、语言传播

语言学领域和传播学领域都涉及对"语言传播"的研究：传播学中的"语言传播"，将语言看成构成传播最基础、最重要的元素，是传播的重要工具，认为传播的内容（任何实物、现象、事实、信息等）都需要通过语言进行陈述或记录，才能使传播得以进行，传播的内容是主体和中心；语言学中的"语言传

---

① ［瑞士］费尔迪南·德·索绪尔. 高名凯译. 普通语言学教程［M］. 北京：商务印书馆，2011：16-24.

② 陈原. 社会语言学［M］. 香港：商务印书馆香港分馆，1984：3.

③ Pinker, Steven. The Language Instinct［M］. New York：William Morrow and Company, Inc, 1994.

④ Whorf, Benjamin Lee. 1941, Language, Mind, Reality［A］. John Carroll. Whorf's Language, Thought, and Reality［M］. Massachusetts：The MIT press, 1956.

⑤ 胡朝阳，刘旭. 关于"语言定义"的评析与重新阐释［J］. 湖北科技学院学报，2018（1）.

播"，是指语言的传播，语言是主体和中心。① 我们所说的"语言传播"界定在语言学的范畴内，是指语言的传播及其相关的社会现象。

著名语言学专家罗伯特·L·库珀在《研究语言传播所用的分析框架：以现代希伯来语为例》中为语言传播下的定义为："一个交际网络为了实现特定的交际功能而采用某种语言或语言变体，随着时间的推移，该网络的规模得以扩大，这种现象可以称为语言传播。"并举出了大量的例子，"例如古代美索不达米亚的苏美尔语、阿卡德语和阿拉姆语（Paper，1982），有关的各王国中的希腊语、拉丁语和阿拉伯语（布罗斯纳汉，1963），埃塞俄比亚的阿姆哈拉语（库珀，1976），苏丹南部的阿拉伯语（马赫穆德，1982），马来群岛的马来语（阿斯墨，1982），非洲西部的曼丁哥语（卡尔弗提，1982），苏联的俄语（刘易斯，1972），非洲东部的斯瓦希里语（梅斯里欧和泽雷穆，1978；斯科东，1983；怀特利，1969），以及遍及全球的英语（菲什曼等，1977）"。②

我国学者李宇明说：语言传播是"指 A 民族（包括部族）的语言被 B 民族（包括部族）学习使用，从而使 A 民族（语言领属者）的语言传播到 B 民族（语言接纳者）"。"当一个民族的语言传播到另一民族时，其可能的结果是：①B 民族可能将它作为外语来使用，如英语之于中国；②B 民族也可能放弃本民族的语言，接受 A 民族的语言，如汉语之于满族；③B 民族可能两种语言并用，实行双语制，如汉语之于畬族、英语之于新加坡等；④还会有其他一些情况。""语言传播是亘古普存之现象，是民族间接触、交流乃至碰撞方式的一种，也是民族间接触、交流乃至碰撞的先导与结果。"③ 语言是人的语言，是社会的语言，语言在传播中发展，社会在语言的传播中进步，语言传播的价值是巨大的。

---

① 宇璐. 法国汉语传播研究 [D]. 吉林大学博士学位论文，2019.

② 罗伯特·L·库珀. 姚小平译. 研究语言传播所用的分析框架：以现代希伯来语为例 [J]. 国际社会科学杂志（中文版），1985（4）.

③ 李宇明. 什么力量在推动语言传播 [J]. 汉语国际传播研究，2011（2）.

第二节　语言传播的理论依据

语言传播的理论依据为：库珀（R·L·Cooper）的语言传播研究框架与Giles、Johnson、Bourhis的语言活力（Language Vitality）理论。

一、语言传播研究框架

语言传播理论的研究与探索发轫于 1982 年，先驱和典型代表就是库珀（R·L·Cooper）提出的语言传播研究框架。在库珀看来，语言传播就是语言赢得更多使用者的过程，他将语言传播定义为："某种语言的使用人数和交际网络的交际功能随时间的推移而扩大。"① 他认为语言传播的研究是社会学里的语言研究，主要研究如下问题：什么人，什么语言，什么时间，什么地域，什么原因，什么方式（who, what, when, where, why and how），② 并以希伯来语的传播为例，论证了该理论框架以及实践价值。库珀比较全面地对语言传播所涉及的各个领域进行了概括和总结，将语言传播与其相关的各社会人文要素相结合，为语言的传播提供了一个基础性的研究框架，对语言传播研究框架的建立和发展起到了极为重要的启示和奠基作用。见表 1-1。

表 1-1　库珀语言传播的理论框架

什么人	指个人或交际网络，即语言接纳者的社会语言特性
什么语言	指所传语言的结构、功能、特性和价值
什么时间	指语言传播的时间性
什么地域	指语言传播的空间性，即地缘性
什么原因	指语言传播的动因
什么方式	讨论伴随语言传播进程的语言规划、语言教育以及传播方式

---

① Cooper, Robert Leon Language Spread. Studies in Diffusion and Social Change. Indiana University Press：1982. 转引自：肖顺良. 美国汉语传播研究［D］. 中央民族大学博士学位论文，2015.

② Cooper, Robert Leon Language Spread. Studies in Diffusion and Social Change. Indiana University Press：1982. 转引自：肖顺良. 美国汉语传播研究［D］. 中央民族大学博士学位论文，2015.

从库珀的语言传播研究框架可以看出，语言传播是特定时间空间里发生的社会现象，某种交际功能由某种语言或其变体的交际网络随时间的推移而扩大。本研究的理论依据之一就是库珀的语言传播理论框架。见表1-2。

表1-2　科尔沁地区汉语传播的库珀框架

什么人	媒介者	对汉语传播起到介质作用的人群
	传播对象	科尔沁地区的汉语接受者
什么语言		被传播的汉语形象及定位
什么时间		共分为五个时期
什么地域		科尔沁地区
什么原因		不同时期科尔沁地区汉语传播的主要动因
什么方式		不同时期科尔沁地区汉语传播的发生方式

本课题的研究范围涉及库珀理论框架里面提到的各个方面，但研究是有侧重点的。"什么人"，要回答媒介者和传播对象两个方面人群的各种问题：人口数量、民族状况、年龄结构、使用语言情况等多方面因素及其对不同历史时期变化情况的考量。"什么语言"，汉语是被传播的对象，但由于媒介者不同所用汉语方言不同，汉语接受者在语音、词汇、语法方面的表现则不同。"什么时间"，语言传播不是一蹴而就的，大体分为以下几个时期：接触期——过渡期（准备期）——发展期——繁荣期——深入期。对科尔沁地区汉语传播状况按照一定的时段划分并进行梳理，以清末和民国初期汉语传播为重点，探求科尔沁地区汉语传播发展变化基本规律和特点，并对未来的传播作出预期。"什么地域"，语言传播的空间性即地缘性不是单纯的地理或者物理概念，还指语言传播的社会环境与要素。科尔沁地区按照现在的行政区划辖科尔沁区、霍林郭勒市、科尔沁左翼中旗（科左中旗）、科尔沁左翼后旗（科左后旗）、扎鲁特旗、库伦旗、开鲁县、奈曼旗，地域不同所用汉语方言不同。"什么原因"，即语言传播的内外动因。不同的历史时期，不同的时代背景下，语言传播的动因也是不同的，而移民是科尔沁地区汉语传播的主要原因。"什么方式"，大量移民的直接迁入，以及后续的政府政策的支持等。

二、语言活力理论

Giles①、Johnson 和 Bourhis② 提出语言活力（Language Vitality）的理论，认为语言活力取决于三个因素：经济和社会地位、人口、制度的支持。经济和社会地位是指在经济、政治、社会及语言上的优势或领导地位；人口因素包括数量、比例、分布、移出、移入、出生率、通婚情况。生命力（Vitality）最基础的指标在于人口地理分布的力量，人口数越多或分布区域越统一，生命力就越强。即使这个语言处于劣势地位，它依然可以借着充足的语言使用者的力量来维持其语言的可行性。制度的支持指政府或行政机构、教育部门和大众媒体对一个民族语言的支持。任何一种语言如若在经济和社会地位、人口、制度的支持这三方面均占有优势，该语言必然最具活力，最具活力的语言必然最具传播活力，势必广泛传播，反之，这三方面处于劣势的语言，必然活力微弱，势必会逐渐转移、流失而最终濒临灭绝。③ 什么是语言活力？戴庆厦、田静指出："语言活力，又称语言的生命力，是指一个个具体语言在使用中所具有的功能。不同的语言，由于社会、历史、文化等制约条件的不同，以及语言本身特点的不同，其具有的功能也不相同。语言活力包括语言使用人口的多少、范围的大小、使用频率的高低、适应社会需要的程度等。"④ 在我们的研究中，对每个方面都有涉猎，但重点放在以下几个方面来探讨汉语在科尔沁地区传播的情形：

1. 语言的代际传承：语言由上一代传到下一代，世代传承越多，语言活力越强。

2. 语言使用者的绝对人数：一个人口少的族群比人口多的族群更容易融入其他较大族群，从而失去了自己的语言和文化。一个族群的认同性越强，语言活力越强。

3. 语言使用者占总人口的比率：在一个群体中，某语言使用者的数量与总人口之比例越高，该语言活力越强。

---

① Pat Johnson, Howard Giles & Richard Y. Bourhis. The viability of ethnolinguistic vitality：A reply Journal of Multilingual and Multicultural Development Volume 4, Issue 4, 1983. 转引自：肖顺良. 美国汉语传播研究 [D]. 中央民族大学博士学位论文，2015.

② R. Landry, R. Y. Bourhis. Linguistic Landscape and Ethnolinguistic Vitality：An Empirical Study. Journal of Language and Social Psychology, 16 (1). 转引自：肖顺良. 美国汉语传播研究 [D]. 中央民族大学博士学位论文，2015.

③ 肖顺良. 美国汉语传播研究 [D]. 中央民族大学博士学位论文，2015.

④ 戴庆厦，田静. 濒危语言的语言活力——仙仁土家语个案研究之二 [J]. 思想战线，2003 (5).

4. 语言应用范围和领域：一种语言用于什么场合、用于什么人及什么话题。该语言越是常常被用在日常生活的各个层面，语言活力就越强。①

第三节 语言传播的动因

世界上的语言丰富多彩，有五六千种，语言被使用的情况也纷繁复杂，就民族而言，有一个民族使用一种民族语言的，有一个民族使用两种或两种以上语言的（高山族使用布嫩语、排湾语、阿眉斯语），有失去原有民族语言使用其他民族语言的（回族、满族、畲族），有几个民族共用一种语言的，还有在使用本民族语言的同时兼用另一种语言，过"双语言"生活的（朝鲜族）。就国家而言，有的一个民族就是一个国家，属于单一民族国家，这个民族的语言也就是国家的语言，有的多个民族共处于一个国家，这是多民族国家，由于多民族，因而多语言，一般有一种或几种语言被规定为通用语言或代表国家的语言，这样的语言叫"国语"。语言传播在民族间进行，若引入国家的概念，许多语言传播也在国家间进行。"任何一种语言都不是孤立存在的，总是会与别的语言存在不同程度和不同形式的接触和联系，并且在相互影响中不断地发展变化。不与别的语言发生任何联系，或不受其他语言影响的'纯语言'是不存在的。"② 而"某个民族的语言向另一民族、另一地区的传播，是被某种力量推动着的，这种力量可以称为语言传播的动因"③。那么这种动因是什么呢？李宇明的《什么力量在推动语言传播》(2011 年)④、吴应辉的《国家硬实力是语言国际传播的决定性因素》(2011 年)⑤、[美国] 俞志强的《论语言国际传播动因的综合性和复杂性》(2013 年)⑥ 等是具有典型代表性的文献，受以上学者的启发，对语言

---

① 2003 年 10 月 13 日布鲁塞尔，联合国教科文组织濒危语言特设专家组，新欧洲的语言多样性研究大会国际专家会议："关于联合国教科文组织濒危语言保护规划的文件"之《语言活力与语言濒危》。关于具体的标准，也可参考附录 I UNESCO（联合国教科文组织）问卷调查：语言的活力和多样性。

② 戴庆厦，田静. 濒危语言的语言活力——仙仁土家语个案研究之二 [J]. 思想战线，2003（5）.

③ 李宇明. 什么力量在推动语言传播 [J]. 汉语国际传播研究，2011（2）.

④ 李宇明. 什么力量在推动语言传播 [J]. 汉语国际传播研究，2011（2）.

⑤ 吴应辉. 国家硬实力是语言国际传播的决定性因素——联合国五种工作语言的国际化历程对汉语国际传播的启示 [J]. 汉语国际传播研究，2011（1）.

⑥ 俞志强. 论语言国际传播动因的综合性和复杂性 [J]. 汉语国际传播研究，2013（1）.

传播的动因有如下理解。

一、经济动因

经济是国家的命脉，经济实力是国家的硬实力，有利于经济发展的国家语言是最有价值的语言，是他族或他国愿意接受和学习的语言。汉语在传播过程中经济因素起着主导作用的例子很多：1992 年中韩两国建交后极大地促进了汉语在韩国的传播，现在汉语在韩国已经成为仅次于英语的第二大外语，这是因为中韩两国的经济贸易越来越多，中国是韩国最大的贸易伙伴之一，是韩国第一大投资国和最大贸易国。巴黎首届世界汉语大会，在教育部为媒体准备的"新闻背景材料"中有一则广告是"学汉语吧，那意味着你未来几十年内的机会和财富"。改革开放以来，我国的国民经济稳步发展，国民生产总值已经排名世界第二，汉语成为联合国六种工作语言之一，这让越来越多的人相信，掌握汉语就能够获得我国经济繁荣带来的效益，汉语表现出前所未有的传播价值，因此很多国家、机构在做关于学习汉语的宣传时都会有此理念。一个民族或国家对他族语言的推广和普及以及个人对母语之外的其他语言的学习主要是为了获得利益，得到方便，满足需要。与国家综合实力相一致的经济价值，才是语言持久传播的动力。

二、政治动因

语言因国家政治、政策而传播的也不在少数，最典型的例子莫过于俄语在我国的传播。中苏两国虽然在意识形态、历史文化上有很多差异，但中苏人民在艰苦卓绝的第二次世界大战期间，并肩战斗，结下深厚情谊。中华人民共和国成立第二天，苏联即宣布承认中华人民共和国并建交，而后大批专家相继援华，助力中华人民共和国的发展。中华人民共和国也掀起了大规模学习俄语的热潮，俄语在中国外语教学中的地位十分显耀，而当时英语在中国仅是一般的外语，与俄语的地位不能同日而语，俄语以及俄语所承载的文化深深地影响了中国的文学艺术、理工农医，影响了无数中国人。作家刘慈欣曾说："他们的文学影响了我的一生。"我们两国的传统友谊，诞生于历史岁月，根植于人民心中，虽然由于种种原因，两国关系也曾经历过一个时期的弯路，但 20 世纪 80 年代末，双方从世界大势和两国人民根本利益出发，推动中苏关系实现了正常化发展，为俄语在中国的传播又提供了转机，为中俄关系长远发展奠定了坚实基础。再如，中华人民共和国成立以后，汉语也曾因政治动因而传播，"1950 年，新中国第一个对外汉语教育机构——'清华大学东欧交换生中国语文专修班'成立。此后的相当长一段时间，对外汉语教学的主要对象是东欧、越南等国家的学生，那时汉语传播的动因主要是政治，也可以说是意识形态"。①

三、文化动因

文化动因是语言传播的因素之一，比如，历史上的汉语传播、阿拉伯语的传播。历史悠久、星光璀璨的汉文化，尤其是汉代、唐代的文明与文化，对日本、朝鲜、东亚等周边国家产生了强大吸引力，他们纷纷学习汉语和汉字，用汉字记录他们的语言文化，或者通过借鉴汉字、演绎汉字来创制本民族文字，汉语在这些国家传播的效果可谓是达到了最大化。在西方人的眼中，中国是个神秘的国度，中国文化更是高深莫测，他们总想一探究竟，揭开其神秘的面纱。意大利的利玛窦，在明朝万历年间来到中国传教，他是天主教在中国传教的最早开拓者之一，也是第一位阅读中国文学并对中国典籍进行钻研的西方学者。王应麟所撰《利子碑记》上说："万历庚辰有泰西儒士利玛窦，号西泰，友辈数人，航海九万里，观光中国。"继利玛窦之后，许多西方传教士来到东方传教，马可·波罗等旅行家及一些商人也来到中国，相应的汉语和汉文化也随着他们传到西方各国。"阿拉伯语的传播主要是宗教动因，世界各地信奉伊斯兰教的人增多，阿拉伯语随之不断向外传播，有的国家和地区直接使用了阿拉伯语，有的吸收了大量阿拉伯语的成分，有的改用了阿拉伯字母"②，传播的结果虽然有很大差异，但都是由阿拉伯语缘起的。

四、移民动因

移民有保持自己语言的需要。大量的人口流动对语言的传播起着巨大的作用。移民到了新的地方，因为保持原有文化和传统的需要，不但自己会保持母语，还会让下一代甚至更多的后代继承这样的母语。美国、澳大利亚、加拿大之所以以英语为第一语言，就是因为当年英国对这些地区的大量移民。这些移民到了一个新的地区，不但带去了他们的母语——英语，还把带去的英语传导给他们的下一代和其他本来不说英语的移民。这样的移民必须是大量的，而且是不断的、持续的。加拿大有58.4%的人口以英语为母语，另有22.3%的人口以法语为母语。这些以法语为母语的人口来源也都可以追溯到以前的法国移民。最近，有新闻报道说，因为加拿大的中国人越来越多，加拿大说普通话的人口

---

① 李宇明. 什么力量在推动语言传播 [J]. 汉语国际传播研究，2011 (2).
② 李宇明. 什么力量在推动语言传播 [J]. 汉语国际传播研究，2011 (2).

五年来增加了五成；新加坡的华语源于华人移民；美国汉语热的兴起，也离不开不断增多的来自中国的留学人员、移民和公务人员。最有趣的是西班牙语从墨西哥向美国的传播，美国西班牙语的广泛传播很大程度上归功于西班牙语裔的移民，这些移民很多是从墨西哥进入美国的。墨西哥在经济上、国家实力上不如美国，大量的墨西哥移民出于改善生活的需求进入美国境内，从而推进了西班牙语在美国的传播。这些例子也说明了一种语言也可能由经济或国家实力相对较弱的国家向经济或国家实力强的国家传播，而这一切都离不开移民的因素。① 汉语也曾伴随着劳工和移民漂洋过海走到东南亚，形成当今东南亚华人的华语。当年，华侨背井离乡，辗转来到南洋各地，在当地扎下了根，还有一些华侨则走得更远。不管是老移民还是新移民，他们都是把汉语带向世界各地的一支力量，今天世界许多地方都有唐人街，唐人街上的汉语，就是移民动因形成的。

除了移民的原因以外，地域上接近而形成的频繁接触，也会促使语言的传播。比如中国与日本之间的语言交流一定比中国与非洲之间的语言交流要多很多，中国与韩国之间的语言交流一定比中国与埃及之间的语言交流要容易很多，美国与墨西哥接壤使得西班牙语在美国盛行。两个国家或者说不同语言的两个族群，如果在地理上往来比较便利，它们之间的语言交流也就比较容易。欧洲很多人可以说数国语言，欧洲国家比较密集，交流相对频繁，是其原因之一。②

总之，语言传播的动因是推动一种语言传播的力量，而语言传播动因是复杂的，有的是单一动因起作用，多数情况下是多种动因复合起作用；多种动因在复合作用时，又有主导有辅助，错综复杂，相辅相成。还应看到，语言传播的动因会因历史条件的发展变化而发生各种变化，如不同动因作用强弱的变化，动因的增减变换等等。不同语言的传播，都是在一定时空背景中发生的，研究各种社会时空条件对语言传播动因的影响，有利于全面把握语言传播的规律。③

---

① 俞志强. 论语言国际传播动因的综合性和复杂性. 汉语国际传播研究, 2013 (1).
② 俞志强. 论语言国际传播动因的综合性和复杂性. 汉语国际传播研究, 2013 (1).
③ 李宇明. 什么力量在推动语言传播 [J]. 汉语国际传播研究, 2011 (2).

第二章

科尔沁地区汉语的传播

斯大林说："要了解某种语言及其发展的规律，只有密切联系社会发展的历史，密切联系制造这种语言、使用这种语言的人民的历史，去进行研究，才有可能。"① 因为创造语言的是人民，使用语言的是人民，语言不能脱离社会而存在，社会的发展必然要影响语言的发展，也就是说，语言的发展，是和社会的发展有着非常密切的关系的，因此马克思主义语言学要求我们密切联系社会发展的历史，来研究我们的汉语史。② 研究汉语史如此，研究汉语的传播与语言变异亦是如此，这是两个互相印证、互为因果的问题，也是解开语言文化的一把钥匙。

第一节　科尔沁地区汉语传播的背景

汉语能在科尔沁地区广泛传播并能取得绝对优势，有自然背景和社会背景两大原因。

一、地理地形优势使汉语传播成为可能

科尔沁地区专指内蒙古通辽市，即科尔沁区、开鲁县、库伦旗、奈曼旗、扎鲁特旗、科尔沁左翼中旗、科尔沁左翼后旗和霍林郭勒市。此地位于内蒙古自治区东部，地处北纬 42°15′-45°41′、东经 119°15′-123°43′之间，总面积59535 平方公里，南北长约 418 公里，东西宽约 370 公里。地势南部和北部高，中部低平，呈马鞍形。北部为大兴安岭南麓余脉的石质山地丘陵，约占通辽总面积的 23%，海拔高度 400-1300 米；南部为辽西山地边缘的浅山、黄土丘陵

---

① 斯大林. 马克思主义与语言学问题 [M]. 北京：人民出版社，1953：20.
② 王力. 汉语史稿（第三版）[M]. 北京：中华书局，2015：14-15.

区，约占通辽总面积的 7.0%，海拔高度 550-730 米；中部为西辽河流域沙质冲积平原，约占通辽总面积的 70%，海拔高度 120-320 米。通辽市年平均气温 0-6℃，年平均日照时数 3000 小时左右，无霜期 140-160 天，年平均降水量 350-400 毫米，虽然蒸发量是降水量的 5 倍左右，但过去通辽的流域面积 100 平方公里以上的河流就有 47 条，自然湖泊 600 多个，有大中小型水库 121 座。水系以西辽河水系为主，分布的支流有西拉木伦河、老哈河、叫来河以及新开河，还有东辽河下游和辽河干流的一部分支流、大凌河和霍林河的一部分。因此这里有着宜人的温度，肥沃的土地，充足的水源，丰美的粮草，宜农宜牧，是人类生息繁衍的好地方，很早以前这里就有人类居住。"许多渔猎民族和游牧民族的幼年时期大都在这里度过，完成了人类社会的童年阶段，即渔猎、采集、农耕相结合的混合经济阶段。"① 这为本地的土著居民以及移民的迁入提供了充分条件。

科尔沁地区东靠吉林省四平市，西接内蒙古赤峰市、锡林郭勒盟，再往西是河北省、北京市、天津市、山东省，南依辽宁省沈阳市、阜新市、铁岭市，北边与兴安盟以及吉林省白城市、松原市为邻，是环渤海经济圈和东北经济区的重要枢纽城市。科尔沁地区与其他省市的联系有两种方式，一是陆路，吉林省、辽宁省与科尔沁地区之间没有高山、大河的阻隔，一望无际的大平原将其紧紧地连接在一起，河北省、北京市、天津市、山东省等，只要翻越长城就来到了天高水蓝的塞外，另外山东等地方还可通过水路抵达辽宁，再移至科尔沁地区，交通的便利为科尔沁同外界的联系打开了大门，这是大批汉族移民迁居此地的必要条件。

二、史前人类遗迹为汉语传播打下基础

"根据考古发现和考古工作者的研究，旧石器时代直至新石器时代，内蒙古地区已有古人类活动。旧石器时代早期、晚期直到新石器时代各个时期的文化遗址，在内蒙古东、中、西部许多地方都有发现。青铜时代的内蒙古地区，也产生了颇有地方特点的文化，在中国考古史上占有重要地位。"② 科尔沁地区旧石器时代文化遗址至今还没有发现，但新石器时代与青铜时代文化遗址大量存在着，而且向人们传递了民族之间的语言传播与文化认同。

---

① 中共通辽市委史志办公室编. 通辽简史［M］. 赤峰彩世印刷有限公司，2012：1.
② 郝维民等. 内蒙古通史（第一卷）［M］. 北京：人民出版社，2011：65.

（一）新石器时代

"新石器时代，内蒙古境内主要的山川、河流、湖泊附近，大都有人类居住。据不完全统计，迄今已调查或发掘的新石器时代遗址有100多处。"① "其中东部地区（内蒙古）于公元前6世纪后半段便出现了原始农业经济，先后有小河西文化、兴隆洼文化、赵宝沟文化、富河文化、红山文化等。这些文化均属于筒形罐谱系的文化，有以'血亲'为主体的发展关系。"② 从考古工作者采集的标本与获得的出土文物看，科尔沁地区的确在新石器时代就有了人类居住。

由于受地理环境、气候以及自身发展等因素的影响和制约，新石器时代的科尔沁诸文化既异彩纷呈，反映了不同地域居民的不同文化类型，又相互碰撞，具有一脉相承的文化因素。科尔沁西部与赤峰相比邻，与小河西文化、兴隆洼文化、红山文化等文化面貌相同，处于以原始农业为主，兼有游牧、渔猎为辅的经济阶段，这也是我国北方最早的经济结构类型。位于开鲁县他拉干水库管理处小泡子村的小泡子遗址，地表遗存丰富，种类繁多，有石磨盘、磨棒、打制石斧、磨制石斧、石饼、石镐、石锄等石器，有玉斧、玉锛、玉管、玉珠、玉刃形器等玉器，还有兴隆洼文化、红山文化时期的素面灰陶片、夹砂红陶片，以及之字纹、附加堆纹、几何纹陶片等，此遗址被认定为新石器时代的聚落址。③ 而科尔沁东部、北部地区早期居民的文化结构、格局与西部则有明显差别，这里以畜牧狩猎为主兼营农业，代表性的新石器时代文化主要是2011年被评为"国家六大考古新发现"之一的哈民茫哈文化等。哈民茫哈聚落遗址，坐落在科尔沁草原腹地，距通辽市区40公里，位于科尔沁左翼中旗舍伯吐镇东南30公里，国道111线东侧15公里，哈民艾勒嘎查东北3.5公里，遗址面积25万平方米，是迄今为止在内蒙古乃至东北地区发掘面积最大的一处大型史前聚落遗址。截至2011年10月发掘面积达4100余平方米，共清理出43座房址、38座灰坑、3座墓葬和1条环壕。收获了一批陶器、石器、骨器、蚌器、玉器、角器和兽骨等，总计近1100余件。④ 对出土的生活用具、生产工具以及装饰品进行考证，"该遗址距今约5500年左右，体现了以牧业为主的先民们的生活生产场景。这种文化和红山文化同时存在"⑤。在新石器时代晚期，作为驿站的扎鲁

① 郝维民等. 内蒙古通史（第一卷）［M］. 北京：人民出版社，2011：69.
② 郝维民等. 内蒙古通史（第一卷）［M］. 北京：人民出版社，2011：76.
③ 通辽市文化志编委会. 通辽市文化志（2009—2016年）［M］. 内部材料，2017：231-232.
④ 通辽市文化志编委会. 通辽市文化志（2009—2016年）［M］. 内部材料，2017：232.
⑤ 中共通辽市委史志办公室编. 通辽简史［M］. 赤峰彩世印刷有限公司，2012：2.

特旗，是该地区在史前的交通要道，与东南西北各地区皆有密切接触，从此地出土的石磨盘等谷物加工工具，以及石镞等狩猎武器看，既有小河沿文化的痕迹，又有龙山文化的影子，更有红山文化的因素，不仅体现了多元文化现象，而且证明了其生活方式是农耕和狩猎并重的。南宝力皋吐墓地遗址最具地标性。南宝力皋吐墓地位于内蒙古通辽市扎鲁特旗南道老苏木南宝力皋吐嘎查，距通辽市区约 120 公里。南宝力皋吐墓地遗存共计 4 处，分为墓地与居址两类，距今 5000 年左右，已发现新石器晚期墓葬 395 座，清理和发现居住址 18 座，出土陶器、玉器、石器、骨器和蚌器等各类精美文物 1500 余件，骨器中的骨冠、管状器、护刃骨梗石刃刀极为珍贵。研究表明，居址与墓地存在着较为明显的年代与文化类型上的不同。南宝力皋吐墓地是东北地区新石器时代多元文化与不同类型的人群相互生存的实物见证，是史前社会聚落形态的真实载体，是进入 20 世纪以来东北地区新石器时代最为重要的考古发现之一，在构建东北地区史前考古学文化的时空框架以及研究中国原始社会史方面，具有十分重要的学术价值。① 在科尔沁地区发现的新石器时代文化遗址还有很多，例如：2006 年 9 月自治区政府公布的第四批重点文物保护单位"阿木斯尔遗址"；2014 年 9 月自治区政府公布的第五批重点文物保护单位"南乌锦遗址""荷叶花西北 1 号遗址""阿仁艾勒遗址""敖恩套布西南 1 号遗址"和"英格勒东南遗址"；2006 年 9 月被通辽市政府列为第二批重点文物保护单位的"西庄头遗址""白菜营子遗址""巴彦塔拉遗址""宝龙山遗址"和"秦家沟遗址"；2010 年 9 月被通辽市政府列为第三批重点文物保护单位的"车家子西二号遗址""北哈日胡硕东北遗址""五分厂遗址""洪格尔敖包遗址""新艾里遗址""水泡子遗址""特格希巴雅尔遗址群""乌兰图来遗址群""扎白营子墓葬群""喇嘛苏日格北遗址""温都润遗址""南梁东遗址"和"南萨拉西遗址"等，另外还有多个旗县市区级的文物保护单位。这些充分说明，早在 5000 多年前科尔沁地区的确有人类居住，且农耕文化与游牧文化兼而有之，科尔沁地区是南北不同文化的过渡地带。

（二）青铜时代

科尔沁地区较重要的青铜文化有夏家店下层文化、夏家店上层文化等，显示了本地区文化自身发展的脉络，也表明了与中原文化的密切关系和相互影响。

夏家店下层文化属于中国北方青铜时代的早期文化，因发现于赤峰夏家店遗址下层而得名。分布范围较广，西拉木伦河以南、老哈河和大小凌河流域分

---

① 通辽市文化志编委会. 通辽市文化志（2009—2016 年）［M］. 内部材料，2017：224.

布较为密集。年代在公元前 1900 年至公元前 1400 年，跨度相当于夏至早商。①
夏家店下层文化是西辽河地区独立发展和延续下来的早期青铜文化，与商文化
关系密切，对中原青铜文化影响很大，是古代北方草原文明的重要标志。② 科
尔沁部分地区属于以农耕为主的夏家店下层文化，主要分布在科尔沁南部的奈
曼旗、库伦旗以及西辽河流域，遗址分布相当密集。呼和哈敦沟南遗址，位于
通辽市库伦旗白音花镇查干朝鲁台村南约 1.5 公里阿其玛山西北慢岗上，遗址
处于荒地当中，地形为南高北低，土层为黄土层，南侧为阿其玛山余脉，东侧、
北侧为较深的自然冲沟，东西约 220 米，南北约 220 米，面积约 48400 平方米，
东北侧有一处大型墓葬被盗，遗址地表散布着大量的石锄、石铲、蚌刀等农业
生产工具和陶鬲、陶罐等一些生活用具。③

夏家店上层文化属于中国北方青铜时代的晚期文化，是一种多文化层次结
构的北方系青铜文化，因发现于赤峰夏家店遗址上层而得名。主要分布于内蒙
古的赤峰、通辽地区及辽宁省朝阳、河北省承德等地。年代相当于公元前 1000
年至公元前 300 年，即中原西周至春秋、战国时期。④ 夏家店上层文化以牧业为
主，但宁城南山根出土的锚头状有倒刺的马衔，标志着生活在这里的人群开始
从畜牧经济向半游牧—游牧经济转化。双龙泉西北遗址 2 号，位于内蒙古自治
区通辽市扎鲁特旗香山镇双龙泉村西北 2 公里处，有灰土圈痕迹，采集到的陶
器以夹砂红褐陶和灰褐陶为大宗；器形多见口沿装饰附加堆纹花边的带领鼓腹
鬲，此外还有筒腹量鋬鬲、小口双耳鼓腹罐、斜直腹或弧腹陶钵等；陶器表面
流行装饰僵直的中、细绳纹，纹痕较浅，部分陶器的绳纹已消失。这些特征和
魏营子文化的陶器群特征十分接近，"魏营子文化和夏家店上层文化至少在整个
西周时期都是平行发展的，只是就目前资料而言，魏营子文化兴起略早，夏家
店上层文化结束较晚而已"⑤。再如，孟根大坝牧场遗址群，位于内蒙古自治区
通辽市科尔沁左翼后旗甘旗卡镇孟根大坝牧场东 0.5 公里、好力保哈日乌苏村
东北 5 公里，由 5 个遗址组成遗址群。该遗址群地表上散布着素面夹沙红褐色
陶片、石器、素面夹沙灰褐色陶片，素面夹沙红陶片，素面夹沙黑褐色陶片，
篦点纹灰陶片等大量遗存物，为夏家店下层文化、夏家店上层文化、北魏、辽
代遗存物的文化遗址。另外还有奈曼旗的小东沟东南遗址，库伦旗的达林稿西

---

① 郝维民等. 内蒙古通史（第一卷）[M]. 北京：人民出版社，2011：76.
② 郝维民等. 内蒙古通史（第一卷）[M]. 北京：人民出版社，2011：77.
③ 通辽市文化志编委会. 通辽市文化志（2009—2016 年）[M]. 内部材料，2017：254.
④ 郝维民等. 内蒙古通史（第一卷）[M]. 北京：人民出版社，2011：79.
⑤ 董新林. 魏营子文化初步研究 [J]. 考古学报，2000（1）.

夏家店下层文化遗址、苇子沟遗址、中乌兰岗夏家店下层文化遗址、固日班白遗址、喇嘛苏日格北夏家店下层文化遗址，科左后旗的乌兰那仁草甸子遗址、哈希雅图遗址、散敦宝力皋遗址、胡吉尔西遗址、努古斯台遗址、伊和淖尔遗址、套海遗址等。总之，不管是新石器时代的文化遗址还是青铜时代的文化遗址均表明，中原文化与游牧文化间的相互认同、包容，为科尔沁地区的汉语传播奠定了坚实的基础。

第二节　科尔沁地区汉语的传播

从有文字记载以来，千百年来内蒙古高原就是我国北方各民族生活的场所，如史料上记载的土方、鬼方、獯鬻、猃狁、戎、狄、林胡、楼烦、东胡、匈奴、乌桓、鲜卑等游牧民族，他们在这里从事畜牧、狩猎以及农业生产，创造出了自己独特的文化，并与中原地区的华夏族发生密切的交往，相互影响，共同创造了中华民族独具华彩的篇章。而这期间汉语以移民动迁的自然传播形式以少聚多、以点带面，最终成为占绝对优势的语言。任何事物的发展都是有周期性的，语言亦是如此，只不过语言的周期性比较长。按照语言自身的规律性，对不同国家不同地区语言的特殊性进行层次划分，较为客观。汉语在科尔沁地区的传播可以分为如下几个时期：接触期——过渡期（准备期）——发展期——繁荣期——深入期。

一、科尔沁地区汉语传播的接触期

汉语进入科尔沁地区的初始时期大致相当于我国古代的春秋战国时期或更早，把这一时期定为接触期，是因为汉语与科尔沁地区居住的民族所使用的语言有了碰撞并被接受，科尔沁大地的人们正被汉语"耳目所接触，脑筋所濡染"着。

（一）历史背景

春秋战国时期，中原诸侯国经过长期的相互兼并，仅存齐、楚、燕、韩、赵、魏、秦七个强大的国家。北部的燕国与东胡居住的地区接壤，为争夺土地和人口，时有冲突，燕逐渐将领土扩展到现在的奈曼旗和库伦旗等地，为防御东胡和统治原有版图、巩固新占土地，燕国修筑长城，置立郡属，开始了中原政权对古代科尔沁地区的统治。据考古调查，燕北长城自河北省围场县进入赤峰市松山区境内，经敖汉旗进入通辽市奈曼旗，途经库伦旗，再延伸到辽宁省阜新市八家子村境内。《史记·匈奴列传》记载：燕国在北长城以南地区相继设立辽东、辽西、右北平、渔阳和上谷五郡，科尔沁地区的奈曼旗、库伦旗的部分地区曾属燕辽西郡管辖，奈曼旗的土城子城址和沙巴营子城址都是由燕国开始修筑而沿用到秦汉时期的古城。燕修筑长城，设郡建城，移民屯兵戍边，使内蒙古东部地区有了最早的城镇，有了最早的行政建置，在内蒙古地区史上具有重要意义，在历史上也有深远影响。

生活在古代科尔沁土地上的是东胡人，东胡人也是科尔沁地区有文字可考的最早的主人。"东胡"一名最早见于《逸周书·王会篇》。史料记载匈奴人自称为"胡"，"在匈奴东，古曰东胡"，这是战国时期中原华夏族对活动在匈奴东面的（今内蒙古东部及东北西部地区）许多祖属、语言和习俗等相同或相近各部落的统称。《战国策·赵策》写道：赵"东有燕、东胡之境"。《史记·匈奴列传》写道："燕北有东胡，山戎。"《史记·货殖列传》上记载："夫燕，南通齐赵，东北边胡。"这里的"边胡"就是东胡，而燕的东北就包括通辽的中南部地区。"关于东胡祖先，有屠何、山戎、土方诸说。从历史时期北方民族势力的强弱、物质文化遗存的时代和地域分布以及民族称谓的演变看，东胡起初可能被中原史家称作山戎，由于匈奴的崛起，中原人又因它居于匈奴（胡）以东而称东胡。"① 1980 年夏，在通辽市喜伯营子村西发现一座古墓葬，从形制及出土器物上分析是春秋战国时期北方东胡人的墓葬（近年有学者研究认为，将在内蒙古赤峰林西县发现的有别于夏家店上层文化的一种新型遗存，暂称为"井沟子类型"的族属视为东胡较为贴切，而夏家店上层文化族属山戎则更为妥当）。② 文献记载和考古发现证实，东胡人以畜牧业为主，兼营渔猎业，手工业有铸铜、陶器制作、毛纺织、皮革制作、木器制作等行业和粗放农业。③ "科尔沁草原腹地的通辽地区，养育了一个精骑善射、民风古朴而剽悍的东胡民族。这个民族在这里孕育、出生、发展、壮大，创造出了一系列让后人敬仰的民族文化，留下了'胡服骑射''秦开却胡'等精彩故事，也创造了冶炼、青铜铸造、制酒等灿烂文化。东胡人还在通古斯语系的基础之上创立了相对独立的东胡语，并在宗教、文化、音乐、舞蹈、饮食、农业多方面创建了灿烂的文明。为中国北方游牧民族的形成和发展，为通辽地区风俗习惯的形成奠定了

---

① 郝维民等. 内蒙古通史（第一卷）[M]. 北京：人民出版社，2011：85.
② 郝维民等. 内蒙古通史（第一卷）[M]. 北京：人民出版社，2011：80.
③ 林幹. 东胡史 [M]. 呼和浩特：内蒙古人民出版社，1989：4-9.

基础。"①

先秦的内蒙古东部地区，先后有以畜牧经济为基础的游牧民族和以农业经济为基础的农耕民族在这里活动。游牧民族与农耕民族的和平交往和战争，成为这一历史时期科尔沁地区历史的主线。游牧文明和农业文明的交互影响、相互碰撞，成为科尔沁地区早期历史独具特色的内容，也是中国历史的有机组成部分。

（二）汉语传播

1. 战争与掠夺

春秋战国时期，诸侯国各自为政，为了掠夺土地与人口，战事不断，有诸侯国之间的战争，也有诸侯国与周边少数民族之间的战争。当时位居北部的燕国为了开疆拓土与相邻而居的东胡时有摩擦，而东胡觊觎燕的粮食与生活用品也多有冒犯，频繁的接触使得双方自然地互通语言与习俗。

2. "秦开却胡"

秦开是战国七雄时期燕国的名将，公元前315年前后，燕国被东胡人击败，无奈之下，把名将秦开当作人质送往东胡质押。秦开长期生活在东胡，并得到东胡人的信任，参与东胡人的很多重大活动，熟悉了那里的内部情况。后来，秦开逃回燕国，重新组织军队袭击东胡，东胡人被打败，向东北退却了一千多里，回到了科尔沁草原中东部。秦开在东胡期间，在了解东胡的地理环境、风俗民情、军事实力，特别是游牧作战的兵力部署和战术特点等的同时，也把汉语与汉文化带到胡地，潜移默化地影响着那里的人们。

3. 移民戍边

"燕是周在北方的一个诸侯国，又称北燕。都城建在蓟（今北京市）。强盛时占有今河北、辽宁大部和内蒙古赤峰、通辽南部的部分地区。"② "在奈曼、库伦二旗的南部山区，存有战国燕和秦、汉遗迹。从奈曼旗的土城子镇到南湾子镇，在东西近50华里的范围内，发现战国燕和秦、汉的古代城址、关隘址、烽燧址等共7处。此外还在奈曼、库伦境内发现了战国时期燕国长城的遗迹。"③ 燕国在科尔沁地区设郡属，筑长城，目的就是为了占领更多的土地，保护边疆，以保障农业的发展与人民生活的安定。戍边的军民进入科尔沁地区，其语言与风俗习惯自然随之。

---

① 中共通辽市委史志办公室编. 通辽简史［M］. 赤峰彩世印刷有限公司，2012：8.
② 郝维民等. 内蒙古通史（第一卷）［M］. 北京：人民出版社，2011：88.
③ 郝维彬. 科尔沁历史考古［M］. 呼和浩特：内蒙古人民出版社，2007：44.

二、科尔沁地区汉语传播的过渡期

从秦汉到隋唐时期是汉语在科尔沁地区传播的过渡期。过渡期是指汉语发展壮大前的准备时期，即汉语在科尔沁地区以一种平缓的、渐进的方式不断地渗透、持续地传播。

（一）历史背景

先秦以后，科尔沁地区的各少数民族保持着本民族的特色，畜牧狩猎，创造着自己独特的文化，并与周边主要是中原地区的汉族发生了十分密切的交往。中原地区对其进行经略和管辖，实施了设置郡县、修筑长城和道路、迁徙人口，进行农业开发等措施。

1. 秦汉、魏晋南北朝时期

公元前 221 年，秦王嬴政建立大秦王朝，称始皇帝，而后在楚汉争雄中刘邦战胜项羽，建立西汉，至 220 年东汉被曹魏取代。秦、汉两朝对古代科尔沁地区实施不同程度的开发，采取了一系列的统治措施，在政治、经济、文化等诸多方面与北方游牧民族发生了广泛的联系。

西汉初，匈奴主宰了包括科尔沁在内的大漠南北广大地区，汉武帝时，曾三次出兵匈奴后获胜，使科尔沁地区同内地的联系更为密切，大大促进了生产力的发展和繁荣。继匈奴而起的是居住在本地区的东胡族的后裔乌桓和鲜卑族。《后汉书·乌桓传》上说："乌桓者，本东胡也。汉初，匈奴冒顿灭其国，余类保乌桓山，因以为号焉。"在公元前 206 年到公元前 119 年，是乌桓人的早期活动时期，他们一直生活在西拉木伦河、霍林河流域之间的草原上，包括今天的开鲁县、科尔沁区、科左后旗和科左中旗等地区。因为乌桓人是由东胡人繁衍而来的，所以基本继承了东胡人的生活特征，乌桓人也是以游牧为主的部族，史载其"俗善骑射，弋猎禽兽为事"，随水草放牧，居无常处。以穹庐为舍，东开向日，食肉饮酪，以毛毳为衣。公元前 119 年（汉武帝元狩四年），西汉王朝完全统治了原乌桓居住的科尔沁草原腹地，并将其迁徙到今天的奈曼旗、库伦旗南部及其以南一直到辽西郡北部的广大地区，今天的奈曼旗西土城子古城和善宝营子古城就是当时乌桓人的居住地。两汉时期，乌桓族生活在科尔沁地区南部，鲜卑人生活在科尔沁地区北部。《后汉书》卷九十《鲜卑传》载："鲜卑者，亦东胡之支也，别依鲜卑山，故因号焉。……汉初，亦为冒顿所破，远窜辽东塞外，与乌桓相接，未常通与中国焉。"东汉末年，鲜卑族首领檀石槐统一了鲜卑各部落，建立了部落军事联盟，包括大漠南北的广大地域，科尔沁草原亦属军事联盟的一部分。今天在科尔沁地区，特别是新开河流域，东部鲜卑遗物时有发现，特别是极具鲜卑特色的金牌饰品多有出土，科左后旗哈拉乌苏毛力吐嘎查出土了鲜卑时期金凤步摇冠，科左中旗希伯花苏木出土了鲜卑时期双马金饰牌，科左中旗腰力毛都（腰林毛都）苏木北哈拉吐嘎查出土了鲜卑人面金饰牌等，这些都是鲜卑人在通辽地区活动的有力证据。随着西汉王朝对科尔沁草原腹地的统治，鲜卑人逐渐南迁，与当地汉族和其他民族融合而消失在历史的记忆中。

秦汉、魏晋南北朝时期，内蒙古地区是各游牧民族纵马驰骋，相互拼杀，互相兼并、融合和彼此交流的场所，游牧民族势力占据主要地位，农业民族退居次席，游牧经济获得长足发展，农业经济相对萎缩。各游牧民族不断南进或南迁，继续程度不同地受到中原文化影响，深浅不一地经历了汉化的历史过程。就居住在科尔沁大地上的鲜卑族而言，他们在农业、手工业、商业以及政治等方面都深受中原文化的影响。

2. 隋唐时期

隋唐时期，内蒙古东部地区生活着奚（库莫奚）、室韦、契丹等民族，唐末奚、室韦均被强大的契丹族征服。奚主要居住在老哈河上游西南地区，室韦大致分布在贝加尔湖以东、外兴安岭以南、黑龙江上游两岸与额尔古纳河流的广大地区，他们一直与中原朝廷保持着交往。契丹是很早就居住和生活在内蒙古境内的一个古老的民族，隋时期契丹已处在古八部时期，活动的地区在潢水（西拉木伦河）以南，龙水（辽宁辽阳）以北。据《隋书·北狄传》记载：契丹"部落渐众，遂北徙逐水草，当辽西正北二百里，依托纥臣水（今老哈河）而居。东西亘五百里，南北三百里"。契丹地区北接室韦，东邻高丽，南壤奚与隋，西界突厥，相当于今之内蒙古赤峰市大部和通辽市南部以及辽、吉二省的部分地区。契丹人"畜牧畋渔以食，皮毛以衣，转徙随时，车马为家"，各部皆有酋长领事，但有征伐之事，"则酋帅相与议之，兴兵动众合符契"。隋初，契丹各部分别隶属于突厥与高丽，随着隋朝的渐强，契丹各部纷纷摆脱突厥和高丽的统治，归附隋王朝。唐朝初年，形成部落联盟，受唐朝控制。在隋、唐之际，当时的整个科尔沁区都在以契丹人为地方长官的中原王朝的统一控制之下。各民族经济、文化等方面相互交流的广度和深度，都大大超过以前任何时期，进入一个新的发展阶段。

（二）汉语传播

1. 行政管辖

秦汉沿袭了燕国的设置并加长加固长城，移民实边，发展农业，行使着对古代内蒙古部分地区的管辖权。据考古调查，通辽奈曼旗土城子城址和沙巴营子城址都是由燕国开始修筑而沿用到秦汉时期的古城。"在通辽市奈曼旗沙巴营子城址中，发掘出 5 件秦代陶量，有的刻有秦始皇二十六年（前 221 年）统一度量衡诏文。"① 隋唐时期，统一的中原封建王朝对内蒙古地区的少数民族实行了有效的管辖和治理，设立羁縻府州，朝廷任命各族首领担任都督、刺史等官职，一度对内蒙古地区内的北方民族实行统治。政治手段是语言传播最有力的动因，随着政治体制的深入，其汉语也以最快的速度传播开来。

2. 农业交流

为了本民族的发展，少数民族积极学习中原文化。作为游牧民族的鲜卑人，其经济以狩猎畜牧为主，南迁后学习农桑，发展农业。其实鲜卑人在 400 多年前就种植农作物，以穄和东蔷为主。穄即穈子，是制作炒米的原料，东蔷就是荞麦。② 荞麦是辽西北特有的一种农作物，通辽市库伦旗就有"荞麦之乡"的美誉。时至今日，穈子和荞麦在科尔沁地区仍然大面积种植，是纯天然的绿色产品，在国内外享有盛名。

3. 语言习得

鲜卑语言属于阿尔泰语系蒙古语族。鲜卑是否拥有自己民族的文字，目前学界尚无定论。有人认为有文字，比如著名的台湾学者刘学铫、北方民族史专家林幹先生等。但鲜卑文字创制于何时？是何形式？因史料无证，目前学者尚不能解答，但鲜卑人南迁后，积极推广使用汉语和汉字，这是毋庸置疑的，现在见到的文字资料也是靠汉文史料记载的。"除突厥、回纥、契丹、党项和蒙古等以外，中国古代北方民族的语言文字资料多数靠汉文史料记载而使我们能够得到一些信息。依据各种史料记载，可以大体知道北方各族语言的系属和一些具体词汇的含义。"③

4. 艺术渗透

1990 年在内蒙古通辽市科尔沁左翼中旗腰林毛都苏木北哈拉吐发现鲜卑金饰牌共 3 件，一件是人物双狮纹金饰牌，另两件为人兽纹金牌饰，时代为东晋，

---

① 郝维民等. 内蒙古通史（第一卷）[M]. 北京：人民出版社，2011：124.

② 宋立恒. 汉魏文献记载中的"东墙"实为今之荞麦考 [J]. 农业考古，2012（6）.

③ 郝维民等. 内蒙古通史（第一卷）[M]. 北京：人民出版社，2011：571.

现收藏于通辽市博物馆。人兽纹金饰牌是内蒙古文物考古精品中一件颇为奇特的文物。它用纯金铸造，重 111 克，长 10 厘米，宽 5.8 厘米。在金牌中间，是一女性上半身像，头戴尖顶帽，高鼻梁，双目深陷，细腰丰乳，两侧各蹲踞一头长鬃雄狮，人与狮子脸面相贴，注视前方，这一题材反映了人类对英雄和动物的崇拜，也可称为人类早期万物有灵信仰的宗教实物，是古代鲜卑人与亚洲文化交流的产物。①

5. 汉语创作

中国古代少数民族作家运用汉语创作诗歌，并非个别现象，从魏晋至明清，越来越多的少数民族作家加入汉语诗创作的队伍之中，这无疑表明汉文化对其他少数民族的影响日益深广。尤其到了唐朝，高度发达的汉文化辐射四周，传播广远，为周边民族踊跃学习，积极吸收。少数民族作家用汉语创作，如鲜卑族诗人窦威的《出塞曲》："匈奴屡不平，汉将欲纵横。看云方结阵，却月始连营。潜军度马邑，扬旆掩龙城。会勒燕然石，方传车骑名。"这首诗不仅是用汉语创作的，而且还具有汉文化的明显特征。②

三、科尔沁地区汉语传播的发展期

继唐之后至明代，汉族部分人口开始北走塞北，主动归入辽朝，成为历史上科尔沁地区的第一批移民，使汉语在塞外得到了长足的发展。

（一）历史背景

1. 辽时期

鲜卑人在科尔沁草原上驰骋了近五百年后，终被其后裔——契丹人所取代。关于契丹族的起源，有一个美丽的传说：相传有神人乘白马，自马盂山浮土河（今老哈河）而东，有天女架青牛车，由平地松林泛潢河（今西拉木伦河）而下，至木叶山，二水合流，相遇为配偶，生八子。其后族属渐盛，分为八部。每行军及春秋时祭，必用白马青牛，示不忘本。但"契丹"为何意？契丹族何时产生？源地在哪里？学术界始终没有定论。众人皆知"契丹"一名最早出现在《魏书》中，而对"契丹"一词的理解却有不同，有"镔铁""钢铁""刀剑""大中"等说法，以"镔铁"说和"刀剑"说的考释最为严谨，影响也最大，以此来象征契丹人顽强的意志和坚不可摧的民族精神。关于契丹族形成于

---

① 曹永年. 内蒙古通史 1［M］. 呼和浩特：内蒙古大学出版社，2009：341-342.

② 朱成勇. 民族文化融合的艺术结晶——试析中国古代少数民族作家的汉语诗写作［J］. 西华师范大学学报（哲学社会科学版），2013（1）.

何时更是莫衷一是，有人认为形成于魏，有人认为是东汉之时，抑或于西元 400 年或稍前、库莫奚之后、东汉和帝之后西晋开国之前等，2018 年末杨福瑞等人在大量材料的基础上又提出了新的观点：从《隋书》《北史》的记载看，契丹名号在前燕慕容皝时期（337—348 年）就已出现。三国末、西晋初年恰是北方游牧民族分化聚合、大举南迁的时期，当此时期，原有的部族名号可能在部族溃散后不复存在，诞生新的部族、新的名号并无不可能，这种情况经常发生在处于战争或迁徙时期的游牧民族之中。① 关于契丹族的起源地史书中多有记载，《魏书》："契丹国，在库莫奚东，异种同类，俱窜于松漠之间。"② 《北史》和《隋书》也如是说。元代的《辽史》也称："契丹之先，曰奇首可汗，生八子。其后族属渐盛，分为八部，居松漠之间。"③ 关于"松漠"的地理位置，古今学界尚存分歧，其中重要的一种说法是："松漠"是北魏时期对科尔沁沙地的泛称。从东晋建元二年（344 年）起，至北魏太和三年（479 年），135 年的时间里，契丹在"松漠"中的分布地域，基本没有变化，即今通辽市中部的开鲁县、科尔沁区和科左中旗及周边地区。④

契丹族形成后，就以滚雪球的方式游牧于西拉木伦河和老哈河流域，逐渐成长、发展壮大，最后称霸于世建立了统一的帝国王朝，在中国历史上涂上了浓重的一笔。纵观其发展过程，在称帝之前多依附于隋庭、突厥牙帐、大唐。它原有八部，唐朝时期各部落组成大贺氏部落联盟，公元 628 年，唐于契丹活动区设置松漠都督府和十个州，首领窟哥为都督，统管十州的军政大事。这一时期，契丹族的活动范围越来越大，并与周边各族往来密切，政权初具雏形，制度、官署、形辟、地牢、城邑、军队统帅、生产组织、奴隶、贵族阶层均已出现，成为雄踞我国北方的一支最强大的政治和军事联合体。公元 916 年契丹部落联盟首领耶鲁阿保机在龙化州（今通辽奈曼旗孟家段水库附近）称帝，国号"大契丹"，建立了游牧的国家政权。大契丹国是一个以契丹族为主，包括奚、突厥、吐谷浑、党项、室韦——达旦、汉等民族在内的政权。公元 919 年迁都龙眉宫，定都今赤峰市巴林左旗林东镇南，辽太宗时改为上京。公元 947 年改国号为"辽"，直到 1125 年为金所灭。

契丹族统治的辽王朝时期，通辽地区的社会经济、文化、人口空前发展，

① 杨福瑞，孙国军.20 世纪契丹名号、族源、族属问题的学术争鸣 [J].赤峰学院学报，2018（12）.
② 魏收.魏书（卷 100）[M].北京：中华书局，1974：223.
③ 脱脱等.辽史（卷 32）[M].北京：中华书局，1974：378.
④ 李鹏."松漠"考——兼论契丹起源地 [J].北方文物，2017（1）.

是通辽历史上第二个发展高峰期。契丹族在通辽地区创造了许多个第一。比如，第一次使用瓷器；第一次使用铁器；第一次使用玻璃器；第一次出现了城池；第一次出现了"因俗而治"的"一国两制"制度；第一次实行中原的厚葬；第一次出现了佛教、儒教、道教并存的局面；第一次出现了文字（即契丹文字）；第一次种植西瓜……因此，契丹人为通辽地区乃至全中国作出了重要的贡献。虽然这个民族早已消失了，但是他们所创造的灿烂文化，仍然在通辽大地上熠熠生辉。今天在俄语中，仍称中国为契丹（Китай），进一步说明契丹文化的深远影响。

2. 金时期

公元 1125 年，女真族推翻了契丹人建立的大辽王朝，建立了金国。女真族是满族人的祖先，主要生活在黑龙江、乌苏里江、松花江诸流域，是我国东北古老的民族之一，历史上有"肃慎""挹娄""勿吉""靺鞨"等称谓。金朝与南朝对峙，也是我国历史上一个封建割据政权。当时的通辽地区行政上归金朝的临潢路管辖，主要居民仍然是契丹人，女真族人很少，因此在通辽地区留下的遗物、遗迹也很稀少。

金界壕是北方百姓创造的人间奇迹，2001 年 6 月 25 日，金界壕遗址经国务院批准，公布为第五批全国重点文物保护单位。金界壕在通辽地区共有两条，一条在霍林郭勒市境内，另一条在扎鲁特旗境内。霍林郭勒市金界壕墙体大致呈东北—西南走向，东起达来胡硕街道宝日呼吉尔社区，西南延伸经红石社区、河日木特村、查格达村，至锡霍 5 号界桩后入锡林郭勒盟，现已认定 16 段界壕，4 个边堡，全长约 22 公里，沿线绝大部分由土墙构筑而成。扎鲁特旗境内金界壕自东北向西南方向延伸，贯穿扎鲁特旗全境。界壕由科右前旗进入扎鲁特旗东北部的乌兰哈达苏木境内，沿乌布混都郭勒河北岸向西南方延伸，经巴雅尔胡硕镇，至格日朝鲁苏木毕其格图伸入阿鲁科尔沁境内，全长 110 公里，现已认定 81 段界壕，242 个马面，8 个边堡。金界壕史学上称之为"金长城""界壕"或"塞"，是金朝统治者为了巩固自己的统治，抵御以蒙古族为首的北方游牧民族的入侵和骚扰而修建的军事防御工事，是金王朝遗留下来的最宏伟的军事工程。金界壕遗址的发现，是金代考古史上一次重大发现，他为研究金代的社会历史，特别是金代的军事史提供了重要资料，意义重大。①

3. 元时期

金时期，劳民伤财修建的用来抵御以蒙古族为首的北方游牧民族的军事防御工事界壕，还是没有阻止蒙古民族南下的马蹄，他们攻城略地，以不可阻挡

---

① 通辽市文化志编委会. 通辽市文化志（2009—2016 年）［M］. 内部材料，2017：223.

的傲然雄姿震撼了中原大地、震撼了欧亚大陆和整个文明世界。蒙古民族是蒙古高原东部土著东胡人的后裔，居住在老哈河流域、西拉木伦河流域、额尔古纳河流域的广袤地区。北魏时有"室韦"之名，"室韦"就是"鲜卑"的汉语意译。唐朝中叶，世代居住在望建河即今额尔古纳河流域的一支室韦人被称为"蒙兀室韦"。"蒙兀"即蒙古，是后来兴起的蒙古民族的直系祖先。在《蒙古秘史》《元朝秘史》《史集》等文献中都有苍狼和白鹿传说的记载，即蒙古民族起源的传说：远古时期，蒙古族部落与其他部落发生了激烈的战争，由于蒙古部落势单力孤而被灭，仅剩下两男两女幸存于世，他们逃到额尔古涅—昆山中隐居。后来他们的子孙繁衍兴盛，分为许多支系，狭小的山谷不能容纳这么多人，于是迁至宽阔的草原居住。其中一个部落的首领名叫勃儿帖·赤那（意为苍狼），他的妻子名叫豁埃·马阑勒（意为白鹿），他们率领本部落的人迁到斡难河源头不儿罕山定居下来。"这些记载证明了公元8-9世纪，或是更早些时候，蒙古人就生息繁衍在内蒙古东部草原上。当9世纪中叶回鹘汗国灭亡后，原居于额尔古纳河中下游的原蒙古人逐步向外蒙古高原推进，随着蒙古部迁居三河之源（斡难、克鲁伦、土剌河），蒙古高原遍布了大大小小蒙古、突厥语族部落。"①《蒙古人民共和国通史》云："蒙古民族祖先的历史，可以追溯到远古年代，即原始公社制度时代。"1202年秋，铁木真打退了乃蛮部不欲鲁汗、蔑儿乞部的脱脱和斡亦剌惕部的忽都合别乞联军，统一了内蒙古东部，成为内蒙古东部蒙古的主人。1204年冬，铁木真北攻蔑儿乞部，统一了蒙古高原，至此，西起阿尔泰山，东到大兴安岭，北抵贝加尔湖，南达金朝边境的广大区域尽归铁木真所有。1206年春，铁木真在斡难河源的祖茔地附近召开全蒙古贵族参加的大忽里台（大聚会），树九斿白纛，建立也可·蒙古·兀鲁思，汉译为"大蒙古国"，也译作"大朝"。铁木真加号"成吉思汗"。从此"蒙古"由原来蒙古高原的一个部族名变成了一个新兴的统一的游牧封建大帝国的名称，一个以"蒙古"命名的强大的民族共同体登上了世界历史舞台。②

元朝的统治时间，也有几种说法。严格地说，从元世祖忽必烈至元八年（1271年）废除"蒙古"国号，改国号为"大元"开始，到元顺帝托懽铁木尔至正二八年（1368年）徐达进大都，元亡，即公元1271—1368年，首尾97年。③元朝统治全国的时间不算很长，但在政治、经济、文化等诸多方面都取

① 亦邻真. 亦邻真蒙古学文集·成吉思汗与蒙古民族共同体的形成 [M]. 内蒙古人民出版社，2001：391.

② 郝维民等. 内蒙古通史（第三卷）[M]. 北京：人民出版社，2011：101.

③ 朱晓真等. 元朝的历史地位新探 [J]. 包头职业技术学院学报，2014（1）.

得了重大成就：重视和发展农业生产；兴水利，便交通；人口增长，物产丰富；再一次促进了多民族的融合；奠定了我国的辽阔疆域，对我国的历史发展作出了巨大的贡献，使我国成了当时世界上最辽阔、最强大和最富庶的国家之一。1978 年春，于通辽市库伦旗六家子镇出土了一个元代青花玉壶春瓶，从它精湛的制作工艺上可以看出，一定是元代社会统治者们使用的物品，这也进一步说明，在元代科尔沁地区确属京城的"腹里"。另外，在位于通辽市科左中旗敖包苏木西腰伯吐村北附近发现的古城遗址，是元朝设立的 14 道官牧场之一的折连怯呆儿牧场所在地。元代，通辽地区的人口与金代相比有所增加，经济在一定程度上也得到了恢复和发展，但蒙古人习惯于游牧生活，在灭金亡宋以后，曾大肆剥夺汉族农民的耕地，改作牧场。折连怯呆儿官牧场曾为元王廷提供了大批的战马、驿站用马和肉用牲畜，是元朝军需供给的总后方。古城遗址占地面积 5000 余平方米，在此出土了一枚巴斯巴文"圣元通宝"铜钱，以及建筑构件、陶瓷器皿、铜铁器、石杵等物品。蒙古民族在科尔沁腹地生产、生活的有力证据还有很多，比如：矗立于通辽市开鲁县境内的佛塔、开鲁县附近的小城子遗址、奈曼旗的双山子石刻、库伦旗的白庙子遗址、扎鲁特旗的巴镇四家子遗址等。

4. 明时期

元朝统治者昏庸腐败，社会矛盾加剧，百姓终于忍无可忍，铤而走险，倒元斗争愈演愈烈。其中平民出身的朱元璋于 1356 年攻下今江苏南京，改称应天府。1368 年正月，朱元璋在应天称帝，建立明朝。8 月，北伐的明军攻陷元大都，元顺帝北逃，结束了元朝对中国的统治，但逃到北方草原的元代君臣仍沿用元朝国号，史称"北元"。

明朝初期，统治者用了 20 多年的时间对北元进行军事征伐，至 1389 年元辽王阿扎失里降明，明朝势力基本覆盖了今天的内蒙古东部地区，包括今天的赤峰市、锡林郭勒盟、通辽市、兴安盟、呼伦贝尔市地区。[1] 为保北方边境的安宁，明朝在可以控制的蒙古地区和蒙明边境上建立了许多羁縻卫所，东北地区主要设置了大宁诸卫、开平诸卫、兀良哈三卫等卫所，这些卫所把降服的蒙古族首领，任命为都督、都指挥使等官职，让他们自己管理自己的内部事务。而其经济，从整体上看，仍然以畜牧业为主要经济类型，农业、手工业、商业都得到了一定程度的发展，尤其是农业，其中原因很多，诸如"画地而牧"为农业生产提供了社会条件，蒙古贵族统治者的扶持为农业发展提供了政策保障，

---

① 曹勇年主编. 内蒙古通史 2 [M]. 呼和浩特市：内蒙古大学出版社，2007：500.

给予耕牛、种子、农具等方面的接济，客观上促进了农业的发展，更重要的是大量汉族兵民或被掳或自愿，源源不断地迁入，他们带来了农具、种子和农业生产技术，这为农业的发展提供了人力和技术条件。大量汉民的进入促进了教育、医学等的更大进步，肖大亨说"往者各部落中，榜什不过数人。近以奉贡崇佛榜什颇为殷众"。榜什（榜实）是为蒙古封建主们办理文字工作的承担者，内外文书均出自其手，又是培养学生的教师，所以在社会中颇受人们的尊敬。明蒙封贡以后，内地一些医生陆续进入，中原医药进一步传入，"明朝每赐之医药"，在互市中也能购入大量药物，这样传统的蒙古医学在吸收了汉医、汉药和藏医、藏药的基础上，步入了一个新的发展时期，创造了新的蒙古族医学。

值得一提的是，科尔沁部的迁入。早在东汉末年和西晋时期，生活在东北西拉木伦河流域的居民是鲜卑人。当时中原人把世居在此的鲜卑人称为"火儿慎"或"好儿趁"，意思是英雄的"射雕人"或"善于射箭的人"。蒙古语中的"科尔沁"一词就是由此转化而来。《蒙古秘史》中的"科尔沁"即"弓箭手"或"箭筒士"的意思，是士兵的名称。成吉思汗在统一蒙古各部落的过程中，身边建立了一支精锐的侍卫军护卫他的安全。侍卫军的士兵们身挎弓箭被称作"箭筒士"或"带弓箭的豁尔臣"，他们由成吉思汗的二弟哈布图·哈萨尔统领，跟随成吉思汗征战，屡建奇功。成吉思汗建立汗国后，赐予哈布图·哈萨尔4500个封户，以及蒙古部族的龙兴之地——水草肥美的额尔古纳河、海拉尔河、呼伦湖一带广大地区。由于哈布图·哈萨尔本身就有"神箭手"之称，因此其部落就被冠以"科尔沁"的名称。蒙古灭金之后，这一分封地也随之扩展到了大兴安岭以东地区，包括今天的呼伦贝尔大草原。从元代开始，科尔沁部就在这一地区游牧，其后裔不断发展壮大，繁衍出众多的蒙古部落。明代洪熙年间，蒙古察哈尔部在达赉孙大汗的率领下越过大兴安岭，来到兀良哈三卫牧地驻牧。与此同时，内喀尔喀部也迁到这里。一直居住在呼伦贝尔草原上的科尔沁部为了同东迁的察哈尔部和内喀尔喀部争夺领地，也进行南迁，占据了兀良哈三卫中的福余卫辖地，并统领福余卫。兀良哈三卫南迁后，剩余的兀良哈三卫人口归科尔沁部统领。到明代嘉靖年间，由于科尔沁首领哈布图·哈萨尔的第十四代子孙奎蒙克·塔斯哈喇同察哈尔、内喀尔喀等部的战争失败，内部出现裂变，郭尔罗斯、杜尔伯特、扎赉特、科尔沁4个部落的势力不断向南扩张，直至西拉木伦河，为了区别于他的同胞兄弟——昆都伦岱青所在的阿鲁科尔沁部，称自己的部落为嫩科尔沁。明朝末期，嫩科尔沁部与后金的努尔哈赤及其继承者们建立了政治上的姻盟关系，地位显赫，高于其他蒙古各部，成为至尊的部落，遂在称呼上去掉了"嫩"字，直接称所属部落为科尔沁部，从此科尔沁部威名远扬。而其生活的北起嫩江、南到西拉木伦河、西以大兴安岭为界、东与建州女真相接的大片草原，后来被称为科尔沁草原。"科尔沁"也因此由部落名称变成了地域名称，并逐渐为世人熟知。现在的科尔沁草原是清代科尔沁草原的一小部分，原来科尔沁部的人口也被划到了不同盟市，通辽市只有科尔沁左翼中旗、科尔沁左翼后旗两个科尔沁旗。本文的科尔沁是行政区划的名称，专指内蒙古通辽市，管辖科尔沁区、开鲁县、库伦旗、奈曼旗、扎鲁特旗、科尔沁左翼中旗、科尔沁左翼后旗和霍林郭勒市。

（二）汉语传播

1. 辽时期的传播

（1）汉族移民入住契丹本土

辽宋对峙在中国历史上开启了第二个南北朝，两个南北朝虽然都具有民族融合的特点，但是南北民族的流向不同。北朝时，鲜卑人南下，最后定都洛阳，融入汉族共同体中，而辽朝时，不是契丹人的南下，而是汉族人口北走塞外，①融入契丹族之中。汉族北走塞外，原因不外乎两点，一是战争中俘获的战俘，二是中原汉族人口为避免战乱灾荒，主动归入辽朝。《辽史·太祖纪上》载：902年阿保机"以兵四十万伐河东代北，攻下九郡，获生口九万五千，驼马牛羊不可胜纪"；904年（唐天祐元年），击刘仁恭，"拔数州，尽徙其民以归"；921年（神册六年），攻略檀、顺等十多城，"俘其民徙内地"；924年（天赞三年），"徙蓟州民实辽州地"。上面提到的汉族人口是被迫迁入的，还有主动迁入的，《新五代史》（卷72《四夷附录一》）载：刘仁恭、刘守光父子割据幽州时，由于统治残暴，致使"幽、涿之人多亡入契丹"。为了让北上的汉族人在塞北安居乐业，辽庭专门设置了头下州、军、城、堡安置他们，后来还有专门的管理机构"汉儿司"，有专门培养、选拔汉族人才的国子监、科举制度。位于赤峰、通辽一带的乌州、龙化州、临潢县等居住的绝大多数都是汉人。《辽史》记载，汉人入辽后"请树城郭，分市里，以居汉人之降者。又为定配偶，教垦艺，以生养之。以故逃亡者少"。辽朝对待汉人的态度是包容的，他们留汉人，信汉人，用汉人，给汉人发挥自己聪明才智的平台和空间，于是汉人快速地毫无障碍地将中原的农耕技术、冶炼技艺、诗画礼仪、儒教文化等用于契丹本土，对辽朝政治、经济、文化的发展产生了积极的促进作用。影响是相互的，入塞的汉族人也融入契丹的社会文化生活之中，与契丹人通婚，被赐国姓，用契丹名，做契丹官，用契丹字，梳契丹头，向南的《辽代石刻文编》记载，入辽的汉族人，

---

① 李锡厚. 辽史［M］. 北京：人民出版社，2006：2-3.

"善骑射，聪敏绝伦，晓北方语"，契丹化倾向非常严重。辽朝统治下的今内蒙古地区的人口构成中加入了大量汉族人口，塞外草原上出现了空前的汉族聚居地，这不仅改变了塞外草原的人口构成，还改变着塞外草原的经济结构以及文化构成，这是辽朝能够立足于塞外草原立国达 200 年之久的原因之一。

现如今的通辽地区隶属辽上京临潢府管辖，是辽王朝统治的中心区，因此在此地发现的辽代墓葬、城址、遗物非常丰富。比如，国家级重点文物有陈国公主与驸马合葬墓、韩州城遗址、豫州城遗址及墓地、萧氏家族墓、灵安州遗址、奈林稿辽墓群等，自治区级重点文物有福巨遗址、小城子遗址、中哈嘎遗址、架玛吐辽墓群等，还有旗县市区级文物几十处，为研究辽代社会政治、经济、文化等方面提供了重要资料，并对辽代历史考古的发展产生深远的影响。2006 年 5 月被国务院批准的全国重点文物、被评为"七五"期间全国重大考古新发现的陈国公主与驸马合葬墓，位于内蒙古通辽市奈曼旗青龙山镇东北 10 公里斯布格图村西的庙子山南坡上。该墓约建于辽开泰六年（1017 年），为砖砌多室墓，全长 16.7 米，由墓道、天井、前室、东西耳室和后室 6 部分组成。公主和驸马从头到脚穿金戴银，雍容华贵，随墓器物也极为丰富、精致，为金银、玉石、玛瑙、琥珀、珍珠、水晶等贵重材料制成，是辽代文物的精华。墓内还发现大量精美壁画，极具艺术特色。同样为国家重点文物、位于通辽市科左后旗毛道吐苏木的吐尔基山辽墓，也出土了大量的壁画、铜器、银器、金器、漆器、木器、马具、玻璃器、首饰、丝织品等各种精美文物。再如，位于通辽市科左后旗查日苏镇城五家子嘎查的韩州城遗址，该城城墙为夯土板筑，细密坚实，东西相距 980 米，南北 700 米，最高点 3.5 米，有城门 4 座。在遗址上散布着大量断砖残瓦、陶瓷碎片等，有灰色篦点纹陶壶、灰陶鸡冠壶、黑釉鸡腿瓶、辽三彩盘、铁刀、铁马镫、银镯和"开元通宝""宗元通宝""皇宋元宝""建炎通宝"等文物。另外，城内到处可见宋辽时期的青砖、红瓦、布纹瓦、沟纹瓦、兽面瓦当等。韩州城遗址是北方草原民族文明的象征，是汉文化和契丹文化融合极具代表性的珍贵遗产。①

（2）契丹对中原农副业产品的需求

契丹族与北方的其他民族一样，"逐水草迁徙"，"居无恒所"，以游牧经济为主：早期渔猎是重要经济手段，后来畜牧业发展壮大占据主位，而后随着农业区的占领和扩大，农业比重不断增大，产量不断增加，由辅助业上升为与畜

---

① 通辽市文化志编委会. 通辽市文化志（2009—2016 年）［M］. 内部材料，2017：225-227.

牧业并肩的主要经济产业。畜牧业的特点之一就是具有一定的不稳定性，如果一年四季风调雨顺，没有洪涝、干旱、大风、霜雪等自然灾害，畜群的饲养和繁殖就能得以顺利进行，畜无害，人安康，经济政治得以稳步发展，否则经济萎缩，政权衰败，为维持生活巩固政权，相对稳定的农业受到青睐，畜牧业、农业互为补充、相得益彰，农业经济的发展得益于中原农业。另外，畜牧业经济产品的单一性，很难满足牧民日常生活的需要，如粮食、布匹、金属工具等，导致对于中原农副业产品有一定的依赖性，于是他们不断地穿梭在漠北草原和漠南的长城沿线，有广泛的贸易往来，形成了中国北方长城文化带，深受汉文化的影响。

（3）契丹与中原的经济交往

汉文化对辽的影响，除了迁居到契丹本地的汉族以外，还表现在辽朝与中原王朝经济上的交往。一是南北朝之间的政治馈赠。主要是后晋和北宋向辽朝交纳岁币，也有双方朝廷、使节间的互赠礼物。《契丹国志》中就记载了赠送的礼单，《欧阳修全集》中也收录了许多由他起草的赐契丹人使礼物的制文，赐物以茶药酒果为多，包括金银器等。① 二是南北边界地带的贸易与走私。辽宋间在边界地带设置榷场，专事南北贸易，北宋出口的主要商品有香药、犀象、苏木、草茶、缯帛、漆器、瓷器、九经书疏等，辽国出口的商品有银钱、羊马等。耶律隆庆女儿陈国公主墓中出土的一些精美的金银器和北宋定窑、越窑、耀州窑瓷器均来自中原。另外，被北宋屡禁的个人文集也通过走私的方式流入契丹本土，苏辙出使辽朝时，辽朝接伴使对苏辙说读过苏洵的文字，馆伴使王师儒也告知读过苏辙的文章，可见，此时宋人文集已经流入辽朝。②

（4）语言文化对契丹的影响

契丹族有自己的语言文字。契丹语属于阿尔泰语系的蒙古语族，可最初没有文字，契丹建立政权后不久，为适应政治、经济以及文化等方面的需求，先后创制了契丹大字和契丹小字，用于记录自己民族的语言。"无论契丹大字小字，都脱胎于汉字，其间架结构、偏旁部首、运笔规律、艺术规范等与汉字皆一脉相承。"③ 有辽一代契丹人始终使用契丹语，辽朝灭亡以后，女真人仍然使用契丹文，一直到1191年金明令废止契丹文字，而西辽至1218年被蒙古攻灭，契丹文字才全部消失。在当时，契丹文字不仅是辽朝官方通用的文字，在民间

① 欧阳修撰，李逸安点校. 欧阳修全集（卷82）［M］. 北京：中华书局，2001.
② 曹勇年主编. 内蒙古通史 2 ［M］. 呼和浩特市：内蒙古大学出版，2007：172-173.
③ 郝维民等. 内蒙古通史（第一卷）［M］. 北京：人民出版社，2011：577.

也使用，与汉字同时通用。辽朝上层社会中有汉族人如韩德让、邢抱朴等家族，契丹皇族非常注重学习汉语，其教育也效仿汉族的科举制度，是要考诗赋经义的。辽圣宗、兴宗、道宗等都能读写汉文文章，道宗有汉文诗《题李俨黄菊赋》："昨日得卿黄菊赋，碎剪金英添作句，袖中犹觉有余香，冷落西风吹不去。"《辽史》记载，太祖长子耶律倍，"市书至万卷，藏于医巫闾绝顶之望海堂"，他向入辽汉人张谏学习汉学，"通阴阳，知音律，精医药，砭焫之术。工辽、汉文章"①。耶律庶成曾作《四时逸猎赋》得到兴宗赏识。在汉语尚未成为各民族共同认可的通用语时，非汉族人使用汉语写作就不单纯是一个语言使用问题，它涉及汉民族文化的传播、辐射与整合的巨大功能以及各民族文化融合的特征。②

2. 金时期的传播

金朝统治时期，女真族是享有社会地位最高的统治民族，但同时也是女真、汉族及渤海、契丹等各族人口大杂居、大融合的历史时代，各民族在社会中的等次不同，地位各异。汉族又被划分为"北人"和"南人"，"北人"主要是指原来辽朝境内的汉人，"南人"则主要是指原来北宋境内的汉族人口。金朝初期，汉人的地位是低下的，但随着其封建化程度的加深，统治者不得不正视人口数目众多且生产方式先进的汉族的存在，汉人得到了统治者的信任和关爱，社会地位有所提升，中原先进的科学技术被其认同并接受。

金朝时期，由于连年的战乱、修筑界壕等，致使通辽地区的经济陷入低谷。大定四年（1164 年），周昂由燕京到隆州（吉林农安县）赴任，途经科尔沁草原南缘，他把沿途所见记录了下来，当时的科尔沁草原"屋边向外何所有？唯见白沙垒垒堆山丘，车行沙中如倒曳，风惊流沙失前辙，三步停鞭五步歇，鸡声人语无四邻，晚风萧萧愁杀人"。这是金代科尔沁草原自然环境和居民情况的真实写照。

3. 元时期的传播

元帝国初期，原有居民东胡、乌桓、鲜卑、契丹人、女真人和汉族人等都成了蒙古诸王的"分封户"，"领户分封制"使这些土著居民被固定在分封地之内，形成了大一统的蒙古民族共同体，多民族大融合的局面再一次形成。为了加强中央集权统治，元朝建立了行省制度，全国设立了 11 个行省，行省下设

---

① 向南. 辽代石刻文编［M］. 石家庄：河北教育出版社，1995：68.
② 朱成勇. 民族文化融合的艺术结晶——试析中国古代少数民族作家的汉语诗写作. 西华师范大学学报（哲学社会科学版），2013（1）.

路、府、州、县。统一而安定的环境为全国各地经济的恢复与发展创造了有利条件，从总体看，仍属原始粗放经济的畜牧业是主要产业，农业、手工业、商业有了繁荣的景象，交通、城镇建设、教育、宗教得到了大力发展，这中间有的是政府利用权力从中原移植而来的，有的是各民族文化碰撞的结果。

就教育而言，元朝历代皇帝大多能留意教育，重视教化，特别是儒学对治国安邦的重要性，因此相继颁布了一系列发展教育的诏令，并在设立教学机构、选拔教学人员、设置教学内容及方式、实施教育考核、保证教育经费等方面作出了科学有序的安排，有力推动了元朝全国教育的发展。1237 年（太宗九年）八月，窝阔台下"选试儒人免差"诏，对有才学的儒人给予奖励。忽必烈在潜邸之时，就留心汉地教育，注意招揽儒人，身边幕僚多为名儒，即位后，更加留意儒学，重视文治，1261 年（中统二年）六月，忽必烈明诏："宣圣庙及管内书院，有司岁时致祭，月朔释奠，禁诸官员使臣军马，毋得侵扰亵渎，违者加罪。"以法令形式保护全国各地的宣圣庙及学校。成宗于 1307 年（大德十一年）加封孔子为"大成至圣文宣王"，祭祀孔子的庙宇，直接称为文庙，极度重视儒学。仁宗时恢复了停废多年的科举取士制度，将兴办学校作为考核地方官员政绩之一的标准。元朝统治者出于治国安邦的需要，在教育的内容上十分审慎，多取与之有关的书籍加以教授。主要学习用蒙文译写的《通鉴节要》以及《孝经》《小学》《论语》《孟子》《大学》《中庸》《诗》《书》《礼记》《周礼》《春秋》《易》等儒家经典著作。医学开设的主要课程有传统的中医典籍：《素问》《难经》《本草》《圣济总录》《伤寒论》等。此外，颇具蒙古特色的正骨金科也成为一个重要分支学科。① 蒙古贵族和蒙古族官吏掌握了较多的蒙汉文化知识，少部分人还具备了从事文学艺术等方面的创作技能与才华，能够用汉文创作诗歌与散文的有伯颜、不忽木、郝天挺等，以及部分蒙古帝王及太子、公主。伯颜的"剑指青山山欲裂，马饮长江江欲竭。精兵百万下江南，干戈不染生灵血"（《奉使收江南》）写尽了元军声势浩大、胜利在握之气象。世祖忽必烈的《陟玩春山纪兴》一诗，风格阔大典重，颇具帝王气象。学习汉语习作汉文诗歌，既是元代蒙古族统治者出于统治与交往的需要，也是蒙汉民族文化交流的必然结果。

元帝国时，科尔沁草原地带分别归辽阳行省和"腹里"上都路管辖，并且是全国 14 道官牧场之一。科尔沁地区的教育在上都教育的带动和辐射之下，也呈现了良好的发展势头，尽管文字记载的史料甚少，但近年来的考古发现为我

---

① 曹勇年主编. 内蒙古通史 2 ［M］. 呼和浩特：内蒙古大学出版，2007：349-351.

们了解当时的教育提供了可靠的依据。1984 年 5 月，在科左后旗海力吐苏木出土了一方"东路蒙古侍卫亲军都指挥使司医学教授之印"，这说明元朝政府曾在这里开办过医学。总之元朝政府的教育网络形成了以上都为中心，各路府为基点的教育格局，呈现出教育内容丰富，蒙汉双语甚至多语授课的教学模式，既吸纳了中原传统儒学的教育特点，又体现了蒙古族传统草原文化的特色。

4. 明时期的传播

明朝时期，汉人再入内蒙古，尤以内蒙古西部为甚。汉人入住的原因有两个：其一，在连年频繁的征战中，蒙古不仅从明朝掠夺了难以数计的牲畜财物，也掠去了大量的人口，《大隐楼集》卷 16《云中处降录》载"岁掠华人以千万计"，曾铣《复套条仪》载：河套吉囊部"每一帐下家小不上四五人，虏去人口反有五六人"，这种强制性的移民，成为内蒙古地区汉人的主要来源。其二，小部分汉人主动投奔。早在成化年间就有一些塞内贫困百姓逃奔草原，到嘉靖隆庆年间逃往边外的沿边百姓数量更多，规模更大。毛宪《陈言边患疏》载："臣又闻虏中多半汉人。此等或因饥馑困饿，或因官司剥削，或因失事避罪，故投彼中，以离此患。"明朝初年，内蒙古东部地区的人口并不多，《明会典》载三卫入贡每年也只是 600 人左右。随着东蒙古进入，人口才渐渐增多。在增加的人口中有一部分就是汉人。"万历以后也有许多汉人因同样的原因进入内蒙古东部地区。"① 东北的兀良哈三卫以及后来入住的内喀尔喀依然以牧业为主要生活方式，但也逐渐引入汉人构建板升，从事农业。据万历年间蓟辽总督熊廷弼《务求战守长策疏》记载：边外蒙古"近所掠人口筑板升居之，大酋以数千计，次千计，又次数百计，皆令种地纳粮料"。三卫地区已经是"人皆土著，可以耕稼"，在辽蓟常山之北，兴中大宁之间的内蒙古东部大草原上还出现了环绕寺院的板升农业区。《开原图说》中有如下记载："潢河者潢水，正契丹之南境。过河北三十里口口口北四十里至大汉把都楼子。大汉把都者口口口口口口口楼子即巢穴也。缘各房近皆敬佛，每口口口口口建寺起楼供佛，其砖瓦木石皆所掳中国匠役为之造作，寺观有甚华丽者。亦有僧，多内地人，皆与酋首抗客礼，有番僧至则酋首罗拜，谓之楼子。房营帐多在楼子傍，其左右前后三四十里即其板升，板升者夷人之佃户也。……（宰赛）今但以居板升而酋帐营野次。……兄弟九营口口口口各有板升。"宰赛即为追随察哈尔部的内喀尔喀部，后来形成扎鲁特、巴林等部。从文献记载中可以看出：板升最早由丘富创建，是由进入草地的汉人聚合而成的；板升之内有屋室、宫殿，也有城堡、城墩；汉人在板升

---

① 曹勇年主编. 内蒙古通史（2）[M]. 呼和浩特：内蒙古大学出版，2007：456.

内居住垦殖,并向蒙古封建主缴纳田赋;板升汉人在饮食服饰居住上基本保持内地的生活方式;板升内有少量蒙民杂居。而楼子是为酋首供佛而建造的喇嘛寺院,其中有来自内地和西藏的喇嘛居住。大量汉人涌入内蒙古,不仅带来了丰富的劳动力资源、物资和技术,为内蒙古东部的开发提供了必不可少的条件,而板升的兴起,村寨的出现,营建了不少定居的城堡宫殿,使明代内蒙古地区在居住方面发生了重大变化,更重要的是板升内以汉族为主,这为汉语能成为社会日常交流语提供了可能和空间,也为汉语在科尔沁地区跻身为生活语言打下了坚实的基础。

四、科尔沁地区汉语传播的繁荣期

从清朝至民国年间是科尔沁地区发生巨大变化的时期,随着汉族人口的不断进入,汉族人口数量由原来的少数变成了绝对的多数,汉语在科尔沁地区变成了与蒙古语并驾齐驱的语言。

(一) 历史背景

1. 清时期

清王朝为满族人所建立。满族的祖先是女真人,他们在中国历史上曾经建立过金王朝。金王朝灭亡后,有一些女真部落一直留居在东北,这些部落到明朝时大致分为建州女真、海西女真和野人女真三个部落群。其中的建州女真到明朝中叶之后,大体分布在今西起抚顺以东,东达鸭绿江中朝边境,北至牡丹江和绥芬河流域的广大地区,从事着农业、狩猎和畜牧业,其生产发展水平要略高于其他女真部落。到明万历十一年(1583年),女真族爱新觉罗氏的杰出人物努尔哈赤被推举为建州女真首领,开始以赫图阿拉(今辽宁省新宾县境内)为根据地,吞并附近的海西女真、野人女真部落以及蒙古科尔沁各部落。明万历二十一年(1593年),在"九部之战"中以少胜多,名声大振,明万历四十四年(1616年),努尔哈赤在赫图阿拉称汗,建立后金,割据辽东,建元天命。从德元年(1636年),后金首领皇太极登基称帝,改国号为清。而蒙古部落在努尔哈赤军事打击与怀柔羁縻交替使用的策略下,终于成了建州女真的友好睦邻,后又发展为相互结盟、君臣关系,并伴随了有清一代的始终。清王朝为了对归附的蒙古部落进行统治,采取了一系列的安抚、笼络、分化、控制的政策,影响最深的诸如:推行盟旗制度;实施封禁制度;推行姻盟国策;封爵;大兴喇嘛教等等。

清朝初年,朝廷对蒙古各部首领授官封爵,依据会盟制度和满洲八旗制度,在蒙古地区推行盟旗制度，在内蒙古地区共建立6个盟49个札萨克旗，并以会盟地点作为各旗所属盟的名称，有哲里木盟、卓索图盟、昭乌达盟、锡林郭勒盟、乌兰察布盟、伊克昭盟，并对蒙地实施封禁政策，规定蒙古各旗之间不得互侵和兼并；不准越界游牧；蒙古王公拥有领地的使用权，他人不得强占，也不准招佃、出典或买卖，不准内地汉族或其他民族入旗境居住；各旗札萨克非报清朝廷批准，不准私出旗界等等。盟旗的建立与封禁政策，使蒙古封建主拥有领地的使用权，维护了封建主的特权和经济利益，使蒙古封建主感到满意。同时限制各旗封建主互相往来，防止他们串通联合，威胁清廷的政权稳固，这在清朝廷200多年的统治中，起到了十分重要的作用。

表2-1　内蒙古六盟四十九旗名称对照表①

盟名	正式旗名	惯用旗名	旗扎萨克爵秩
哲里木盟	科尔沁左翼前旗	宾图王旗	多罗宾图郡王
	科尔沁左翼中旗	达尔汉王旗	和硕达尔汉亲王
	科尔沁左翼后旗	博王旗	博多勒噶台亲王
	科尔沁右翼前旗	扎萨克图旗	多罗扎萨克图郡王
	科尔沁右翼中旗	图什业图旗	和硕图什业图亲王
	科尔沁右翼后旗	镇国公旗，也称苏鄂公旗	镇国公
	郭尔罗斯前旗	前郭尔罗斯旗	辅国公
	郭尔罗斯后旗	后郭尔罗斯旗	镇国公
	扎赉特旗		多罗贝勒
	杜尔伯特旗		固山贝子
卓索图盟	喀喇沁左旗	南公旗	固山贝子
	喀喇沁中旗	马公旗，也称头等塔布囊旗	辅国公晋贝子衔
	喀喇沁右旗	喀喇沁王旗	多罗杜梭郡王
	土默特左旗	东土默特旗，也称蒙古镇王旗或蒙古真旗	多罗达尔汉贝勒
	土默特右旗	西土默特旗，也称土默特贝子旗	郡王级固山贝子

① 闫天灵. 汉族移民与近代内蒙古社会变迁 [M]. 北京：民族出版社，2004：454-456.

续表

盟名	正式旗名	惯用旗名	旗扎萨克爵秩
昭乌达盟	翁牛特左旗	翁牛特贝勒旗	多罗贝勒
	翁牛特右旗	翁牛特王旗	多罗杜梭郡王
	敖汉旗	扎萨克王旗	多罗郡王
	奈曼旗		多罗郡王
	巴林左旗	小巴林旗，也称巴林贝子旗	固山贝子
	巴林右旗	大巴林旗，也称巴林王旗	多罗杜梭郡王
	扎鲁特左旗	东扎鲁特旗	多罗贝勒
	扎鲁特右旗	西扎鲁特旗	多罗达尔罕贝勒
	阿鲁科尔沁旗		多罗贝勒
	克什克腾旗		头等台吉
	喀尔喀左翼旗		多罗贝勒
锡林郭勒盟	乌珠穆沁左旗	东乌珠穆沁旗	多罗额尔德尼贝勒
	乌珠穆沁右旗	西乌珠穆沁旗	和硕车臣亲王
	浩齐特左旗	东浩齐特旗	多罗额尔德尼郡王
	浩齐特右旗	西浩齐特旗	多罗郡王
	阿巴哈纳尔左旗	东阿巴哈纳尔旗	固山贝子
	阿巴哈纳尔右旗	西阿巴哈纳尔旗	多罗贝勒
	阿巴嘎左旗	大阿巴嘎旗	多罗郡王
	阿巴嘎右旗	小阿巴嘎旗	多罗卓里克图郡王
	苏尼特左旗		多罗郡王
	苏尼特右旗		多罗杜梭郡王
乌兰察布盟	四子部落旗	四子王旗	多罗郡王
	喀尔喀右翼旗	达尔汉旗	多罗达尔罕贝勒
	茂明安旗	又写毛明安旗	头等台吉
	乌拉特中旗	中公旗	辅国公
	乌拉特前旗	西公旗	镇国公
	乌拉特后旗	东公旗	镇国公

续表

盟名	正式旗名	惯用旗名	旗扎萨克爵秩
伊克昭盟	鄂尔多斯左翼中旗	郡王旗	多罗郡王
	鄂尔多斯左翼前旗	准噶尔旗	固山贝子
	鄂尔多斯左翼后旗	达拉特旗	固山贝子
	鄂尔多斯右翼中旗	鄂托克旗	多罗贝勒
	鄂尔多斯右翼前旗	乌审旗	固山贝子
	鄂尔多斯右翼前末旗	扎萨克旗	头等台吉
	鄂尔多斯右翼后旗	杭锦旗	镇国公

表2-2　清代内蒙古东三盟行政区划①

盟名	旗名	俗称	编旗时间（年）	备注
哲里木盟	科尔沁右翼中旗	土谢图王旗	1636	大体包括今内蒙古兴安盟和哲里木盟通辽市科尔沁左翼中、后二旗以及黑龙江省部分县、吉林和辽宁部分地区和县
同上	科尔沁右翼前旗	扎萨克图旗	1636	
同上	科尔沁右翼后旗	镇国公旗	1636	
同上	科尔沁左翼中旗	达尔罕旗	1636	
同上	科尔沁左翼前旗	宾图王旗	1636	
同上	科尔沁左翼后旗	博王旗	1650	
同上	郭尔罗斯前旗		1636	
同上	郭尔罗斯后旗		1648	
同上	杜尔伯特旗		1648	
同上	扎赉特旗		1648	

---

①　红梅. 科尔沁地区近三百年人口变化及其效应研究 ［D］. 内蒙古师范大学硕士学位论文, 2006.

盟名	旗名	俗称	编旗时间（年）	备注
卓索图盟	喀喇沁左旗	乌公旗	1667	大体相当于今内蒙古赤峰市喀喇沁旗、宁城县和辽宁省朝阳地区、库伦旗东南部、阜新蒙古族自治县以及河北省平泉县北部，承德、围场的一部分
同上	喀喇沁右旗	喀喇沁王旗	1668	
同上	喀喇沁中旗	马公旗	1705	
同上	土默特左旗	蒙古镇王旗	1635	
同上	土默特右旗		1935	
同上	锡埒图库伦扎萨克喇嘛旗		1646	
昭乌达盟	扎鲁特左旗		1648	大体相当于今克什克腾旗、林西县、巴林左、右二旗、阿鲁科尔沁旗、翁牛特旗、敖汉旗、赤峰市和哲里木盟的开鲁县、奈曼旗、扎鲁特旗等
同上	扎鲁特右旗		1648	
同上	阿鲁科尔沁旗		1636	
同上	巴林左旗	巴林贝子旗	1648	
同上	巴林右旗	巴林王旗	1648	
同上	克什克腾旗		1652	
同上	翁牛特右旗		1636	
同上	翁牛特左旗		1636	
同上	敖汉旗	扎萨克王旗	1636	
同上	奈曼旗		1636	
同上	喀尔喀左翼旗		1664	

　　纵观历史，现在的科尔沁地区在清朝分属于哲里木盟、卓索图盟、昭乌达盟，始终都是北方游牧民族纵横的天下，东胡、匈奴、乌桓、鲜卑、契丹、蒙古、女真等都曾在这里成长和发展过，千百年来过着"逐水草而居"的游牧生活。汉族人口北走塞外屈指可数，辽代时在民族构成中首次加入了汉族成分，但随着时间的推移最后都融入契丹族之中，明代汉人再次涌入，兴起了板升，出现了村寨，但相对于蒙古族人口汉族人口是微不足道的，真正意义改变塞外草原乃至科尔沁地区的民族结构，撼动塞外草原经济结构以及社会生活深刻变化，最终使农业及与农业相伴随的中原文化在塞外取得了与游牧经济及游牧文化相对等的地位的，发生在清朝定鼎以后。"从时间跨度上来说，塞外移民主要

集中在清朝和民国时期。在这三百余年当中，移民过程基本是连续进行的，形成了独具特色的迁移方式、迁移路线和移民文化，构成这一时期北方移民运动的重要板块。"① 移民是导致东部蒙旗发生社会变迁的最重要的因素，是农耕村落社会的驱动因子。一般来讲，"一定数量人口出于各种目的离开原居住地到另一个距离较远的地方定居谋生，并不再返回原居住地的人"② 都可称之为移民。"它既包括由各种原因所引起的无序流民，也包括国家政府出于政治、经济和军事目的而组织的有计划的人口迁移。"③ 汉族移民进入东部内蒙古地区的原因很多，最重要的就是人口的急剧增长，原有土地不能满足需求，《清圣祖实录》卷二六八中康熙帝曾说："今太平已久，生齿甚繁，而田土未增，且士商僧道等不耕而食者甚多。或有言开垦者，不知内地实无闲处。"《清高宗实录》卷一四四一载：乾隆末年，中国人口突破了3亿，较之康熙年间，计增十五倍有奇。道光三十年（1850年），全国人口数字增至4.3亿，④ 达到中国封建社会历史上人口最高纪录，人地矛盾更加激烈。除此之外自然灾害和战乱、清朝的政策导向、蒙旗私招私垦现象的存在也都是汉族移民进入内蒙古东部地区的原因。在内地无法生存的大量人口，为谋食而背井离乡，游走四方，寻找新的土地，沦为流民。地广人稀的北部边疆内蒙古地区便成为他们向往的乐土，形成了大规模的移民潮流，⑤ "其趋向，一是由长城沿边，渐次向北推进；一是从东三省越过柳条边墙向西推进，进入哲里木盟。从时间上来说，前一路线较之后一路线早近一百年"⑥。紧缘长城的归化城土默特、伊克昭盟南缘、察哈尔南部及卓索图盟是汉族移民最先进入的地区。⑦

关于内蒙古东部地区移民的迁入、土地的开垦，是在清朝统治者充满矛盾的政策中完成的。按照清朝政府的政策，可以把清代进入内蒙古东部地区的汉族移民，大致分为以下三个阶段：清初至乾隆十三年（1748年）；乾隆十三年（1748年）至光绪二十八年（1902年）；光绪二十八年至清朝灭亡（1911年）。

第一阶段：清初至乾隆十三年（1748年）内蒙古东部地区的土地开垦与

---

① 闫天灵. 汉族移民与近代内蒙古社会变迁 [M]. 北京：民族出版社，2004：3-4.

② 中国百科大辞典 [M]. 北京：华夏出版社，1990：159.

③ 丁鼎. 中国古代移民述论 [M]. 济南：齐鲁书社，1998：2.

④ 梁方仲. 中国历代户口、田地、田赋统计 [M]. 上海：上海人民出版社，1980：251-256.

⑤ 珠飒. 18-20世纪初东部内蒙古农耕村落化研究 [M]. 呼和浩特：内蒙古人民出版社，2009：15.

⑥ 刘海源. 内蒙古垦务研究（第一辑）[M]. 呼和浩特：内蒙古人民出版社，1990：61.

⑦ 闫天灵. 汉族移民与近代内蒙古社会变迁 [M]. 北京：民族出版社，2004：17.

移民。

为了稳定北部边疆，顺治时期，对塞外蒙古族采取封禁政策，禁止内地汉族或其他民族入蒙旗境地居住，不准招佃、出典或买卖等，这对蒙地起到了保护作用，清初关外内蒙古东三盟蒙古族牧民过着逐水草而居的游牧生活，人口非常稀少。

表2-3 1636年科尔沁地区部分部（族）蒙古族户数①

部名	翁牛特	巴林	扎赉特	敖汉	奈曼
户数	3130	1500	2750	1300	1210
人口数	14648	7020	12870	6084	5663

但由于长期的战乱和自然灾害，内地无法生存的大量农民，越过长城，由南向北来到内蒙古地区谋生。为了恢复社会生产，缓和各种社会矛盾，顺治年间清朝统治者对内地汉人涌入蒙地采取默认或默许的态度，这时进入蒙地的汉族移民有如下三类：一是满洲贵族圈占土地时失去家园的内地汉人，喀喇沁地区的一部分汉人就是这时进入的；二是蒙古王公贵族从内地掳掠的汉人，卓索图盟土默特右旗的首领曾与清军一同作战，俘获的汉人变为奴隶，其建立的村镇——郎中营子、莱州营子、太安州明确地彰显了其来源；三是满洲公主、格格等的陪嫁人员。有清一代嫁给蒙古王公、台吉的满洲公主格格达432人，满洲族娶蒙古王公台吉之女达163人，其中顺治年间嫁到哲里木、卓索图、昭乌达等盟各旗的公主格格有20人。随同她们陪嫁的侍婢和人户，按顺治九年（1652年）的规定，依据公主格格地位的高低，为三四口至七八口、二三户至四五户不等，主要是汉人。这些陪嫁人员随皇家女落户蒙地，繁衍后代，成为独特的汉人群体。②康熙年间，为了解决旗人的生存问题，1670年将古北口、罗文峪、冷口、张家口外的土地正式拨给正黄、镶黄等七旗。这表明，清朝入关以来的封禁政策有了根本性的改变，从此直隶口外进入了广泛开垦的时代。③受自然灾害的影响，直隶、山东、河南等大批灾民越过长城涌入内蒙古广大地区。康熙时期对口外蒙古地区采取鼓励农耕的政策，对进入蒙地汉人的态度是默许又限制。清朝廷鼓励蒙古人农耕，《清圣祖实录》卷一九一，康熙三十七年

① 红梅.科尔沁地区近三百年人口变化及其效应研究［D］.内蒙古师范大学硕士学位论文，2006.

② 珠飒.18-20世纪初东部内蒙古农耕村落化研究［M］.呼和浩特：内蒙古人民出版社，2009：18-19.

③ 张岗.清代北方流民对直隶口外的开发［J］.河北学刊，1986年（3）.

十二月丁巳载："朕适北巡见敖汉、奈曼等处，田地甚佳，百谷可种，如种谷多获，则兴安等处，不能耕之人，就近贸易贩籴均有裨益，不须入边买内地粮米，而米价不致腾贵也。且蒙古地区既已耕种，不可牧马，非数十年草不复茂，尔等酌量耕种。"并允许一部分汉人进入蒙地，为之颁发"印票"，但事实上"印票"并没有起到限制汉人流入蒙东的数量，由于西北用兵频繁、内地灾情不断、流民涌入蒙地的数量反而更多，大大超过了顺治时期。《清圣祖实录》卷二三○，康熙四十六年七月戊寅载：康熙皇帝巡行边外时，就见到各处皆有山东人"或行商或力田，至数十万人之多"，《清圣祖实录》卷二五○，康熙五十一年五月壬寅载："山东民人往来口外垦地者，多至十万余"，但由于清朝廷不允许流入蒙东的汉人在蒙地娶妻立产，不准移家占籍，只准支搭帐房，不准苫盖房屋，要求冬归春往，这种被称为"雁行人"的移民尚不能算作严格意义上的移民，然而汉人定居耕种的趋势已经凸显，即将成为事实。雍正是清朝历史上最重视垦务的皇帝，曾多次鼓励汉人出塞耕种，他曾以"边外地方辽阔，开垦田亩甚多"为由，让无食果腹的汉人前往蒙地垦荒谋生，而且免除愿意迁徙者的田赋，特许欢迎汉人入住的蒙古王公吃租子。"在这一政策的鼓励下，直隶、山东等省流民以更汹涌之势流入喀喇沁、土默特、翁牛特、敖汉、克什克腾、奈曼等所谓'借地养民'之地。"① 携眷出塞的汉人众多，定居者日增，"雁行人"逐渐减少，由地缘或亲缘形成的村屯渐渐形成。《清高宗实录》卷三○四，乾隆十二年十二月己未载：乾隆十二年（1747年），八沟以北及塔子沟通判所辖地方已有汉民户"二三十万之多"。"雍正时期，清廷对汉人出边垦地继续采取鼓励政策，最主要的就是所谓'借地养民令'。在此令之下，汉族移民规模更大，并为此设置了若干管理蒙汉交涉事务的直隶厅。这种情况一直延续到乾隆十三年（1748）。"②

第二阶段：乾隆十三年（1748年）至光绪二十八年（1902年）内蒙古东部地区的土地开垦与移民。

"借地养民"及相关的政策，使得移入内蒙古东部地区开垦种田的汉人数量猛增，到乾隆十三年（1748年）的时候，以各种方式进入蒙旗的汉族流民（民人），已达数万之多。蒙古与汉人相互容留的现象很严重，出现了蒙古人与汉族

---

① 珠飒.18-20世纪初东部内蒙古农耕村落化研究［M］.呼和浩特：内蒙古人民出版社，2009：22.

② 珠飒.18-20世纪初东部内蒙古农耕村落化研究［M］.呼和浩特：内蒙古人民出版社，2009：18.

人杂居的局面,① 严重影响了蒙古族的本业。《清高宗实录》卷三四八,乾隆十四年九月丁未载:"蒙古旧俗,择水草地游牧,以孳牲畜,非若内地民人,倚赖种地也。康熙年间,喀喇沁札萨克等,地方宽广,每招募民人,春令出口种地,冬则遣回,于是蒙古贪得租之利,容留外来民人,迄今多至数万,渐将地亩贱价出典,因而游牧地窄,至失本业……著晓谕该札萨克等,严饬所属,嗣后将容留民人居住,增垦地亩者严行禁止。至翁牛特、巴林、克什克腾、阿鲁科尔沁、敖汉等处,亦应严禁出典开垦,并晓示察哈尔八旗一体遵照。"这是清朝入关以来最严厉的禁垦令。嘉庆和道光年间,清廷继续推行乾隆年间的蒙地禁垦政策,并且发布了一系列禁垦令,制定了严厉的处罚条例,三令五申禁止内地汉人流入内蒙古地区开垦耕种,对已流入蒙地的汉人给予认可,采取安置或给荒开垦,允许个别蒙旗限定招垦,即所谓的"严定招垦之禁,已佃者不得逐,未垦者不得招"。但由于清朝统治者实在没有办法解决内地人地矛盾以及由灾荒、战乱等所引发的流民问题,事实上进入蒙地的汉人不但未减少,反而与日俱增,乾隆时期"闯关东"已经成为普遍现象。《清仁宗实录》卷一一一,嘉庆八年(1803年),"出关民人,或系只身,或携带眷属,纷纷前往佣工贸易""山东、直隶无业贫民,均赴该处种地为生,渐次搭盖草房居住,是以愈聚愈众"。尤其在灾荒年份更是如此,正如嘉庆帝所言:"其内地民人,均有土著版籍,设地方间遇灾荒年岁……州县官果能勤宣德,劳来安集,小民又何肯轻去其乡,至出口垦荒者,动辄以千万计!"《清宣宗实录》卷二五〇,道光十四年(1834年),仅仅前三个月,山海关就放出贫民4600余口。这些贫民到达东北以后,"俱系前赴盛京、吉林所属地方谋生。上年系丰收年分,查无一户回籍进关。皆由边外地尽膏腴,俱各耕种营生,虽前定章程,应于成熟后饬令回籍,而该贫民等安居乐土,不但不肯回籍,抑且呼朋引类,日积日多,驱逐不易"②。嘉庆道光时期,移民已经越过柳条边,进入吉林地区和科尔沁草原进行开垦耕种,而东北南部的盛京地区,经过一二百年的移民活动,已经由人口输入地区逐渐转为人口输出地区,盛京地区的部分居民开始"走边外",加入关内移民"闯关东"的行列之中。清朝廷虽禁之而不止,新移民和老移民渐次向内蒙古东三盟腹地推移。1748年清廷对卓索图盟的调查显示,该盟租给汉民耕种的地亩,土默特右旗为1643顷30亩,喀喇沁左旗为400顷80亩,喀喇沁中旗为431顷80亩,这一年仅喀喇沁中旗一旗已有汉佃103屯,42924口。1752年,

① 景爱. 清代科尔沁的垦荒 [J]. 中国历史地理论丛, 1992 (3).
② 张士尊. 清代东北移民与社会变迁:1644-1911 [M]. 吉林人民出版社, 2003:157.

在汉人佃户名册中83.3%的人属于被逐出家园的直隶人。①

清代中期特别是乾隆以后是中国人口大发展时期，随着汉族人口的快速增长，内蒙古东三盟的蒙古族人口也在稳步增长，见表2-4：

表2-4　清乾隆三十五年（1770年）内蒙古东三盟蒙古族人口数②

盟名	佐领数	丁数	人口数
昭乌达盟	234	35100	164268
卓索图盟	322	48300	209196
哲里木盟	298	44700	227044

内蒙古东三盟汉人迁入与蒙地垦种情况不太一样，卓索图盟最早。根据表2-5可以看出，卓索图盟及昭乌达盟南部的汉族人口1830年已超过78万人。在1782-1830年这48年当中，热河旗地人口增长放慢，而蒙地人口增长仍在加快。建昌、赤峰、朝阳三县人口增长93.7%，承德府及平泉、滦平、丰宁三县只增长14.8%，前者高出后者近80个百分点。特别是赤峰县，增幅高达403%，反映出到乾隆中叶，热河旗地的移民过程已基本结束，人口增长转入以自然增长为主，而在北部蒙地，移民仍在大量增加。③ 至嘉道年间卓索图盟五旗已经完成了向农区及半农区的转变，汉族人口在该盟已趋于饱和。

表2-5　1782-1830年热河人口增长情况④

地名	1782年（乾隆四十七年）		1830年（道光十年）	
	户数	口数	户数	口数
承德府	8979	41496	16339	110171
平泉县	29315	154308	20449	158055
滦平县	5230	106630	6914	45769
丰宁县	20871	72079	22198	115973
建昌县	23730	99093	31996	163875
赤峰县	6324	22378	14996	112604

---

① 闫天灵. 汉族移民与近代内蒙古社会变迁［M］. 北京：民族出版社，2004：25-26.
② 红梅. 科尔沁地区近三百年人口变化及其效应研究［D］. 内蒙古师范大学硕士学位论文，2006.
③ 闫天灵. 汉族移民与近代内蒙古社会变迁［M］. 北京：民族出版社，2004：27.
④ 闫天灵. 汉族移民与近代内蒙古社会变迁［M］. 北京：民族出版社，2004：26.

续表

地名	1782 年（乾隆四十七年）		1830 年（道光十年）	
	户数	口数	户数	口数
朝阳县	15356	61220	31751	77432
总计	109805	557204	144643	783879

在塞外汉族移民过程中，昭乌达盟与卓索图盟是连为一体的。卓、昭二盟有老哈河南北沟通，汉族移民很容易经卓盟进入昭盟南部的敖汉、翁牛特、奈曼、克什克腾、巴林等旗。道光之前，与土默特右旗紧邻的敖汉旗移垦已很旺盛，到 1831 年（道光十一年），克什克腾旗由于放地过多，出现土地紧缺，以至于打算向接壤的巴林旗展界。据波兹和涅耶夫估算，1893 年，克什克腾旗的汉族人口已远超过蒙古族人口。1918 年蒙藏院调查也说，克什克腾旗凡能种植之处均已开放，现在并无荒地。到清末放垦时，昭乌达盟除巴林二旗、扎鲁特二旗和阿鲁科尔沁旗的部分地区仍以畜牧为主外，大部分地区已变为农区和半农区。①

表 2-6　乾隆末期塔子沟厅所属各旗村屯数字表②

蒙旗	方位	村数	蒙旗	方位	村数
喀喇沁左翼	塔沟东境	23	喀喇沁左翼	塔沟西境	5
喀喇沁左翼	塔沟南境	17	喀喇沁左翼	塔沟北境	4
土默特左翼	塔沟东北	67	土默特右翼	塔沟东北	21
敖汉	塔沟西北	30	奈曼	塔沟最北	15

汉人移居通辽市的时间要晚一些，少量汉人的进入是顺治年间公主的随嫁人员，"在康熙年间便有口里的汉人移入，少数是跟着公主、郡主下嫁而来的""多数是贪高额利润或种地不纳粮而来的山西商贩和山东农民"③。较大规模的汉人出现是从乾隆时期开始的。《东三省政略》卷二《蒙务上·蒙旗篇》载：郭尔罗斯前旗"乾隆中直隶、山东人出关就食，流寓旗地，渐事耕种"。1802年（嘉庆七年），博多勒噶台王旗（博王旗，即科尔沁左翼后旗）招民垦种。

---

① 闫天灵. 汉族移民与近代内蒙古社会变迁［M］. 北京：民族出版社，2004：28.

② 张士尊. 清代东北移民与社会变迁：1644—1911［M］. 吉林人民出版社，2003：138.

③ 李守信. 内蒙古文史资料·我出生前后的热河南部蒙旗社会（第十辑）［M］. 呼和浩特：内蒙古人民出版社，1983：123.

四年之后，垦民即达 3900 多口。清廷于是在 1806 年划定"东至吉林边栅，西至辽河一百余里；南至威远堡地界，北至白塔水河二三十里、四五十里不等"，作为该旗招垦地界，并设昌图厅理事通判进行管辖。1829 年（道光九年），博多勒噶台王旗又在库都力地方招民垦种，民户达 1400 户，清廷再度将东至硕勒和硕，西至姑奈经勒克，南至昌图，北至库都力甸子划为开垦区域。这表明，由于移民持续增加，清廷的划界实际上已失去效力。嘉庆自己说："流民出口，节经降旨查禁……每查办一次，辄增出新来流民数千户之多，再届查办复然，是查办流民一节竟成具文。"19 世纪中叶，中国面临着被资本主义列强瓜分的危险，清王朝为维持其统治，被迫"移民实边"，废除蒙地封禁政策转为招垦，以缓解边疆危机。清廷允许蒙古王公出荒招垦，并派遣官员主持放荒事务，于是内地的流浪汉民群涌而至，科尔沁草原上又掀起了放垦高潮。光绪初，清朝廷相继在达尔罕王旗和宾图王旗境内增设了奉化、怀德、彰武 3 县，在博王旗增设了康平县，在郭尔罗斯前旗增设了农安县，并将昌图厅、长春厅升级为府。在 1902 年之前，哲盟移垦已深入哲盟北部的科尔沁右翼三旗地方，最先招垦的宾图王旗与博王旗已开垦殆尽，成为农业区或半农半牧区，故清末放垦时已不见这两旗的记载。而科尔沁左翼中旗农区也有了很大程度的发展。嘉庆年间，哲里木盟的汉族移民"动辄以千万计"。这是因为哲里木盟各旗地接松辽平原，是东北粮仓的重要组成部分，移民在这里一旦开始就一直保持着强劲的增长势头。①

"从总体情况看，在 1902 年清朝全面放垦蒙地前，内蒙古自西至东，归化城土默特旗两翼、察哈尔右翼四旗、卓索图盟五旗、哲里木盟科尔沁左翼前后二旗，已全部开垦，成为农区和半农半牧区。伊克昭盟七旗沿边靠河地带、察哈尔左翼南部、昭乌达盟南部及科尔沁左翼中旗、右翼前旗和郭尔罗斯前旗，农区也有了很大程度的发展。"② 这一时期，内蒙古东部地区汉族人口的增长，是与蒙荒土地的不断开垦紧密联系的。内蒙古东部地区逐步开垦的过程，就是该地区汉族人口增加的过程，但是由于汉族民众的移入都属于自发移民，而当地政府又未对其进行有效管理，所以这一时期内蒙古东部地区汉族人口数字及其变动情况很难准确把握。

第三阶段：光绪二十八年（1902 年）至清朝灭亡（1911 年）内蒙古东部地区的土地开垦与移民。

---

① 闫天灵. 汉族移民与近代内蒙古社会变迁 [M]. 北京：民族出版社，2004：28-30.
② 闫天灵. 汉族移民与近代内蒙古社会变迁 [M]. 北京：民族出版社，2004：30.

1840 年鸦片战争以后，帝国主义列强入侵，无能而腐败的清朝政府签订了各种丧权辱国、割地赔款的不平等条约：中英《南京条约》、中美《望厦条约》、中法《黄埔条约》；第二次鸦片战争又签署了与英、法、俄、美的《天津条约》和英、法、俄的《北京条约》、中俄的《瑷珲条约》等；及至清末的义和团运动爆发、八国联军入侵、俄国大举入侵东北等事件的发生，尤其是《辛丑条约》的签订，形成帝国主义列强瓜分中国之势，导致清朝政府国库更为枯竭，外债高筑，陷入前所未有的财政危机，为解决财政困难，清朝官吏驻防将军纷纷上奏，提出放垦蒙地的建议。1902 年（光绪二十八年）清政府终于做出"移民实边"的决策，正式批准山西巡抚岑春煊关于开垦蒙地的奏请。1910 年清朝廷又废止了以前有关开垦蒙地的禁令，"凡旧例内禁止出边开垦地亩，禁止民人典当蒙古地亩，及私募开垦地亩牧场治罪等条，酌量删除，以期名实相副"；对蒙汉通婚也改禁为奖，"凡蒙汉通婚者，均由该管官酌给花红，以示旌奖"。① 由于垦荒变得合法化，并能得到清朝廷的奖励，移民北上更是积极踊跃，速度大大加快，蒙旗垦荒已经成为不可阻止的潮流。至此，整个内蒙古向内地农民全面开放，进入了官放蒙地的阶段。

清朝末年放垦，卓索图盟和昭乌达盟的南部地区，早在乾隆年间，就已变成农耕区，清末全面放垦蒙地时，可以放垦的地区只限于昭乌达盟敖汉的小部分、巴林二旗、扎鲁特二旗和阿鲁科尔沁旗等地。热河都统廷杰派员勘丈阿鲁科尔沁和扎鲁特左右二旗，从 1907 年至 1911 年，共放生地 13300 余顷，实际可耕种地 8000 余顷，其中阿鲁科尔沁旗共丈放毛荒 3850 余顷，西扎鲁特旗丈放毛荒 4050 顷，东扎鲁特旗丈放毛荒 5400 顷。② 哲里木盟是清朝末年放垦的重点，但科尔沁左翼后旗和前旗已在全面放垦蒙地以前基本上开垦殆尽，所以下面的统计不包括这两旗。清末全面放垦 10 年间，哲里木盟扎赉特、杜尔伯特、郭尔罗斯前旗、郭尔罗斯后旗、科尔沁右翼三旗和科尔沁左翼中旗 8 旗共放出荒地 3668169.6 坰，其中生地占绝大部分，表明该盟垦区又有了大面积的推进。新垦区主要分布在以洮南府为中心的洮儿河、叫来河、那金河三河沿岸地区和嫩江下游的大赉、安达、肇州一带，在哲盟地面形成继昌图府、长春府之后的又一大农业区。

蒙旗土地的开垦史就是汉族移民的迁徙史。清末以前的或民间自发或官方

① 邢亦尘. 清季蒙古实录（下辑）[M]. 内蒙古社会科学院蒙古史研究所编印，1981：451.
② 刘海源. 内蒙古垦务研究·试论清代卓索图盟、昭乌达盟的放垦（第 1 辑）[M]. 呼和浩特：内蒙古人民出版社，1990：319–320.

首肯的土地开垦，一般是实开实种，没有闲置，开垦土地的进度基本代表了移民的进度，而清末的土地放垦却与此不同，放垦并不意味着移民的同步增长，因为在放垦过程中，"炒地皮"的味道很浓，大片优良地段为官绅富商抢先占领，加价出售，有的是领而不垦、不售，坐地等价，致使大片地亩闲置浪费。有学者遍查有关实施蒙垦的文献资料，发现"无论是贻谷的《蒙垦奏议》《蒙垦陈诉供状》和《蒙垦续供》，还是《东三省政略》《东三省蒙务公牍汇编》中的有关文牍、资料，以及档案材料，具体记述的都是放垦了多少地亩、征收了多少荒银地价等等，并无某旗某地移入多少汉民、有多少人承领垦种土地之类的记载"。"旧设之厅州县，乃汉人移殖已繁，应其需要而设官。在设官时，地已辟矣。新设之厅州县，则以官招垦，故官虽设而垦尚寥寥也。"① 这种有违常规的先设治后招民的做法，也说明清末土地丈量开垦虽多，但人口尚未达到相应数量。虽然土地开垦与移民迁入不是并行增长的，但这一时期移民也是以惊人的速度倍增。内蒙古东三盟的蒙汉人口的变化也非常大，清末卓索图盟蒙古族人口为 175000 人，汉族人口为 760000 人，蒙古族占总人口的 18.7%，汉族占 81.3%；昭乌达盟蒙古族人口为 200000 人，汉族人口为 583000 人，蒙古族占总人口的 25.6%，汉族占 74.4%；哲里木盟蒙古族人口为 230000 人，汉族人口为 2852000 人，蒙古族占总人口的 7.5%，汉族占 92.5%。② 蒙汉人口结构的改变除汉族人口迅速上升这一相对因素外，蒙古族人口的绝对减少也是一个重要因素。清朝推行"以黄教柔训蒙古"的政策，大力提倡和扶持藏传佛教，"家有三丁，则度其一为喇嘛，五丁则致其二"，将近半数的蒙古族男子投报空门，既不事生产，又不娶妻室，给蒙古族的人口繁衍带来灾难性的后果，引得生育率停滞不前。另外，疾病、灾害、战争征调及其减员，也都给蒙古族人口带来灾难。19 世纪初，内蒙古蒙古族人口约为 103 万，到 1937 年降为 864429 人，1949 年又降至 835000 人，蒙古族人口长期呈负增长态势。从 19 世纪初到 1949 年，140 年当中蒙古族总计减少人口 19.5 万人，年平均递减率为 0.15%。③

由于资料的限制和研究的欠缺，清代内蒙古人口数字很难搜集齐全，始终没有可靠的统计或研究结果。据张植华在《清代至民国时期内蒙古地区蒙古族人口概况》统计，清初内蒙古各盟旗蒙古族人口约为 1043470 人，宋乃工在《中国人口·内蒙古分册》中说：到 19 世纪初，内蒙古包括呼伦贝尔八旗总人

---

① 闫天灵. 汉族移民与近代内蒙古社会变迁 [M]. 北京：民族出版社，2004：36-37.

② 闫天灵. 汉族移民与近代内蒙古社会变迁 [M]. 北京：民族出版社，2004：335.

③ 闫天灵. 汉族移民与近代内蒙古社会变迁 [M]. 北京：民族出版社，2004：336.

口约215万，其中汉族与蒙古族大体各为100万左右。随着汉族移民的持续增长，到民国初，内蒙古地区的汉族人口已超过400万，据修正民国元年内务部汇造宣统年间，民政部调查户口统计，包括呼伦贝尔八旗在内，1912年内蒙古各盟旗蒙古族总人口为877946人，汉族人口相当于蒙古族人口的4.5倍。而郝维民、齐木德道尔吉主编的《内蒙古通史》则认为：清朝初年，内蒙古蒙古族人口有50万是较为可靠的数据。清朝中期，内蒙古蒙古族人口达到100万，甚至还要多一些。清朝末年，内蒙古蒙古族人口应当在125到130万之间。清朝中期，特别是乾隆以后，为中国人口大发展的时期，从乾隆年间到清末，汉人人口增加了三倍多。① 内蒙古东三盟的具体人口数据更是难于收集，这为我们的研究留下许多空白和遗憾。

2. 民国时期

1912年中华民国成立，北洋政府延续了清末的土地放垦政策。1914年颁布了《禁止私放蒙荒通则》，同年又颁布了《垦辟蒙荒奖励办法》。这样"一禁一奖"的目的是通过放垦把蒙旗领地变为国有土地，实现塞外与内地的地权统一，使蒙地放垦更加"系统化""全面化""合法化"。内蒙古东部地区的关内移民如溃堤的洪水，一发不可收拾，以空前的速度膨胀。

表2-7　1912年东三盟人口统计②

盟别	蒙户	蒙人	汉户	汉人	总人口数
昭乌达盟	16000	104600	83600	607200	711800
卓索图盟	125120	750720	141700	988400	1739120
哲里木盟	36471	306944	411487	3658943	3965887
总计	177591	1162264	636787	5254843	6416807

1916年，张作霖强迫达尔罕亲王放垦辽河土地4000余方，他个人及其亲信占有了3000余方。1922年又占了通辽以西土地2800余方。③ 1925年，张作霖制定并实行屯垦章程，指定东蒙及东北30余县为先行试垦地方，出台优惠措施，招徕垦民，发给资费、种子及农具，并对新垦土地免租免赋三年，开春后，山东、河北两省就有22172人北上抵达垦地。张学良主政东北后，继续进行蒙

① 郝维民等.内蒙古通史（第五卷）［M］.北京：人民出版社，2011：225-227.
② 红梅.科尔沁地区近三百年人口变化及其效应研究［D］.内蒙古师范大学硕士学位论文，2006.
③ 红梅.科尔沁地区近三百年人口变化及其效应研究［D］.内蒙古师范大学硕士学位论文，2006.

地开垦，成立有"兴安屯垦公署"。1929 年 5 月和 6 月间，该公署即移来河南、山东灾民 944 户、4857 人。① 随着放垦地的增加，关外流民也大批进入蒙地，民国初期东三盟人口迅猛增加。移民人口占总人口的 88.61%，蒙古人口却只占到 11.39%。1931 年"九一八"事变后，政局动荡，河北、山东、陕西等地连年灾荒，大批失去土地的农民和饥饿的灾民再次涌入东三盟。1932 年兴安南省和兴安西省总人口增至 76.41 万人，1933 年为 65.61 多万，人口有所减少，但 1934 年两省人口又开始逐渐增加，到 1941 年为 178.8 万人。1932 年到 1941 年的人口增长 34%，年平均增长率达 14.9%。② 据统计，从 1912 年到 1937 年，内蒙古地区（地域概念为现在的内蒙古自治区）的汉族人口从 250 万以上增长到 370 万以上，25 年当中增加了 120 多万，增幅为 48%，年均增加 84000 余人，年均增长 1.6%。③ 到民国中期，内蒙古各区蒙汉人口比例进一步拉大。1937 年，内蒙古地区汉族人口增长到 3719113 人，相当于蒙古族人口的 4.3 倍。到 1949 年，内蒙古地区汉族人口进一步增至 515.4 万，为蒙古族人口的 6.17 倍。④

随着人口的增多，民国时期内蒙古东三盟的行政设治也发生了变化，1914 年，北洋政府在内蒙古设热河、察哈尔、绥远三个特别行政区，各设都统管辖。1928 年 9 月，南京国民政府又将其改建为热河、察哈尔、绥远三省。科尔沁左翼中旗（达尔罕旗）和科尔沁左翼后旗（博王旗）归属哲里木盟，科尔沁左翼中旗设置辽源、怀德、双山、通辽、梨树县，锡图库伦旗归属卓索图盟，奈曼、扎鲁特左旗、扎鲁特右旗归属昭乌达盟，扎鲁特左旗、扎鲁特右旗设置开鲁和鲁北县。

伪满时期内蒙古东三盟行政设治又发生了一些变化，科尔沁左翼中旗、科尔沁左翼后旗和通辽县归属哲里木盟，属于兴安南省，库伦旗（1935 年 3 月原属热河省的喀尔喀左翼旗、唐古特喀尔喀都归入库伦旗）归属卓索图盟，属于兴安南省，开鲁县、奈曼旗、扎鲁特旗（1935 年扎鲁特左旗、扎鲁特右旗合为扎鲁特旗）归属昭乌达盟，属于兴安西省。至此，有了通辽市 5 旗 2 县的最初样式。

① 闫天灵. 汉族移民与近代内蒙古社会变迁 [M]. 北京：民族出版社，2004：46.
② 红梅. 科尔沁地区近三百年人口变化及其效应研究 [D]. 内蒙古师范大学硕士学位论文，2006.
③ 宋乃工等. 中国人口（内蒙古分册）[M]. 中国财政经济出版社，1987：53-54.
④ 宋乃工等. 中国人口（内蒙古分册）[M]. 中国财政经济出版社，1987：53-54.

（二）汉语传播

1. 移民的出现

移民是语言传播的重要动因之一。内蒙古东部地区蒙荒土地不断开垦的过程就是汉族移民不断增长的过程，如上所述，1912 年内蒙古各盟旗蒙古族总人口为 877946 人，汉族人口相当于蒙古族人口的 4.5 倍，1949 年内蒙古地区汉族人口进一步增至 515.4 万，为蒙古族人口的 6.17 倍。虽然受研究资料的限制，内蒙古东部地区的具体移民数字不是很精准，但有一点是不争的事实，从清朝初期尤其是乾隆以后到民国末年由山东、直隶等地迁入东北的汉族人口，形成了一个巨大而持久的迁移流，致使内蒙古东部地区的汉族人口由清朝初期相较于蒙古族人口的绝对少数，发展到清朝中后期的蒙汉人口持平，再到清朝末年汉族人口以绝对多数反超，最后到民国时期汉族人口的进一步发展壮大，这是汉族移民进入到内蒙古东部地区的高峰期，也是汉语发展的繁荣期。

2. 村屯的出现

清朝初年，汉族流民因生活所迫，三三两两越过长城由南向北零散出塞，这种无组织、人口少、间断式的迁移逼迫他们认同于蒙古游牧社会的法律与习惯，依附于蒙旗，加入蒙古籍，呈现出蒙古化的趋势，塞外草原仍然是一元化的蒙古游牧社会制度。随着汉族人口的增多，特别是由于"链式迁移"而产生的同一祖籍地人口的集群移入，在草原上慢慢形成一个个独立于蒙旗组织之外的汉族小群体、小村庄、小街镇，他们在内部自由地使用汉语，保持传统的文化礼仪，在塞外重建故乡的社会秩序，也就是说，塞外汉族移民社会的浮现，是以一定数量的人口为基础，由亲缘与地缘两种纽带维系而成的。据《东三省政略》载，顺治年间，就有高、董、杨、周、梁、刘六姓随和硕格格下嫁扎萨克图郡王，流寓秀水河等处，在宾图王旗境内垦种，"日久子孙繁衍，辟地日广，竟成村落"。《朝阳县志》说："至乾隆初，复遣直鲁贫民于此，借地安民，民户始各构房屋以居，自为村落，亲友时相往来，而蒙民风俗遂各异焉。"[1] 只是由于人口少，尚形不成连片分布，星散于茫茫草原，每经过几个蒙古人村庄，才会碰到一个汉人村子，形成一个个孤立的"汉族岛"，但汉族社会已逐渐从蒙古社会分离出来。乾隆中期以后，在流民聚居之地，形成了许多汉族村屯。《塔子沟纪略》记载，在奈曼旗境内的村屯有：二里图、那森沟、梅勒沟、哈什图、敖保沟、四里代、阿拉超沟、沙洛甸子、乌梁苏台、娥眉根、崐都岭、五十家

---

[1] 闫天灵. 汉族移民与近代内蒙古社会变迁 [M]. 北京：民族出版社，2004：133.

子、篙立图、奈林阁儿、石碑儿。① 上述村屯绝大多数都是以汉语命名，只有极个别是沿用蒙古旧称，反映出这些村屯都是汉族人聚居之处。清末民初集中放垦时期，随着垦区的不断增加汉族人口以前所未有的速度大规模进入，大批蒙古牧民北迁，这样又形成了汉族农区对于蒙古牧区的"反包围"，出现了"蒙古岛"现象，即周围是汉族农垦区，麦田油油，中间夹着一块蒙人牧场，黄沙白草，穹帐簇簇。1922–1931年，山东、河北出现了向东北移民的大潮，"其规模之大，可以算得是人类有史以来最大的人口移动之一"②。据统计，从1923年到1929年，进入东北的移民在500万以上，其中有250万人定居下来，定居率是50%。③ 但从总的居住格局上看，蒙汉两族是相对集中的，各有居住地区，汉族主要分布在南部农区，蒙古族主要集中在北部牧区，在农业区内部和农牧交错地带，蒙汉两族则是插花杂居和混和分布的，形成大规模的大杂居小聚居的局面。

塞外移民由"候居"到定居、由散落各处蒙旗到形成汉族村邑，经历了一个相当长的历史过程。从空间上看，各地发展很不平衡。近边的、自然条件好的地方，如土默川平原、滦河上游谷地、大凌河上游谷地、老哈河谷地等，汉民迁来的时间早，聚落成长得也较快。偏远的、深入草原腹地的地方如嫩江流域的杜尔伯特、扎赉特旗、郭尔罗斯后旗，西拉木伦河上游的巴林二旗、阿鲁科尔沁旗，察哈尔左翼四旗及后套平原，汉族移居较迟，行政设治也比较晚。④ 民族人口的融合密切了各民族之间的友好交往，有力地促进了中华民族多元一体国家的形成。

3. 蒙汉文化的交流

就蒙汉文化交流来看，蒙汉文化是双向流动、相互影响、缓慢吸收的，存在较为明显的阶段性变动特征。在蒙汉接触初期，蒙古族在塞外居于统占地位，蒙古语言文字、蒙古游牧经济、蒙古盟旗制度、蒙古风俗习惯等构成一个独立的、完整的社会运行系统。初到塞外的汉族移民大都是内地的逃荒逃难者，对蒙古社会是高度依赖的，他们依蒙旗、习蒙语、行蒙俗、垦蒙荒、为蒙奴、入蒙籍、娶蒙妇、为蒙僧等等。汉族移民只有学会蒙古语、熟悉蒙古族的行为习惯，彻底融入蒙古游牧社会，才可能在塞外居留下来。汉族移民的这种"蒙古

① 景爱. 清代科尔沁的垦荒 [J]. 中国历史地理论丛，1992 (2).
② 章有义编. 中国近代农业史资料（第2辑）[M]. 北京：生活·读书·新知三联书店，1957：638.
③ 闫天灵. 汉族移民与近代内蒙古社会变迁 [M]. 北京：民族出版社，2004：153.
④ 闫天灵. 汉族移民与近代内蒙古社会变迁 [M]. 北京：民族出版社，2004：133.

化"过程并不带有强迫性，实际上反映的是个人对社会的选择。随着移民增多，汉族完全可以在本族内部进行各种经济社会交换，学习蒙古族文化的迫切性、必要性开始减弱，并且这种弱化趋势一直持续了下去。塞外语言流向发生了转折，学汉语、行汉俗趋于流行，"随着村民中汉族比例越来越大，随着整个地区汉族文化的影响越来越强，学习语言的趋势从汉族学蒙古语逐渐转变为蒙古族学汉语"①。到民国中期，归化城土默特的蒙古族已纯操汉语，对于蒙古语，"今五六十岁老人，蒙语尚皆熟练，在 40 岁以下者，即能勉作蒙语，亦多简单而不纯熟。一般青年，则全操汉语矣"②。民族接触从语言沟通开始，这在人类学上有普遍性，即"认语不认人"。

4. 教育事业的发展

清代的学校教育及其考试制度是以明朝为基础发展起来的，其特点为多层次、多样化，尚未形成统一专门的教育体制，基本上是从社学、私塾到府、州、县学再到国学的三级教育及考试制度。清代各级学校的考试都是以文取士，以八股文作为学校考试和科举考试的规范文体，考试内容基本相同，大都是四书文、五经文以及试帖诗，其目的都是入仕。这一时期内蒙古教育也有了较大的发展，1892 年（光绪十八年），在库伦旗卧力吐还兴办了汉学私塾，塾师姜洪传授汉族文化，用儒家思想进行启蒙教育，这所私塾一直存在到 1929 年。1905年（光绪三十一年），科尔沁左翼后旗札萨克亲王捐银 800 余两，开始在本旗马家屯建房 30 间，设蒙汉小学堂 1 处，后称麦林希伯小学堂，学制 5 年。同年 7月，又在昌图府城外先忠亲王僧格林沁祠堂设公立蒙古小学堂 1 处，学制 5 年，设修身、历史、地理、算术、读经字、体操等 6 门学科。同年，还在开鲁设私立国民小学堂 1 处。次年，在昌图府城外西北角小壕子僧王祠院内设初高等学堂 1 处，名为科尔沁左翼三旗蒙汉小学堂。1908 年（光绪三十四年），库伦旗兴源寺二十二世掌教喇嘛扎萨克阿克旺巴勒丹，在本寺内创办蒙汉学堂 1 处，由佟姓印房先生兼任教师，学生达 30 余人。此外，在今库伦旗礼堂地址，曾建有小学堂 1 处，名为兴源寺小学，由赵巴拉根札布、王子卿等担任教师，学生达30 余人。直到辛亥革命时，库伦旗还建有初高两级学堂 1 处，因校址在关帝庙内，故名西庙小学，王稼骥任教师，因其热心蒙旗教育事业，故在校生从 1909年创办时的 50 多人，到 1911 年辛亥革命爆发时已达近百人。③

———————————

① 马戎，潘乃谷. 边区开发论著［M］. 北京：北京大学出版社，1993：112.

② 傅增湘. 绥远通志稿（卷73）·民族志·蒙志［M］. 呼和浩特：内蒙古人民出版社，2007.

③ 曹勇年主编. 内蒙古通史（3）［M］. 呼和浩特：内蒙古大学出版，2007：429-432.

1912 年民国政府建立后，即下令全国广兴教育，培养人才，内蒙古近代教育步入了一个新的历史时期。在初等教育方面，到 1939 年，兴安 4 省共有 400 所国民学校，在校生 31087 人（其中女生 7224 名）；80 所国民优级学校，在校生 5690 名（其中女生 664 名）；国民学舍 105 所，学生 4517 名（其中女生 915 名）；国民义塾 134 所；私塾 194 所①。同期，内蒙古东部区的蒙古族教育发展更为明显，兴安 4 省及省外 4 旗蒙古族小学（包括国民学舍、国民义塾）到 1941 年 12 月增加到 349 所，学生人数为 25018 名（不包括热河省），不管是学校还是学生都有了极大的增长。在中等教育方面（中等教育分为普通中等教育、中等职业教育、中等师范教育），到 1941 年底，兴安 4 省、热河省、锦州省及省外 4 旗蒙古族普通中等学校（国民高等学校）达到 10 所，在校学生 1475 名（其中女生 137 名）。1933 年夏，由原东北蒙旗师范学校（设在沈阳）改组的兴安第一师范学校，以优惠条件吸引蒙古族青年入学，专门培养蒙古族小学教师。兴安第一师范学校是内蒙古东部地区建立较早、知名度最高的一所中等职业学校，从 1935 年至 1945 年共招收 11 期学生，先后共培养近千名学生，对内蒙古东部地区蒙古族文化教育事业的发展，产生了较大的积极影响。

5. 报刊书籍的出版

学校教育开启了民智，进一步推动了宗教、史学、语言、文学、音乐、舞蹈、民间曲艺、科学技术、社会文化等的发展。而石印技术的传入和铅字印刷技术的应用，是文化教育事业得以成功的一个重要条件，可以说，没有近代印刷技术就没有平民化、大众化的近代文化教育事业，就没有内蒙古地区文化教育事业的迅速发展，它为近代出版物的诞生和教科书及其他各类图书的大量印制、传播开辟了新的途径。

20 世纪以来，蒙古族学者更加注意对于蒙古古籍文献的整理。呼伦贝尔地区的成德、布和贺西格等人，用蒙古文复原了《蒙古秘史》，另将《元史》翻译成蒙文。此后，其他一些蒙古族学者陆续整理出版了《蒙古秘史》《蒙古源流》《黄金史》《珍宝数珠》《蒙古史》和《成吉思汗传略》等著名蒙古史籍。一些学者将汉文的《元史》《辽史纪事本末》及《金史纪事本末》等，翻译成蒙文出版，同时翻译出版的还有一些通俗历史读物，例如《西汉演义》《元史通俗演义》《清史通俗演义》和《青史演义》等，大量汉族古典文学作品翻译成蒙文，为蒙古族文学领域的繁荣输入了新的血液，如《三国演义》《水浒传》《西游记》《聊斋志异》《今古奇观》《金瓶梅》《封神演义》等百余种。此外，

---

① 满洲事情指南所编：满洲帝国概览（日文）[M]. 满洲事情指南所印刷，1940：256.

还有不少汉文哲学、史学著作也被译成蒙文，介绍到蒙古各地。有些蒙古族作家创作了不少优秀的汉文小说诗歌，尹湛纳希最有代表性。他出生于内蒙古卓索图盟土默特右旗，在《红楼梦》和《镜花缘》等影响下，以毕生精力创作了具有鲜明特点的《一层楼》《泣红亭》等多部现实主义长篇小说，以及长篇历史小说《大元盛世青史演义》。①

民国建立后，新知识、新文化、新思想在内蒙古地区广泛传播，以报刊为代表的大众传媒如雨后春笋般出现并迅速发展，使内蒙古文化事业取得前所未有的成就。民国前期，内蒙古东部报刊事业的发展远远较西部落后，据不完全统计，这一时期的地方报刊仅有《赤峰热区民报》《儿童之友》（约 1932 年）、各旗县政府的公报（如《巴彦旗公报》《赤峰县公报》《通辽县公报》等），以及伪满最高蒙事机关的《兴安总署汇刊》（1933 年 4 月）、《蒙古报》（1934 年 5 月）、《蒙政部汇刊》（1934 年 12 月）、《蒙古时报》（日文，1935 年 12 月）等。民办的刊物只有兴安北省索伦旗南屯国民优级实验小学的青年教师的蒙文不定期刊和卜和克什克蒙文学会在开鲁复刊的《丙寅》（1936 年 11 月）等。抗战胜利后，内蒙古东部解放区大量报刊先后问世。其中，《东蒙新报》（1946 年 3 月）、《群众报》（1946 年 7 月）、《内蒙自治报》（1946 年 7 月）、《内蒙古日报》（1948 年 1 月）等出刊时间较长，发行量较大，在传播革命思想方面发挥了巨大的作用。

特别值得注意的是，民国时期内蒙古籍人士在境外创办的期刊颇多，其中影响较大的有《蒙文白话报》（蒙汉合璧，1913 年）、《蒙文报》（蒙汉合璧，1915 年）、《蒙古旬刊》（蒙汉合璧，1930 年）、《蒙古前途》（蒙汉合璧，1933 年）、《新蒙古》（1934 年）、《蒙藏月刊》（蒙汉合璧，1940 年）、《蒙声半月刊》（蒙汉合璧，1947 年）等。这些期刊大都在北京（北平）、南京以及沈阳、日本东京等设有蒙旗机关或蒙古族知识分子相对集中的大城市出刊，然后发行或传播于内蒙古各地。虽然各自的社会背景不同，观点立场各异，但大都以启迪蒙旗民众，探寻民族复兴途径为己任，反映出蒙古社会生存危机的严重和蒙古族知识分子民族意识的进一步觉醒。同时，也极大地促进了汉语的广泛传播。

五、科尔沁地区汉语传播的深入期

中华人民共和国成立后，汉语在科尔沁地区得到了前所未有的深入传播，更加壮大繁荣。

---

① 曹勇年主编. 内蒙古通史（3）［M］. 呼和浩特：内蒙古大学出版，2007：417.

（一）历史背景

中华人民共和国成立以来，科尔沁地区的总人口一直处于持续增长的状态。1947-1957 年间，受传统观念和大量喇嘛、尼姑还俗的影响，出现了一次人口生育高峰。从 1950-1957 年，共出生 28.97 万人，年均出生率为 35.8%；死亡 7.13 万人，自然增长 21.84 万人，年平均自然增长率为 26.9%。1957 年是峰值年，出生 4.71 万人，出生率为 40.4%，自然增长率为 31.2%。人口再生产类型由高出生、高死亡、低自然增长型转变为高出生、高死亡、高自然增长型。1958 年到 1961 年是哲里木盟的一个人口生育低谷期。这一时期主要是受到了政治形势和经济衰落的影响，人口生育进入低谷区，死亡人口剧增。年均死亡率达 9.1%，自然增长率迅速下降，年均自然增长率降到 23.5%。人口总量到 1959 年为最低，死亡人口达到中华人民共和国成立后 20 年中最高值 12925 人，死亡率为 10.3%，自然增长率下降到 19.1%。从 1962 年到 1973 年，是哲里木盟的又一次人口生育高峰期。这一时期共出生 74.2 万人，年平均出生 6.18 万人，人口自然增长 60.83 万人，峰值年出现在 1962 年，出生率高达 42.4%，自然增长率达到 34.8%，都创历史最高水平。人口生产呈现高出生、低死亡、高自然增长型。从 1974 年以后，特别是 70 年代末开始实行计划生育以后，到 2000 年人口普查之前，是人口规模日益得到控制的一个发展时期。出生人口逐年减少，出生率从 1974 年的 29.6%一路下降到 1998 年的 5.89%，人口发展呈现出低出生，低死亡，相对平缓的自然增长态势。进入 2000 年以后，人口增长进一步得到控制，人口自然增长率最低值出现在 2004 年，为 4.05%。总人口数量从 2000 年的 308.35 万人增长到 2005 年的 309.50 万人，6 年间仅增长了 1.15 万人，人口总量增长明显减慢。见表 2-8①：

表 2-8　历次人口普查民族人口数量、比重、年均增长率（单位：万人，%）

年份	总人口	汉族			蒙古族			其他少数民族		
		人数	占总人口比重	年均增长率	人数	占总人口比重	年均增长率	人数	占总人口比重	年均增长率
1953	97.48	62.36	63.97		34.59	35.48		0.53	3.92	
1964	155.84	108.6	69.68	5.17	46.11	29.59	2.65	1.14	3.63	7.21
1982	243.66	148.7	61.03	1.76	88.66	36.39	3.7	6.3	2.58	9.96

---

① 代群. 通辽市人口发展对策研究 [D]. 延边大学硕士学位论文，2007.

年份	总人口	汉族			蒙古族			其他少数民族		
		人数	占总人口比重	年均增长率	人数	占总人口比重	年均增长率	人数	占总人口比重	年均增长率
1990	275.35	149.3	54.21	0.05	116.1	42.16	3.43	9.99	3.63	5.93
2000	308.35	157.9	51.2	0.55	138.4	44.88	1.72	12.07	3.92	1.85

通辽市 2010 年 11 月 1 日零时进行了第六次全国人口普查，在全市常住人口中，汉族人口为 1592279 人，占 50.72%；蒙古族人口为 1441275 人，占 45.91%；其他少数民族人口为 105599 人，占 3.36%。同 2000 年第五次全国人口普查相比，汉族人口增加 13471 人，增长 0.85%；蒙古族人口增加 57326 人，增长 4.14%；其他少数民族人口减少 15105 人，减少 12.51%。同第五次全国人口普查 2000 年 11 月 1 日零时的 3083461 人相比，十年共增加 55692 人，增长 1.81%，年平均增长率为 0.18%。从历次人口普查看，科尔沁地区的人口总数量一直处于不断增长的状态，民族人口以汉族和蒙古族居多，汉族人口始终占绝大多数。

（二）汉语的传播

中国古文化的发生并不是只从一个中心向外扩展，而是由三四个文化区融合起来的，比如有黄河流域文化区，有红山文化、河套文化组成的北方古文化区，长江流域文化区，还有珠江流域文化区。各区域的古文化相互渗透、融合，最后形成秦始皇统一大帝国和中华民族共同的文化传统，而黄河中游是在中华民族形成过程中起到最重要凝聚作用的一个熔炉。①《论语·为政》："殷因于夏礼，所损益可知也；周因于殷礼，所损益可知也。"大抵文化相承，必有损益。以甲骨文而论，其前当有雏形，殷承而损益之，使它进一步条理化。甲骨文的出现，说明这个时候汉语的初始形式早已出现。这种初始形式的汉语，方言芜杂（周秦时代，汉语方言即非通语和少数民族语言都称为"方言"），而殷商渐次加以统一。到周王朝，十五《国风》采自异地，而用韵井然一致；即使两周金石文字，如杞、鄫、许、邾、徐、楚诸国之文。"上起宗周，下讫战国，亘五六百年，然其用韵，与三百篇无乎不合"，说明当时已经有标准语，即所谓"雅言"。可以说，汉语到这时已经定型。一般说来，历史长、使用人口多、通

---

① 孙宏开. 中国的语言 [M]. 北京：商务印书馆，2007：130.

行范围广的语言，在它的历史发展过程中，时而分化，时而统一，在分化和统一的复杂历程中形成诸多方言。古老的汉语发展到了今天，先后产生了多种方言。方言是局部地区的人们所使用的语言，但不是独立于民族语言之外的另一种语言。在民族共同语形成之前它有可能是民族共同语形成的基础方言，在民族共同语形成之后是其地方分支或变体。方言也可以说是"乡音"，俗称"地方话"，唐代诗人贺知章曾有七绝："少小离家老大回，乡音无改鬓毛衰。儿童相见不相识，笑问客从何处来。"

方言形成的原因很多，有社会、历史、地理方面的原因，也有语言自身发展的原因，其中移民迁徙是方言形成的主要原因。在远古时期，汉语是在比今天小得多的范围内使用，当时汉族居住的中心是黄河流域陕西、山西、河南一带，周围是使用非汉语的其他民族，这些民族主要有东夷、南蛮、西戎、北狄等，到了周朝，汉语显然已扩散到边远的地区了，以后的几个世纪，说汉语的人一直向外扩展，渐渐分布到了今天这样广阔的地域。原来居住在同一地方、使用同一语言的人是由于战乱、垦荒、戍边等原因向四周迁移的，因此汉语的传播、方言现象的出现主要是伴随着移民的迁徙形成的。汉族历史上有三次重要的人口迁徙，首先是北人南下，其次是东人西徙，最后是中心区向边疆移动。北方汉族向南的大迁徙主要有三次：第一次是西晋末年至五胡十六国时期，北方陷入兵荒马乱之中，黄河中下游一带的汉族人开始扶老携幼纷纷向南迁徙，他们渡过淮河、长江，来到江西中部一带。第二次是唐代末年至五代十国时期，黄巢起义的战火迫使河南西南部、安徽南部以及南迁江西的移民继续往南迁移，到达福建西部及江西南部一带。第三次是宋末元初，蒙古元人挥戈南下，北方人再一次向南迁徙，进入福建、广东、广西，甚至有人渡海来到海南岛、台湾。北人南下，把汉语带到了南方原来使用非汉语的地区。东人西徙和中心区向边疆移动：明清两代，东部人群向西部的四川、湖南、湖北、云南等地迁徙；山东东部（胶东半岛）和河北人向东三省迁徙（即闯关东），山西和陕西人向内蒙古西部迁徙（即走西口）。汉语方言就是历史上居住在黄河中下游地区的汉族人向四周迁徙形成的。由于汉族这几次大迁徙，汉语就从原来只使用于黄河中下游一带的一种语言变为今天分布在全国各地原来使用非汉语地区的语言。另外，山川地理的阻隔、交通的闭塞、语言的区域性发展分化，以及与不同民族语言的接触，逐渐在语音、词汇、语法上出现了差异，也会导致产生方言现象，于是分布在全国各地的汉语方言就此形成。

中华人民共和国成立以后，由于国家和民族的高度统一，由于政治、经济和文化发展的需要，对汉语的纯洁健康和发展十分重视，于是对在历史发展过程中自然形成的民族共同语——汉语提出了进一步统一和全面规范化的要求，各地人民对学习民族共同语也有了迫切需要。我国历来重视语言文字工作，1954 年 12 月成立了"中国文字改革委员会"（1985 年 12 月改名为"国家语言文字工作委员会"，简称"国家语委"），1955 年 10 月在北京召开了"全国文字改革会议"和"现代汉语规范问题学术会议"，会上确定了将现代汉民族共同语称之为"普通话"，并同时确定了它的定义，即"以北京语音为标准音，以北方话为基础方言"。1955 年 10 月 26 日，《人民日报》发表题为《为促进汉字改革、推广普通话、实现汉语规范化而努力》的社论，文中提道："汉民族共同语，就是以北方话为基础方言、以北京语音为标准音的普通话。"1956 年 2 月 6 日，国务院发出关于推广普通话的指示，把普通话的定义增补为"以北京语音为标准音，以北方话为基础方言，以典范的现代白话文著作为语法规范"。这个定义从语音、词汇、语法三个方面明确规定了普通话的标准，使得普通话的定义更为科学、更为周密了。从此，"普通话"一词开始以明确的内涵被广泛应用，向全国大力推广。

20 世纪 50 年代确定的推广普通话的工作方针"大力提倡，重点推行，逐步普及"，经过几十年的努力，取得了显著的成绩。改革开放以来，为了适应社会发展，加强语言文字工作，国家对推广普通话工作的重点和实施的步骤都相应做了调整，重新制定的推广普通话的方针是"大力推广，积极普及，逐步提高"。按照国家相关部门的要求，我们应该做好以下工作：第一，以汉语授课的各级学校使用普通话教学，使普通话成为教学语言。第二，县以上各级以汉语播放的广播电台、电视台均须使用普通话，使普通话成为宣传工作的规范语言。第三，全国机关团体、企事业单位进行公务活动时必须使用普通话，使普通话成为工作语言。第四，不同方言区及国内不同民族的人员交往时使用普通话，使普通话成为全国的通用语言。学习和推广普通话是我国每个公民的义务，更是语言文字工作者应尽的责任。

为了更加有效地推动推广普通话工作，不断提高全社会的普通话水平，从 1995 年起，逐步实行按水平测试结果颁发普通话等级证书的制度，县以上广播员、节目主持人、普通话教师、影视演员和有关院校的毕业生，以及中小学教师、师范学校教师和毕业生等，实行持普通话等级证书上岗制度。普通话水平测试是推广普通话工作的重要组成部分，是使推广普通话工作逐步走上科学化、规范化、制度化的重要举措。1997 年国务院决定，自 1998 年起，每年 9 月的第三周为全国推广普通话宣传周，加强宣传推广的力度，尽快在全国普及普通话。据 2015 年 9 月第 18 届普通话宣传周公布的数据，普通话在全国的普及率为

70%，其中城镇普及率较高，在文化教育领域中普及率可达到80%以上。①《中华人民共和国宪法》第19条规定"国家推广全国通用的普通话"。由中华人民共和国第九届全国人民代表大会常务委员会第十八次会议于2000年10月31日通过并颁布，自2001年1月1日起施行的《中华人民共和国国家通用语言文字法》规定："国家通用语言文字就是普通话和规范汉字（第二条）"，"国家推广普通话，推行规范汉字（第三条）"，"学校及其他教育机构以普通话和规范汉字为基本教学用语用字（第十条）"，"各民族都有使用和发展自己的语言文字的自由（第八条）"，"国家通用语言文字的使用应当有利于维护国家主权和民族尊严，有利于国家统一和民族团结，有利于社会主义物质文明建设和精神文明建设（第五条）"。2014年9月28日，习近平总书记在中央民族工作会议上强调："语言相通是人与人相通的重要环节。语言不通就难以沟通，不沟通就难以达成理解，就难以形成认同。在一些有关民族地区推行双语教育，既要求少数民族学习国家通用语言，也要鼓励在民族地区生活的汉族群众学习少数民族语言。少数民族学好国家通用语言，对就业、接受现代科学文化知识、融入社会都有利。"2019年国家教材委员会印发《全国大中小学教材建设规划》，教育部教材局印发《中小学三科统编教材"铸魂工程"推进实施方案》，提出民族地区义务教育学校从2020年秋季学期起、普通高中从2022年秋季学期起，全部使用三科统编教材，到2025年实现全国中小学三科统编教材使用全覆盖。按照内蒙古自治区的部署，2020年秋季学期起，全区民族语言授课学校小学一年级和初中一年级开始使用《语文》统编教材，使用国家通用语言文字教学，以后陆续开始使用统编《道德与法治》《语文》《历史》教材，并使用国家通用语言文字教学，到2023年初中毕业生中考时三科全部使用国家通用语言文字答卷，2025年高中毕业生高考时，三科全部使用国家通用语言文字答卷。相对于自然语言接触，进行有计划的汉语学习，语言接触和影响速度更快，汉语的普及率、规范程度也会明显提升。

科尔沁地区是蒙汉民族杂居地区，从中华人民共和国成立到现在，在自然语言传播和规划语言传播的助力下，不但汉语方言在科尔沁地区不断深入发展，普通话更是随着国家语言文字的政策以惊人的速度火速传播。由于汉语方言与普通话差距甚微，因此汉语方言助力普通话普及，普通话让汉语方言传播得更快，二者相携使汉语在科尔沁地区遍地开花。

---

① 黄伯荣，廖序东. 现代汉语（增订六版）[M]. 高等教育出版社，2017：12.

第三章

科尔沁地区汉语方言特征及分区

汉语在科尔沁地区的使用是随着汉族向科尔沁地区迁徙的情况而发生的。游汝杰认为："移民史料可以作为研究方言历史的间接材料。人口的迁徙也就是方言的迁徙，方言跟着它的使用者流动，这是显而易见的。"① 如前文所述先秦及以后各个朝代的汉族人与科尔沁地区的原著居民或多或少或主动或被动地发生过接触，到了清朝之后大批的汉族人通过多种途径、多种形式到达科尔沁地区，更重要的是这些汉族人在科尔沁地区定居下来，他们大多来自山东、直隶、中原地区，从语言系统看，各有特点，而科尔沁地区又是多个民族的聚居地，契丹语、鲜卑语、女真语、蒙古语、朝鲜语、俄语、日语等都或长或短或深或浅地与科尔沁地区的汉语发生过接触，在各地汉语方言的不断融合下，在各民族语言的影响下，科尔沁地区的汉语发生了很大变化。"清代汉语东北方言与宋、辽、金、元时期的幽燕话、契丹话、女真语、蒙古语、大都话，明代的山东话、北京话均有密切接触。"② "各族人民总是不免来来往往地移动，经过几个世纪的积累，这些迁移把一切都弄混了，在许多地点，语言过渡的痕迹都给抹掉了。"③

第一节　科尔沁地区汉语方言特征

关于科尔沁地区汉语方言的研究，长期以来，专家、学者在语音、词汇、语法上都取得了一定的成绩，在大量的论著中，有的是概括式的综合性论述，著作如中国社会科学院等的《中国语言地图集》（1987 年），中国社会科学院语

---

① 游汝杰. 汉语方言学教程 ［M］. 上海：上海教育出版社，2004：145.
② 邹德文. 清代东北方言语音研究 ［M］. 北京：中国社会科学出版社，2016：35.
③ 索绪尔. 普通语言学教程 ［M］. 北京：商务印书馆，1980：285.

言研究所等的《中国语言地图集》（2012 年），邹德文的《清代东北方言语音研究》（2016 年），马国凡、邢向东的《内蒙古汉语方言志》（1997 年），王辅政、喜蕾的《内蒙古现代汉语方言》（1999 年）等；论文如张志敏的《东北官话的分区（稿）》（2005 年），熊正辉、张振兴的《汉语方言的分区》（2008 年），赵君秋的《东北官话分区补正——与张志敏先生等商榷》（2010 年）等。有的是个案的阐释，语音方面的有李欣等的《科尔沁汉语方言语音研究》（2019 年），张清常的《内蒙古自治区汉语方音概况》（1963 年），罗自群的《语言接触影响下的北方汉语方言的声调》（2016 年），龚德全的《科尔沁方言与北京官话语音比较》（2015 年），吴孟珍的《内蒙古通辽市科尔沁区汉语方言的儿化》（2015 年）等；词汇方面的有张万有的《内蒙古汉语方言词汇特点初探》（1997 年），祁凤清的《科尔沁汉译蒙古语地名研究》（2009 年），郭晓燕的《通辽市方言与普通话同形词比较分析》（2014 年），李作南、李仁孝的《内蒙古汉语方言中的返借词》（2007 年）等；语法方面的有林华勇等的《科尔沁右翼中旗汉语方言的人称代词》（2014 年），赵玉红的《奈曼方言中的虚词"来"》（2014 年）等；语言接触方面的有包晓华的《通辽地区蒙汉语言接触的社会动因及发展趋势》（2015 年）和《内蒙古通辽地区蒙汉语言接触问题综述》（2015 年），王智杰的《科尔沁地区汉语方言中的满语因素》（2018 年）等；方言与文化之间关系的有王智杰《科尔沁地区汉语方言中詈骂语的文化阐释》（2018 年）等。我们在前人研究的基础上，确立新的研究视角，综合运用多种研究方法，对科尔沁地区汉语方言的语音、词汇、语法进行了深度的调查与研究，以期建立一套全面系统的科学体系，探索新时期多民族聚居区汉语方言的发展规律。

　　科尔沁地区即通辽市，地处内蒙古自治区东部，东靠吉林省四平市，西接赤峰市、锡林郭勒盟，南依辽宁省沈阳市、阜新市、铁岭市，北边与兴安盟以及吉林省白城市、松原市为邻。从现代汉语七大方言的角度看属于北方方言中的次方言华北—东北方言，因此在语音、词汇、语法上有共同的特征。

一、科尔沁地区汉语方言语音特征

（一）声母

　　科尔沁地区汉语方言中的声母与普通话声母基本相同，共有 22 个声母，包括 21 个辅音声母和 1 个零声母，但也有自己的特点：

　　1. z、c、s 组与 zh、ch、sh 组声母混用。混用的原因因地因人而异，没有特定的规律可循，另外许多舌尖前音和舌尖后音归到了一个中间的位置，这主要是由于在学习普通话的过程中受普通话的影响而导致的。例如：散、资、灾、栽、彩、采、再、赐、垂、蔡、才、财、材、裁、菜、赛、雌、此、刺、司、词、辞、丝、字、芝、试、诗、赵、兆、州、洲、收、蒸、增、称、胜、升、剩、承、正、逞、松、稚、示、视、支、施、至、枝、翅、世、誓、逝、罪、是、氏、咨、姿等。

2. 在普通话零声母开口呼音节前加声母 n。在开口呼韵母 ai 前加 n，如爱、哀、挨、矮、隘、捱等；在开口呼韵母 an 前加 n，如岸、安、按、案、暗、鞍等；在开口呼韵母 ao 前加 n，如袄、熬等；在开口呼韵母 ou 前加 n，如欧、偶、藕、怄等；在开口呼韵母 en 前加 n，如恩、摁等；在开口呼韵母 e 前加 n，如阿、鹅、恶、饿等。

3. 不规范的 r 声母音节。在科尔沁地区方言中，像普通话中的 an、uen 等韵的 r 声母字，在韵母前多加个韵头 i，如染、然、扰、绕、饶、让、软弱、嚷嚷、柔、肉、人、认、忍、壤、闰、润、仍等；将原韵头 r 改读为 y，如阮、戎、荣、融、容、蓉等；还有些普通话的 r 声母字，读作 l 声母，如乳、扔等。

4. 送气音与不送气音的互变。不送气音读为送气音，b 读为 p，如同胞、哺育、逮捕、遍地等；d 读为 t，如堤坝、蝴蝶、耳朵等；g 读为 k，如刮掉、刽子手等；j 读为 q，如歼灭、浸泡等；zh 读为 ch，如撞车等。送气音读为不送气音，p 读为 b，如僻静、拼盘、乒乓、琵琶、湖泊等；q 读为 j，如奖券等。

5. 普通话声母 j 和 g 的互换。声母 j 读为 g，如上街、麦秸、解开等；声母 g 读为 j，如打更、耕牛等。

6. 有些音节中擦音 f 读为送气音 p。例如：果脯、杜甫等。

7. 有些误读是无规律的。例如：嫩叶、机械、膝盖、请客、棉花、谬论、发酵、在家、膏油等。

（二）韵母

科尔沁地区汉语方言的韵母与普通话大体一致，其特点主要有以下几点：

1. 普通话单元音韵母 o，有些在唇音声母 b、p、m、f 后或零声母音节中读为不圆唇韵母 e。例如：拨款、反驳、沉没、迫近、魂魄、面膜、抚摸、剥削、泼水、陌生、莫非、佛教、水泊梁山等。

2. 普通话韵母 üe 有些音节读为韵母 iao。例如：音乐、大约、知觉、雀斑、学习等。

3. 普通话韵母 ong 在某些音节中读成 eng。例如：摆弄、农民、粽子、化脓等。

4. 普通话中的部分 uan 韵母字读为 an。例如：暖和、鸡卵、叛乱、山峦等。

5. 普通话部分 üe 韵母字读为 ie，也有部分普通话 ie 的字读为韵母 üe。例如：虐待、胆怯、掠夺、木屑等。

6. 普通话中部分 e 音节字的误读。例如：颜色、阻塞、责任、割地、疙瘩、搁下、恶心等。

7. 有些误读是无规律的。例如：咳嗽、做饭、茴香、塑像等。①

（三）声调

科尔沁地区汉语方言里声调虽然与普通话一样，有四种：阴平、阳平、上声、去声，但有些调值不够高，把普通话阴平的 55 调值读为 44，上声的 214 调值读为 213 或 212，去声的 51 调值读为 41，而且许多音节声调在具体的归类上与普通话不一样，并且具有一定的普遍性。

1. 把其他调类的字音误读为阴平音节的有：克、坷、邮、雄、焚、吟、疾、填、帖、匹、沼、召、蓄、咎、涉、摄、脊、灸、痉等。

2. 把其他调类的字音误读为阳平音节的有：捞、范、判、复、享、皆、焰、耗（消耗）、殉、戈等。

3. 把其他调类的字音误读为上声音节的有：胳、插、戳、刮、创（创造）、国、节、蝶、谋、值、惩、幻、潜、脂、撑、拙、菌、肤、膝、逮、冈、几（茶几）、室、革（革命）、职、而、仆、福、违、扛、崇、媳、舆、卿、揩、腹、触、较、霍、发（理发）、诲、挫、促、档、悼、锐、倾、亚等。

4. 把其他调类的字音误读为去声音节的有：乘、及、辑、缩、碉、且、颐、仪、询、延、沿、凡、愉、娱、即、集、籍、司、苛、压、遨、瑰、稽、敛、穴等。

（四）轻声

科尔沁地区汉语方言中的轻声大部分与普通话的轻声相同，但也有自己独特的轻声现象。

1. 有些词在普通话中不读轻声，但在方言中读轻声。例如：长虫（蛇）、后晌（下午）、埋汰（脏）、拉饥荒（欠债）、抠搜（小气）、被乎（棉被）、显摆（显示/夸耀）、刺挠（痒）、刀棱（刀螂、螳螂）等。

----

① 内蒙古自治区地方志办公室编. 内蒙古自治区志·方言志（汉语卷）［M］. 北京：方志出版社，2012：95-108.

2. 有些词在普通话中读轻声，但在方言中不读轻声。例如：石头、砖头、锄头、玫瑰等。

（五）儿化

科尔沁地区方言中儿化现象很普遍，基本与普通话相同，但一部分普通话中没有而方言中特有的方言词汇及名字也读儿化。例如：下晚儿（晚上）、外屋地儿（厨房）、老娘们儿（妇女）、波棱盖儿（膝盖）、换盅儿（订婚）、小鞭儿（炮仗的一种）、连桥儿（连襟）、小酒儿、大胖儿、刘老根儿、长贵儿、二丫儿等。

（六）音变

语流音变在科尔沁地区也有自己的特征。如：因为 [in] + [uei] → [iuŋ]、气得慌 [xuan] → [xaŋ]、连累 [lei] → [le]、乌米 [mi] → [min]、鼻涕 [ti] → [tiŋ]、米汤 [taŋ] → [təŋ] → [tiŋ] 等，有的是合音，有的属脱离，有的是增音，有的属弱化，情况复杂，形式多样。

二、科尔沁地区汉语方言词汇特征

科尔沁地区的汉语方言词汇是以幽燕方言为主体，同时吸收阿尔泰语系语言的成分而形成的，因而其词汇具有多元性质，主体是汉语词汇，次要的底层部分包括阿尔泰语系的多种语言的词语，数量繁多，表意丰富，浅显易懂，朗朗上口，具有明显的地域特点和鲜活的生命力。

（一）语音

科尔沁地区的汉语方言词汇是活泼诙谐极富表现力的，这源于其发音形式的灵活多变。在双音节词语中，重音往往落在第一个音节上，第二个音节则为轻声。比如：磕碜、闹腾、憋屈等，这些词说话时第一个音节不仅重读而且声音要拖长，以此来表明说话者的态度，强化词语的表现力。科尔沁人说话直接、干脆，没有南方话的温润，也不同于北京话的婉转，性格直爽，有一说一，不含糊不拐弯。

（二）表意

科尔沁汉语方言，尤其是口语词表意准确，词义丰富，形式灵活，意境独特，且能与话语环境浑然成为一体。比如：作妖儿，意思介于"磨人""挑事儿""不消停"之间，还有"不愿安静""不耐烦"的意思。科尔沁人常说一个人不听劝阻去做无法预料后果的事情，是"作妖儿"，说一个吵闹不休的人是在"作妖儿"，那些突破传统、打破常规的人也被说成是"作妖儿"。

（三）结构

科尔沁汉语方言中较特殊的词缀很多，词根前后常常带上表意生动、增强语言表达效果的词缀。例如：酸啦吧唧、傻啦吧唧、烦人巴拉、缺德巴拉等，这里的"啦吧唧""巴拉"都是没有实际意义的音节，放在单音节或双音节词语后组成新的语音形式，为的是强化语音效果。从感情色彩上说，"酸""傻""烦人""缺德"通常是贬义词，一般用来表示对某人或某事反感或指责、辱骂他人，"啦吧唧""巴拉"本身毫无意义，放在后边就可以起到表示程度的作用，很像"十分""特别""非常"等副词，但这几个副词都起不到这种语言效果。①

科尔沁地区的汉语方言词汇特征重点表现在常用的特殊词语上，主要有：白瞎了（可惜）、道去儿（多事）、刀螂（螳螂）、鼓捣（反复摆弄）、嘚瑟（出风头）、搭搁（搭讪）、掂兑（掂量/筹措）、堆碎（瘫倒）、大头（吃亏的）、滴溜圆（圆）、二意思思（犹豫）、浮头（液体或其他非整体物质的表面）、浮溜（满满的）、狗蹦子/跳子（跳蚤）、勾噶不舍（形容十分吝啬）、公母俩（夫妻俩）、鬼么六道的（主意多）、嘎杂子（坏家伙）、疙瘩溜秋（形容疙瘩很多）、嘎嘎（锅巴）、瓜葛儿（关系）、顾咚（心眼非常坏）、嘎咕/嘎（心眼多，鬼点子多）、格色/格眼/格路（性情特殊）、嘎巴儿（衣服上的脏东西）、嘎巴夜掌（形容特别脏/邋遢）、嘎过（超过）、嘎巴溜丢脆（干脆）、嘎（赌）、嘎巴嘴（嘴一张一合）、咕嘟（长时间煮）、咕嚷（蠕动）、赶趟儿（来得及）、够够巴巴（想够又够不着的样子）、横是（应该是那样）、浑合（气氛和谐）、合计（商量）、合炉儿（相适应，相适）、哈嗒/嘎嗒（摇动）、胡勒（胡说八道）、胡扯六拉（不着边际地说）、划拉（扫）、胡诌八咧（编造言辞）、虎了吧瞪（莽撞）、虎了吧唧（心眼不够）、恨人（让人怨恨）、虎巴的（突然）、糊弄（欺骗，蒙混）、犍牛（经阉割的公牛）、家雀儿/家贼（麻雀）、几儿（几号）、脚孤拐（踝骨）、激灵（哆嗦）、计格（争吵/闹矛盾）、架不住（禁不住）、克郎（阉过的公猪）、磕巴（口吃）、卡嚓（削）、吭哧瘪肚（说话笨拙的样子）、老剿儿（生过小猪后被阉的母猪）、离股儿（相连的东西裂开缝）、老虎妈子（妖怪）、老疙瘩（排行最小的男子）、老姑娘/老丫头（排行最小的女子）、老赶（没见过世面，外行）、老远山西的（形容很远）、凉的嗖的（有点儿凉）、漏兜（暴露秘密）、虑连（打算，念叨着）、拉松（打退堂鼓）、狼虎（吃相不佳）、咧咧（乱说）、驴性霸道（蛮横不讲理，不懂礼数）、牢邦（结实）、末末唧儿

---

① 王宇，王丹. 东北方言的语言文化特色［J］. 黑龙江社会科学，2017（5）.

（一胎中最后生的崽）、抹嗒（眼皮向下不正眼看人）、麻黑/擦黑（天快黑）、马蛇子（蜥蜴）、魔怔（精神失常，精神病）、蚂蚱口（细小的浅缝）、面（打，揍）、麻应（使人感到不舒服）、木个张的（发木发麻，木讷）、美个滋的（得意的样子）、面的慌的（面熟）、麻溜（迅速）、尿性（有能耐）、牛皮烘烘（形容很傲慢）、蔫了吧噔地（悄悄地）、挠道子了（跑了，走了）、捏铁（手足无措/无计可施）、拿（要挟）、撵（追赶）、撇（扔）、扒啦（用筷子快速往嘴里拨）、婆婆丁（蒲公英）、批儿片儿的（零乱）、搰嗒（动手去招惹别人）、沁着头（头向下垂）、戚嚓咔嚓（办事利索）、如作（形容很舒服）、揉扯/搓磨（折磨/团弄）、耍嘴儿（光说不做）、撕撕巴巴（拉扯争执）、双棒（双胞胎）、手巴掌/手闷子（一种四指分不开的棉手套）、扫听（打听）、哨（讥讽贬斥）、死乞白赖（纠缠）、调理（使上当）、突噜反账（做事反复无常）、腾（故意拖延时间）、淘登（搜寻）、投停（妥当）、稀嗒哈捽（玩世不恭）、吓人吧啦（吓人）、秃噜（用开水浇）、腾起来（撑起来）、五迷三道（神志不清）、瓦拢（多方联系以达到目的）、伍的/弄景的（等等）、五大三粗（形容人长得壮）、舞马长枪（张牙舞爪地）、瓦蓝瓦蓝的（非常蓝）、瞎了（糟蹋，浪费了）、星崩儿（个别的）、许外（见外）、邪乎（严重，厉害）、小猪羔（小猪崽）、下地羊（鼹鼠）、下食烂（吃东西没够，没吃相）、小叔子（丈夫的弟弟）、熊色（不好的模样）、想头（好处）、小鞭儿（小鞭炮）、笑么滋的（笑眯眯的样子）、许会儿（理会、注意）、瞎掰（没根据地说）、显摆（显示/夸耀）、兴兴（使人心烦）、暄/暄腾（松软）、洋了二怔（没正行）、秧腔儿（体弱多病、打不起精神的样子）、眼巴前（眼前，眼下）、牙花子（牙龈）、眼蓝（非常嫉妒）、仰巴壳儿（脸朝上躺着）、仰八叉（仰面朝天四肢伸开）、扬棒儿（得意，高傲）、眼皮子底下（形容很近）、辙（办法）、真格的（实际的）、章程（主意）、造（吃）、咋呼（故意大声地显示）、乍巴（走路走得不稳）、咂么（品味、琢磨）、霸乍（践踏）、支棱（立起、挺实）、褶（用话来掩饰）、转磨磨（转圈）、作（闹事）、走道儿（女子改嫁）、招人膈应（让人讨厌）、准称儿（稳妥）、左右（反正）、坐地（就地）、抽冷子（趁不注意的机会）、扯老婆舌（传闲话）、扯犊子（扯淡，净弄些没用的）、戴高帽（有意拔高，过分夸奖）、翻小肠（计较旧事）、过油子（超过了某种程度）、念秧儿（故意说给别人听，不直接说）、褶绺子（找借口）、绺叨的（说话办事怪腔怪调，有些尖酸）。①

---

① 内蒙古自治区地方志办公室编. 内蒙古自治区志·方言志（汉语卷）［M］. 北京：方志出版社，2012：281-301.

三、科尔沁地区汉语方言语法特征

科尔沁地区汉语方言的语法与普通话的基本相同，相异的地方较少，细微差别主要表现在如下几个方面。

（一）词缀

1. 前缀"老"。例如：老母猪、老鹰、老抱子（孵蛋的母鸡）、老鸹子、老虎妈子、老姐、老哥、老姑、老叔、老舅、老姨父、老爷（爷爷的最小弟弟）等。

2. 后缀。（1）"子"，例如：夜猫子、马蛇子、哈喇子、洋柿子、高脚子、姑爷子、黄皮子、狗蹦子、糯子、脸蛋子、左撇子等。（2）"儿"，例如：一截股儿、今儿个儿、后儿个儿、三十儿、顷官儿、闭火儿、妯们儿、老婶儿、摆谱儿、合炉儿、受屈儿、许会儿、走道儿等。（3）"挺"，例如：累挺、躺挺、闷挺、闹挺、臊挺等。（4）"吧唧""吧啦""吧噔"，例如：傻了吧唧、紫了吧唧、蔫了吧唧、虎了吧唧、绿了吧唧、潮了吧唧、苦了吧唧、湿了吧唧、酸了吧唧、黏了吧唧、吓人吧啦、烦人吧啦、虎了吧噔、蔫了吧噔等。（5）"的乎"，例如：黑的乎、晕的乎、热的乎、黏的乎、干的乎、潮的乎等。（6）"得慌"，例如：累得慌、困得慌、热得慌、闷得慌、闹得慌、晕得慌等。（7）"呼啦""呼咧""溜秋""溜丢""嘎叽""个张的"等，例如：血的呼啦、白不呼咧、黑不溜秋、紫不溜丢、皮了嘎叽、木个张的等。

（二）重叠

1. AABB式。例如：架架烘烘、够够巴巴、褶褶叨叨、列列巴巴、丁丁香香、魔魔怔怔、咋咋呼呼、堆堆碎碎、磨磨叽叽等。

2. ABAB式。例如：挤咕挤咕、掮嗒掮嗒、狠哒狠哒、乍巴乍巴、瓦蓝瓦蓝、浮溜浮溜等。

（三）副词

科尔沁地区方言中有一些特殊的副词，如"老""贼""齁"等，用来修饰形容词，表示程度深。例如：老好了、老快了、老高了、老远了、贼好、贼辣、贼先进、贼慢、贼黑、齁咸、齁辣、齁甜等。[①]

① 内蒙古自治区地方志办公室编. 内蒙古自治区志·方言志（汉语卷）［M］. 北京：方志出版社，2012：677-679.

（四）句法

科尔沁人经常使用"A不"式正反问句和"A不A"式正反问句。如"吃不？""喝不？""回不？"以及"吃不吃饭？""喝不喝水？""回不回家？"这样的问句是问对方是否要做某事。前者直率、豪爽，毫不拖泥带水，后者问句中"是"与"否"双重语义并置，从语意和语气上都比前者表达得更完备，体现出科尔沁人粗中有细的性格特点。

（五）语序

语序简单地说就是句子中不同词语的排列顺序。普通话的语序比较固定，就是主语+谓语，而科尔沁地区汉语方言会出现一些特殊的语序，常见的情况有主语倒置，如："干吗去呀，你？""好漂亮啊，小丽！"状语倒置，如："去了吗，昨天？""看什么呢，刚才？"倒置都是为了强调前面的信息，这样的倒置现象，普通话中也有存在，但科尔沁汉语方言的语序倒置现象要更加频繁。

（六）语气词

在科尔沁汉语方言中语气词频繁使用，像下面一段话："抬起来呀，往前走哇，脚下的路哇，看清楚哇，黑的是泥呀，黄的是土哇，加把劲儿啊，上山坡喽，把劲儿鼓哇，加油儿抬呀。"句句有语气词，使表达显得更加生动、鲜活，自然流畅。语气词在人们交际的过程中常常起着润滑作用，使交往更加亲切、随和、顺利。如今在东北方言中频繁使用的语气词，随着北方方言的兴起而渗透进普通话中，展现了东北方言强大的感染力和生命力。①

第二节　科尔沁地区汉语方言分区

现如今的科尔沁地区分别归属于清朝内蒙古六盟中的卓索图盟、昭乌达盟和哲里木盟。三盟中不仅汉族移民迁入的时间不同，进入得最早的是卓索图盟，昭乌达盟次之，哲里木盟最晚，而且移民迁入的来源地也不同。卓索图盟移民的进入是在顺治元年（1644年），清军入关迁都北京，由于满洲贵族在华北大量圈地，失去家园的农民被迫流落到塞外垦荒谋生，卓索图盟与其相连，且出入交通便利，土地肥美，是背井离乡、漂游四方的内地汉人最好的选择。在喀喇沁左旗1725年（乾隆十七年）的汉人佃户名册中，就发现有83.3%的人属于

---

① 秦初阳. 语言和文化层面上的东北方言特点探析［J］. 现代交际，2016（24）.

这类被逐出家园的直隶人。① 乾隆中期，避暑山庄周围"聚民至万家"，他们大多是"直隶、山东无业贫民"。② 在哲里木盟科尔沁左翼后旗（博多勒格台王旗）所属的昌图府，"汉族迁自山东者最多，次则直隶，又次则山西"③。据1919 年鸟居龙藏从昂昂溪到洮南路上所看到的情况，铁路线东侧为汉人住地，西边为蒙古族住地，汉人全是山东人，其房屋皆山东式。河北移民虽然也远行至郭尔罗斯后旗，但相对集中于察哈尔左翼与卓、昭二盟，在哲里木盟分布相对较少。河北省与察哈尔、卓索图盟毗连，有独石口、古北口、喜峰口、冷口等关口相通，故其移居区系以热河为中心，分布在赤峰、围场、多伦诺尔、朝阳、阜新、建平等各县。④ 就东北移民源分析，移民多来自比邻的山东直隶二省。辽南地区的移民人口主要来自山东半岛东部的胶东地区；辽西地区的人口主要来自直隶东部和山东省北部一带。⑤

在内蒙古东部地区的移民中有相当一部分属于东北移民的"再移民"，即原来迁居东北各省的内地人口向蒙旗迁徙。塞外开辟初期，地质肥沃，土地产出率高，但随着对土地的过度使用及人口增长，又重复了内地同样的问题。到 20世纪 20 年代初，卓索图盟已经出现地少人多的态势。热河南部地区，到 30 年代初，人地关系十分紧张。……迫于生存压力，人们继续向未垦蒙地迁移。⑥东蒙四洮铁路沿线一带，"现有居民，其大部系来自辽宁省，且多数均自沈阳以南各县移此，故与内地人民甚少联络。因此山东、河北之移民，多往北部，而至此者较少，盖彼处有其亲友或同乡，足为向导，且可不时予以扶助也"⑦。值得注意的是塞外移民有分区对应特征，蒙古族对汉语的吸收也表现出分区结合特点，接触的汉族群体不同，习得的汉语方言也不同。如"察哈尔左翼张、独、多等属，由直隶省开垦，则人民多操直隶之言语焉；察哈尔右翼丰、兴、凉、陶等属，由山西省开垦，则人民多操山西之言语焉"⑧。

从再移民的形式上看，有个人分散进行的，也有整村集体搬迁的，由于受

---

① ［日］天海谦三郎. 旧热河蒙地开垦资料二则［M］. 满铁调查局印行，昭和十八年（1943 年）：87.

② 和珅等. 热河志（乾隆四十六年）卷 7.

③ 洪汝冲. 昌图府志（第 1 章）［M］. 1910 年铅印本.

④ ［日］关东都督府陆军部编. 东蒙古［M］. 大正四年（1915 年）：257.

⑤ 张士尊. 清代东北移民与社会变迁 1644-1911［M］. 长春：吉林人民出版社，2003：103.

⑥ 闫天灵. 汉族移民与近代内蒙古社会变迁［M］. 北京：民族出版社，2004：73.

⑦ 何廉. 东三省之内地移民研究［J］. 经济统计季刊，1932（2）.

⑧ 林传甲. 察哈尔乡土志［J］. 地学杂志，1916（8）.

地缘与亲缘的影响，移民相对出现了地域聚居的现象，在内蒙古有很多村落是"同乡村"，"这种移民常趋向于整个村落的移动，移民团体内几乎包有旧村的一切人民。在买入新地、建筑新村方面，他们因……一村人民的团结，而便利不少"。① 人们集体迁出后，村子大片荒废，"因此辽宁西部四平街与洮南之间，有很长的一带土地，满布着荒芜的村落，那些村落中的人民，则都已移到洮南以西，或西南行移向开鲁去了。洮南之西与西北，也有自伯都讷一带移来的"②。由于移民的来源地不尽相同，因而科尔沁地区的汉语中有不同的方言，在1987年贺巍的《中国语言地图集》中，把科尔沁区、科左中旗、科左后旗、开鲁县、奈曼旗、库伦旗划入到了东北官话区中，是东北官话区中的哈阜片儿的长锦小片，在2012年的《中国语言地图集》中把开鲁县、奈曼旗、库伦旗归入了北京官话中的朝峰片。扎鲁特旗和霍林郭勒市在1987年版的地图集中，被划入少数民族语言之列，汉语方言的存在没有得到反映，2012年版的地图集把扎鲁特旗和霍林郭勒市归入了北京官话。这样通辽市的科尔沁区、科左中旗、科左后旗仍然属于东北官话区哈阜片儿的长锦小片，开鲁县、扎鲁特旗、奈曼旗、霍林郭勒市、库伦旗就都归入了北京官话中的朝峰片。见表3-1：

表3-1

方言分区 通辽市 各旗县	1987年《中国语言地图集》		2012年《中国语言地图集》	
	东北官话区哈阜片儿的长锦小片	少数民族语言区	东北官话区哈阜片儿的长锦小片	北京官话朝峰片
科尔沁区	+		+	
科左中旗	+		+	
科左后旗	+		+	
开鲁县	+			+
奈曼旗	+			+
库伦旗	+			+
扎鲁特旗		+		+
霍林郭勒市		+		+

朝峰片方言从语音上看，有北京官话和东北官话的特征，但跟北京官话一

---

① 兰特模. 汉人移植东北之研究 [J]. 新亚细亚，1932 (5).
② 兰特模. 汉人移植东北之研究 [J]. 新亚细亚，1932 (5).

致的特征似乎更多一些。例如朝峰片的古清音入声字归上声的也比北京话多。就这一特点，朝峰片还是带有东北官话特色的。从词汇上看朝峰片方言，却具有更多的东北官话色彩。广泛通用于东北官话中的基本词汇，在朝峰片的方言中也普遍使用。因此，朝峰片方言具有明显的东北官话和北京官话的过渡性质。现在把它归入北京官话，更多的是照顾了语音特征，这个并无不可。①

依据 2012 年《中国语言地图集》对科尔沁地区汉语方言的分类情况，课题组再一次做了深入细致的实地考察，从整体情况看与 2012 年《中国语言地图集》的两个分区是一致的。我们在两个分区中分别选取历史久远、特点突出的开鲁县和科尔沁区为代表展开语音、词汇、语法方面的深度调查，以准确描写两个方言区汉语的特点及内部差异，凝练其本质特征，初步建构科学的理论框架，助力更好地挖掘、开发、传承、保护科尔沁地区的优秀传统文化。

① 中国社会科学院语言研究所等. 中国语言地图集（第 2 版）［M］. 北京：商务印书馆，2012：37.

第四章

以开鲁县为代表的北京官话

科尔沁地区的开鲁县、奈曼旗、库伦旗、扎鲁特旗、霍林郭勒市同属北京官话区的朝峰片，我们在做实地考察时发现，开鲁县的汉语方言比较典型，因此就以开鲁县汉语方言为代表进行全面、深入的调研，探究其语音面貌、词汇系统、语法结构，挖掘科尔沁地区北京官话的本质特征，构建科学、系统的方言体系，以探索新时期多民族聚居区全国通用语言的发展规律。

第一节　语音特点

本课题采用抽样调查和语音实验的方法对以开鲁县为代表的北京官话的语音系统进行了深入、细微的研究，课题发音合作人是长期居住于通辽市开鲁县的年轻女性，高中学历，说当地方言，所用的录音工具是由北京语言大学开发的"北语录音"软件。

一、声母系统

开鲁县汉语方言中的声母共有 22 个，21 个辅音声母 b [p]、P [pʰ]、m [m]、f [f]、d [t]、t [tʰ]、n [n]、l [l]、g [k]、k [kʰ]、h [x]、j [tɕ]、q [tɕʰ]、x [ɕ]、zh [tʂ]、ch [tʂʰ]、sh [ʂ]、r [ʐ]、z [ts]、c [tsʰ]、s [s]，1 个零声母，声母在数量、种类上和普通话的声母系统总体是一致的，但也存在着一些具体的差别。为了对开鲁县汉语方言中的声母系统有一个更加深入的分析，以便发现其与普通话声母系统的不同，我们采用 praat 语音分析软件对各声母的发音语图进行直观、细微的对比分析。

（一）实验步骤

1. 文中所使用的普通话语料为《普通话水平测试用普通话词语表》的标准

语音语料，开鲁县汉语方言语料为自己录制的发音人语音语料，然后分别从两种语料中选择发音相同的例字作为对比分析语料。如塞音 b 的例字是"饱"，塞音 p 的例字是"铺"等。

2. 根据各声母的发音语图对其声学特性进行深入的对比分析。具体方法如下：

（1）对于塞音，我们主要分析冲直条和噪音起始时间。"塞音爆破时，在声学上表现为从低频到高频都具有很强的能量，通常称为'冲直条'"①，塞音中的 p、t、k 都是送气塞音，送气塞音在声学上的表现为"冲直条加送气乱纹"。如下图 4-1 所示②：

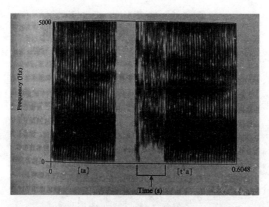

图 4-1 不送气和送气塞音的发音语图

塞音"还有一个重要的声学表现是'噪音起始时间'（Voice Onset Time），简称 VOT。噪音起始时间主要指塞音除阻和声带颤动之间的时间关系，它能比较精确地说明塞音的清浊和送气的情况"③，如下图 4-2 所示④：

"图中的三个音节是三个英语词。从图中可以看出，第一个词的辅音有前浊段，VOT 是负值；第二个词虽然也是浊音，但发音人将其清化了，没有明显的前浊段，所以 VOT 基本等于零或者说有一点正值；第三个词是清送气塞音，VOT 是正值，而且数值很大。"⑤

① 孔江平. 实验语音学基础教程［M］. 北京：北京大学出版社，2015：106.
② 林焘，王理嘉. 语音学教程［M］. 北京：北京大学出版社，2013：83.
③ 林焘，王理嘉. 语音学教程［M］. 北京：北京大学出版社，2013：87.
④ 孔江平. 实验语音学基础教程［M］. 北京：北京大学出版社，2015：109.
⑤ 孔江平. 实验语音学基础教程［M］. 北京：北京大学出版社，2015：108.

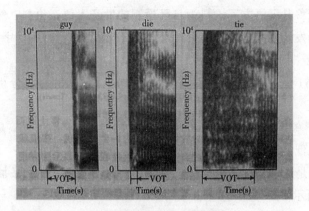

图 4-2　塞音 VOT 示意图

（2）对于清擦音，我们主要分析擦音乱纹和擦音的频率下限、中心频率。擦音在声学上主要表现为乱纹，不同的擦音能量分布不同，通常根据乱纹的频率下限和中心频率来分析擦音的发音性质。如下图 4-3 所示①：

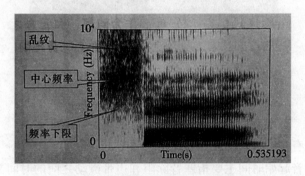

图 4-3　普通话辅音 sɑ 的发音语图

（3）对于塞擦音，我们主要结合塞音和擦音的声学性质来对其进行综合分析，但"噪音起始时间"主要是塞音的声学性质，因此对塞擦音，我们不分析这一特点。"塞擦音是汉藏语系语言特有的语音组合和单位。在声学上，塞擦音体现为'冲直条+摩擦乱纹+送气乱纹'。"② 如下图 4-4 所示③：

---

①　孔江平. 实验语音学基础教程［M］. 北京：北京大学出版社，2015：107.
②　孔江平. 实验语音学基础教程［M］. 北京：北京大学出版社，2015：107.
③　孔江平. 实验语音学基础教程［M］. 北京：北京大学出版社，2015：110.

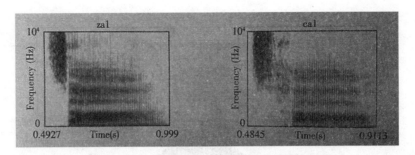

图4-4 辅音 za（左）和 ca（右）的发音语图

（4）对于鼻音、边音和浊擦音，我们主要分析其共振峰值。鼻音、边音和浊擦音都是浊辅音，声带振动，声学性质与元音相似，都体现为共振峰。以l和n为例，如下图4-5所示①：

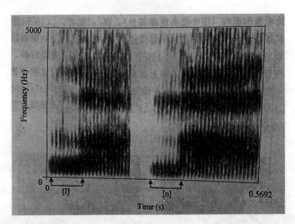

图4-5 边音（左）和鼻音（右）的发音语图

鼻音、边音共振峰值的测量方法是在 praat 语音分析软件中，把鼠标放在待测声母的共振峰稳定处，如下图4-6所示：

---

① 林焘，王理嘉. 语音学教程［M］. 北京：北京大学出版社，2013：84.

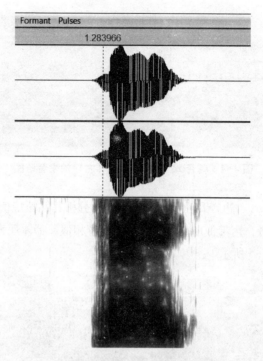

图 4-6　普通话"猫"的发音语图

　　图中的前半段为声母 m 的发音，虚线所在处为 m 的共振峰稳定处，然后点击软件中的 Formant 选项，在下拉菜单中点击 Get first formant 选项即得到 m 的第一共振峰的值，第二共振峰值的测量方法以此类推。如下图 4-7 所示：

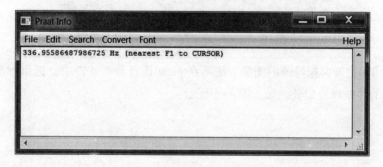

图 4-7　普通话"猫"的声母 m 的第一共振峰值

（二）开鲁县汉语方言声母的语音实验分析

1. 塞音 b

图 4-8 是开鲁县方言和普通话塞音 b 的发音语图：

 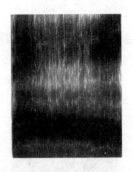

图 4-8 开鲁县方言（左）和普通话（右）"饱"的发音语图

语图上，"饱"这个音节前段是声母 b 的发音，声母之后是韵母 ao 的发音。开鲁县汉语方言和普通话都表现出不送气清塞音的共同特征，即在发音的开头有"冲直条"，开鲁县方言塞音 b 冲直条不是连续的，普通话的冲直条是连续的。通过测量发现，开鲁县方言塞音 b 的噪音起始时间为 0.011 秒，普通话为 0.007 秒，开鲁县方言的噪音起始时间比普通话长。

2. 塞音 p

图 4-9 是开鲁县方言和普通话塞音 p 的发音语图：

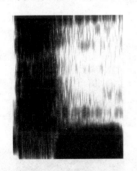 

图 4-9 开鲁县方言（左）和普通话（右）"铺"的发音语图

语图上，"铺"这个音节前段是声母 p 的发音，声母之后是韵母 u 的发音。开鲁县汉语方言和普通话都表现出送气清塞音的共同特征，即"冲直条加送气乱纹"。开鲁县方言塞音 p 冲直条不明显，送气乱纹能量较强，但分布不均衡；普通话的冲直条较明显，送气乱纹的能量比开鲁县方言略弱，但分布较均衡。通过测量发现，开鲁县方言塞音 p 的噪音起始时间为 0.134 秒，普通话为 0.113 秒，开鲁县方言的噪音起始时间比普通话长。

3. 塞音 d

图 4-10 是开鲁县方言和普通话塞音 d 的发音语图：

图 4-10　开鲁县方言（左）和普通话（右）"打"的发音语图

语图上，"打"这个音节前段是声母 d 的发音，声母之后是韵母 a 的发音。开鲁县方言和普通话都表现出不送气清塞音的共同特征，即在发音的开头有一条"冲直条"，开鲁县方言塞音 d 和塞音 b 相似，冲直条不连续，普通话塞音 d 的冲直条是连续的。开鲁县方言塞音 d 的噪音起始时间为 0.010 秒，普通话为 0.009 秒，开鲁县方言的噪音起始时间略长。

4. 塞音 t

图 4-11 是开鲁县方言和普通话塞音 t 的发音语图：

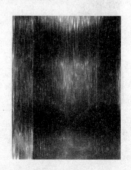

图 4-11　开鲁县方言（左）和普通话（右）"塔"的发音语图

语图上，"塔"这个音节前段是声母 t 的发音，声母之后是韵母 a 的发音。开鲁县汉语方言和普通话都表现出送气清塞音的共同特征，即"冲直条加送气乱纹"。开鲁县方言和普通话的塞音 t 冲直条均不明显，开鲁县方言的塞音 t 送气乱纹能量较强，但开鲁县方言和普通话的能量分布都不均衡。通过测量发现，开鲁县方言塞音 t 的噪音起始时间为 0.100 秒，普通话为 0.137 秒，开鲁县方言的嗓音起始时间比普通话短。

5. 塞音 g

图 4-12 是开鲁县方言和普通话塞音 g 的发音语图：

图 4-12 开鲁县方言（左）和普通话（右）"高"的发音语图

语图上，"高"这个音节前段是声母 g 的发音，声母之后是韵母 ao 的发音。开鲁县汉语方言和普通话都表现出不送气清塞音的共同特征，即在发音的开头有一条"冲直条"，开鲁县方言塞音 g，冲直条不连续，普通话塞音 g 的冲直条是连续的。开鲁县方言塞音 g 的嗓音起始时间为 0.024 秒，普通话为 0.010 秒，开鲁县方言的嗓音起始时间比普通话长。

6. 塞音 k

图 4-13 是开鲁县方言和普通话塞音 k 的发音语图：

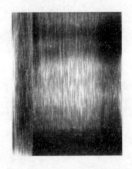

图 4-13 开鲁县方言（左）和普通话（右）"苦"的发音语图

语图上，"苦"这个音节前段是声母 k 的发音，声母之后是韵母 u 的发音。开鲁县汉语方言和普通话都表现出送气清塞音的共同特征，即"冲直条加送气乱纹"。开鲁县方言和普通话的塞音 t 冲直条均不明显，开鲁县方言的塞音 t 送气乱纹能量较强，但分布不均衡，普通话的送气乱纹能量分布较均衡。通过测量发现，开鲁县方言塞音 k 的噪音起始时间为 0.142 秒，普通话为 0.144 秒，开鲁县方言的噪音起始时间比普通话略短。

7. 擦音 f

图 4-14 是开鲁县方言和普通话擦音 f 的发音语图：

图 4-14　开鲁县方言（左）和普通话（右）"飞"的发音语图

语图上，"飞"这个音节前段是声母 f 的发音，声母之后是韵母 ei 的发音。开鲁县方言和普通话的擦音 f 在语图上的表现均为一段乱纹，中心频率较高，但开鲁县方言的擦音 f 能量较强，分布不均衡，频率下限较高；普通话的擦音 f 的能量较弱，分布相对均衡，没有明显的频率下限。

8. 擦音 h

图 4-15 是开鲁县方言和普通话擦音 h 的发音语图：

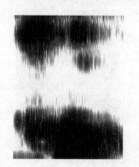

图 4-15　开鲁县方言（左）和普通话（右）"后"的发音语图

语图上，"后"这个音节前段是声母 h 的发音，声母之后是韵母 ou 的发音。开鲁县方言和普通话的擦音 h 在语图上的表现均为一段乱纹，开鲁县方言的擦音 h 比普通话的能量强，但它们的能量分布都不均衡，开鲁县方言和普通话的中心频率都较高，没有明显的频率下限。

9. 擦音 x

图 4-16 是开鲁县方言和普通话擦音 x 的发音语图:

图 4-16 开鲁县方言（左）和普通话（右）"许"的发音语图

语图上，"许"这个音节前段是声母 x 的发音，声母之后是韵母 ü 的发音。开鲁县方言和普通话的擦音 x 在语图上的表现均为一段乱纹，开鲁县方言的能量比普通话强，开鲁县方言和普通话的擦音 x 的中心频率都较高，但开鲁县方言的擦音 x 的频率下限比普通话高。

10. 擦音 s

图 4-17 是开鲁县方言和普通话擦音 s 的发音语图:

图 4-17 开鲁县方言（左）和普通话（右）"算"的发音语图

语图上，"算"这个音节前段是声母 s 的发音，声母之后是韵母 uan 的发音。开鲁县方言和普通话的擦音 s 在语图上的表现均为一段乱纹，开鲁县方言和普通话的擦音 s 的中心频率都较高，但开鲁县方言的擦音 s 的频率下限比普通话高。

11. 擦音 sh

图 4-18 是开鲁县方言和普通话擦音 sh 的发音语图:

图 4-18　开鲁县方言（左）和普通话（右）"失"的发音语图

语图上，"失"这个音节前段是声母 sh 的发音，声母之后是韵母-i［ʅ］的发音。开鲁县方言和普通话的擦音 sh 在语图上的表现均为一段乱纹，开鲁县方言和普通话的擦音 sh 的中心频率都较高，但开鲁县方言的擦音 sh 的频率下限比普通话高。

12. 擦音 r

图 4-19 是开鲁县方言和普通话擦音 r 的发音语图：

图 4-19　开鲁县方言（左）和普通话（右）"认"的发音语图

语图上，"认"这个音节前段是声母 r 的发音，声母之后是韵母 en 的发音。r 为浊擦音，声学性质表现为共振峰。通过测量发现，开鲁县方言 r 的第一共振峰为 262Hz，第二共振峰为 2002Hz；普通话 r 的第一共振峰为 264Hz，比开鲁县方言的第一共振峰值略高，第二共振峰为 2143Hz，比开鲁县方言的第二共振峰值高。

13. 塞擦音 j

图 4-20 是开鲁县方言和普通话塞擦音 j 的发音语图：

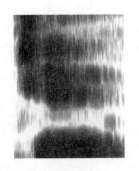

图 4-20　开鲁县方言（左）和普通话（右）"局"的发音语图

语图上，"局"这个音节前段是声母 j 的发音，声母之后是韵母 ü 的发音。开鲁县方言和普通话塞擦音 j 的冲直条均不明显，之后的摩擦乱纹都较清晰，中心频率均较高，但开鲁县方言塞擦音 j 的频率下限比普通话略高。

14. 塞擦音 q

图 4-21 是开鲁县方言和普通话塞擦音 q 的发音语图：

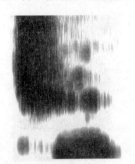

图 4-21　开鲁县方言（左）和普通话（右）"区"的发音语图

语图上，"区"这个音节前段是声母 q 的发音，声母之后是韵母 ü 的发音。开鲁县方言塞擦音 q 的冲直条不明显，而普通话的冲直条较明显，之后的摩擦乱纹和送气乱纹都较清晰，中心频率均较高，开鲁县方言塞擦音 q 的频率下限较高，而普通话没有明显的频率下限。

15. 塞擦音 z

图 4-22 是开鲁县方言和普通话塞擦音 z 的发音语图：

图 4-22　开鲁县方言（左）和普通话（右）"字"的发音语图

语图上，"字"这个音节前段是声母 z 的发音，声母之后是韵母 -i［ ］的发音。开鲁县方言和普通话的塞擦音 z 的冲直条均不明显，之后的摩擦乱纹都较清晰，而开鲁县方言的塞擦音 z 的中心频率和频率下限都比普通话高得多。

16. 塞擦音 c

图 4-23 是开鲁县方言和普通话塞擦音 c 的发音语图：

图 4-23　开鲁县方言（左）和普通话（右）"层"的发音语图

语图上，"层"这个音节前段是声母 c 的发音，声母之后是韵母 eng 的发音。开鲁县方言和普通话的塞擦音 c 的冲直条均不明显，之后的摩擦乱纹和送气乱纹都较清晰，中心频率和频率下限也表现出基本一致的特征。

17. 塞擦音 zh

图 4-24 是开鲁县方言和普通话塞擦音 zh 的发音语图：

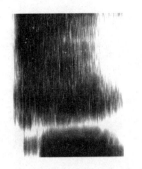

图4-24 开鲁县方言（左）和普通话（右）"知"的发音语图

语图上，"知"这个音节前段是声母 zh 的发音，声母之后是韵母-i［ʅ］的发音。开鲁县方言的塞擦音 zh 的冲直条不明显，普通话的冲直条较明显，之后的摩擦乱纹都较清晰，中心频率和频率下限也表现出基本一致的特征。

18. 塞擦音 ch

图4-25 是开鲁县方言和普通话塞擦音 ch 的发音语图：

图4-25 开鲁县方言（左）和普通话（右）"车"的发音语图

语图上，"车"这个音节前段是声母 ch 的发音，声母之后是韵母 e 的发音。开鲁县方言的塞擦音 ch 的冲直条不明显，普通话的冲直条较明显，之后的摩擦乱纹和送气乱纹都较清晰，中心频率和频率下限也表现出基本一致的特征。

19. 前加鼻音的零声母

图4-26 和图4-27 是开鲁县方言前加鼻音的零声母和普通话零声母的发音语图：

图 4-26 开鲁县方言"饿"和"矮"的发音语图

图 4-27 普通话"饿"和"矮"的发音语图

"饿""矮"等字，在普通话中是零声母字，韵母分别是 e 和 ɑi，开鲁县汉语方言则在音节前加了 n 声母，读成了［nɤ］和［nɑi］。如图 4-26 所示，"饿""矮"等字在元音前都有一段浊音横杠，有的还有共振峰，这是鼻音 n 的语图特征，普通话中的这两个字，元音共振峰前没有浊音横杠或其他辅音声母的语图特征，是零声母字。在本课题的调查字表中，有些零声母字，如"弯""问"等都没有前加辅音声母，可见在开鲁县汉语方言中，并没有表现出所有的零声母都有前加声母的规律性特点，只是个别字存在这样的情况。

20. 鼻音 m

图 4-28 是开鲁县方言和普通话鼻音 m 的发音语图：

图 4-28 开鲁县方言（左）和普通话（右）"猫"的发音语图

语图上，"猫"这个音节前段是声母 m 的发音，声母之后是韵母 ao 的发音。鼻音 m 为浊辅音，声学性质表现为共振峰。通过测量发现，开鲁县方言 m 的第一共振峰为 281Hz，第二共振峰为 844Hz；普通话 m 的第一共振峰值为 337Hz，比开鲁县方言的第一共振峰值高，第二共振峰为 1078Hz，比开鲁县方言的第二共振峰值高。

21. 鼻音 n

图 4-29 是开鲁县方言和普通话鼻音 n 的发音语图：

图 4-29 开鲁县方言（左）和普通话（右）"南"的发音语图

语图上，"南"这个音节前段是声母 n 的发音，声母之后是韵母 an 的发音。鼻音 n 为浊辅音，声学性质表现为共振峰。通过测量发现，开鲁县方言 n 的第一共振峰为 230Hz，第二共振峰为 471Hz；普通话 n 的第一共振峰值为 273Hz，比开鲁县方言的第一共振峰值高，第二共振峰为 1724Hz，比开鲁县方言的第二共振峰值高。

22. 边音 l

在开鲁县方言和普通话中边音只有 1 个。图 4-30 是开鲁县方言和普通话边

音 l 的发音语图:

图 4-30　开鲁县方言（左）和普通话（右）"力"的发音语图

　　语图上，"力"这个音节前段是声母 l 的发音，声母之后是韵母 i 的发音。边音 l 为浊辅音，声学性质表现为共振峰。通过测量发现，开鲁县方言 l 的第一共振峰为 293Hz，第二共振峰不明显；普通话 l 的第一共振峰值为 326Hz，比开鲁县方言的第一共振峰值高，第二共振峰为 1865Hz。

二、韵母系统

　　开鲁县汉语方言语音系统中韵母的数量、种类和普通话的韵母系统总体是一致的，共 39 个，有的由元音充当，有的由元音加辅音构成，但在发音上存在着一些具体的差别，如在普通话中只能和声母 b、p、m、f 相拼的 o 韵母，在开鲁县方言中绝大多数都读成了 e 韵母，如"薄""拨""剥"等字都读成了 [pɤ]，"破""婆"等字都读成了 [pʰɤ]，"摸""磨""末"等字读成了 [mɤ]，"佛"字读成了 [fɤ]，也有例外的情况，如"墨"字的韵母就没有变成 e，与普通话是一致的。由此可以看出，在开鲁县汉语方言中，o 在与 b、p、m、f 相拼时，绝大多数都变成了 e 韵母，表现出较强的规律性特点。

　　下面按照韵母的内部结构类型对其进行说明。

（一）单元音韵母（单韵母）

　　开鲁县汉语方言的单韵母和普通话的单韵母数量相同，都是 10 个，由 a [A]、o [o]、e [ɤ]、i [i]、u [u]、ü [y]、ê [ɛ]、er [ɚ]、-i [ɿ]、-i [ʅ] 单元音充当。"在声学上元音主要体现为共振峰（formant），一般用 F 表

示，第几共振峰通常用相应的数字来表示，如 F1，F2，……Fn。"① 如图 4-31
所示②：

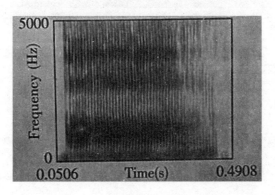

图 4-31　普通话 ɑ 的发音语图

语图中颜色较浓的横杠即是元音共振峰。元音共振峰频率和元音音色是密
切关联的，"F1 和舌位的高低密切相关。舌位高，F1 就低；舌位低，F1 就高"，
"F2 和舌位的前后密切相关。舌位靠前，F2 就高；舌位靠后，F2 就低"。③ 以
下我们采用语音实验的方法对元音共振峰数据进行深入的分析。

1. 实验步骤

（1）文中所使用的普通话语料为《普通话水平测试用普通话词语表》的标
准语音语料，开鲁县汉语方言语料为自己录制的发音人语音语料，然后分别从
两种语料中选择发音相同的例字作为对比分析语料。选择语料的原则是首先选
择零声母字，比如单韵母 u，选择的例字是"屋"字，如果没有零声母字，则
选择从语图上声母和韵母比较容易分辨开的例字，比如擦音、塞擦音等，这些
音在语图上声母段和韵母段比较容易分辨，但像塞音，它属于瞬音，发音时间
非常短暂，有时在语图上的表现也不太清晰，所以就尽量避免使用声母是塞音
的例字。另外单韵母没有分析 ê 元音，因为这个元音作为单韵母的情况非常少，
日常应用中也很少，因此我们只分析了充当单韵母的 9 个单元音，分别是 ɑ、o、
e、i、u、ü、-i［ɿ］、-i［ʅ］、er。

（2）使用 praat 语音分析软件对以上语料进行标注，标注分为两层，一层为
音节层，一层为音段层，然后把语音文件和标注文件保存在文件夹中。如图 4-

① 孔江平. 实验语音学基础教程［M］. 北京：北京大学出版社，2015：75.
② 孔江平. 实验语音学基础教程［M］. 北京：北京大学出版社，2015：77.
③ 林焘，王理嘉. 语音学教程［M］. 北京：北京大学出版社，2013：53.

32 所示：

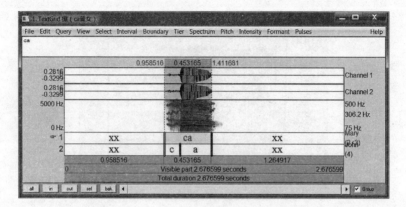

图 4-32　普通话"擦"的标注文件

（3）之后再使用提取元音共振峰的脚本程序把单韵母的 F1、F2 共振峰数据
提取出来。运行的脚本程序如图 4-33 所示：

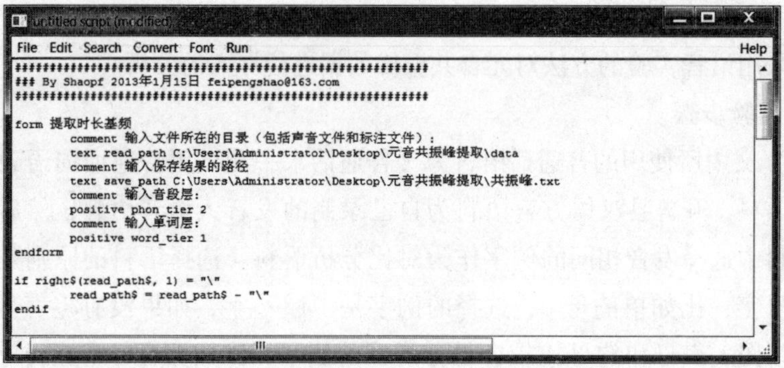

```
#########################################################
### By Shaopf 2013年1月15日 feipengshao@163.com
#########################################################

form 提取时长基频
    comment 输入文件所在的目录（包括声音文件和标注文件）：
    text read_path C:\Users\Administrator\Desktop\元音共振峰提取\data
    comment 输入保存结果的路径
    text save_path C:\Users\Administrator\Desktop\元音共振峰提取\共振峰.txt
    comment 输入音段层：
    positive phon_tier 2
    comment 输入单词层：
    positive word_tier 1
endform

if right$(read_path$, 1) = "\"
    read_path$ = read_path$ - "\"
endif
```

图 4-33　提取共振峰数据的脚本程序

提取的单元音共振峰数据如图 4-34 所示：

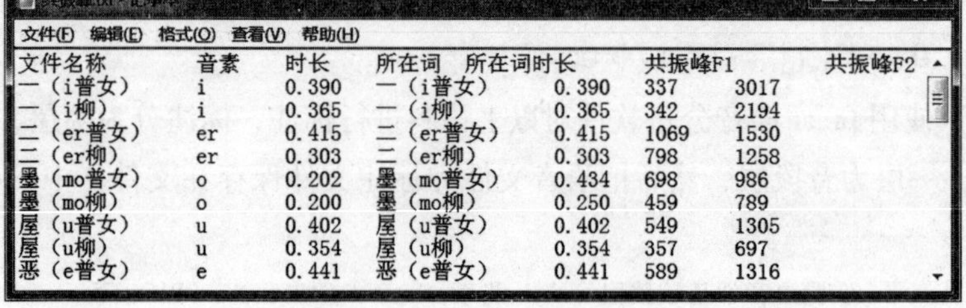

文件名称	音素	时长	所在词	所在词时长	共振峰F1	共振峰F2
一（i普女）	i	0.390	一（i普女）	0.390	337	3017
一（i柳）	i	0.365	一（i柳）	0.365	342	2194
二（er普女）	er	0.415	二（er普女）	0.415	1069	1530
二（er柳）	er	0.303	二（er柳）	0.303	798	1258
墨（mo普女）	o	0.202	墨（mo普女）	0.434	698	986
墨（mo柳）	o	0.200	墨（mo柳）	0.250	459	789
屋（u普女）	u	0.402	屋（u普女）	0.402	549	1305
屋（u柳）	u	0.354	屋（u柳）	0.354	357	697
恶（e普女）	e	0.441	恶（e普女）	0.441	589	1316

图 4-34　提取的共振峰数据

（4）根据 F1、F2 的值在 excel 表格中绘制单元音声学元音图，并据此分析元音的音色以及开鲁县方言和普通话单元音韵母之间的细微差别。

2. 实验结果分析

（1）开鲁县汉语方言单元音分析

根据以上实验方法，提取了开鲁县汉语方言单元音共振峰 F1、F2 的值如表 4-1 所示：

表 4-1　开鲁县汉语方言单元音共振峰 F1、F2 的值

所在词	音素	时长（s）	所在词时长（s）	共振峰 F1（Hz）	共振峰 F2（Hz）
擦	ɑ	0.245	0.38	658	1363
恶	e	0.267	0.267	478	910
二	er	0.303	0.303	798	1258
一	i	0.365	0.365	342	2194
祠	-i [ɿ]	0.316	0.497	422	818
墨	o	0.200	0.250	459	789
屋	u	0.354	0.354	357	697
许	ü	0.262	0.472	368	2458
吃	-i [ʅ]	0.288	0.464	506	1867

根据以上共振峰数据，在 excel 中以 F1 为纵坐标，方向朝下，对应舌位的高低；以 F2 为横坐标，方向朝左，对应舌位的前后，纵、横坐标的交叉点在右上角。开鲁县方言共振峰 F1 的频率范围为 200Hz-1100Hz，F2 的频率范围为 500Hz-3100Hz。据此画出的开鲁县方言单韵母的声学元音图，如图 4-35 所示：

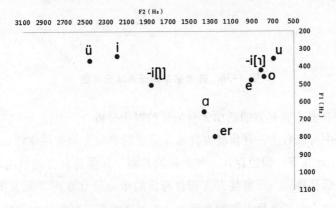

图 4-35　开鲁县方言单韵母声学元音图

（2）普通话单元音分析

根据相同的方法，提取了普通话单元音共振峰F1、F2的值，普通话共振峰F1的频率范围为200Hz-1300Hz，F2的频率范围为700Hz-3200Hz。如表4-2所示：

表4-2 普通话单元音共振峰F1、F2的值

所在词	音素	时长（s）	所在词时长（s）	共振峰F1（Hz）	共振峰F2（Hz）
擦	ɑ	0.301	0.453	1163	1505
恶	e	0.441	0.441	589	1316
二	er	0.415	0.415	1069	1530
一	i	0.39	0.39	337	3017
词	-i [ɿ]	0.44	0.635	557	1629
墨	o	0.202	0.434	698	986
屋	u	0.402	0.402	549	1305
许	ü	0.71	0.943	357	2389
吃	-i [ʅ]	0.303	0.477	487	2134

根据以上共振峰数据，画出普通话的声学元音图，如图4-36所示：

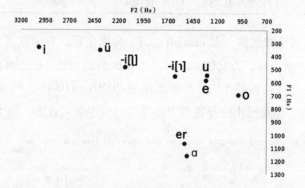

图4-36 普通话单韵母声学元音图

（3）开鲁县方言和普通话单元音韵母的对比分析

从上图中可以看出，开鲁县方言和普通话的单元音韵母总体特点相似，i在前，u在后，ɑ在下，但也存在一些细微的差别。开鲁县方言的单韵母i的舌位比普通话略低且靠后。开鲁县方言和普通话的单韵母ü在声学元音图中的舌位前后基本一致，但开鲁县方言的ü舌位比普通话略低。开鲁县方言的-i〔ʅ〕舌位比普通话低且略靠后。开鲁县方言的单韵母 a、er 的舌位前后基本一致，但都比普通话舌位高。开鲁县方言的单韵母-i［ʅ］的舌位比普通话略高且靠后。开鲁县方言的单韵母 e 的舌位高低基本一致，但比普通话舌位略靠后。开鲁县方言和普通话的单韵母 o 的舌位前后基本一致，但比普通话舌位高。开鲁县方言的单韵母 u 的舌位比普通话高且靠后。

（二）复元音韵母（复韵母）

开鲁县汉语方言的复韵母和普通话的复韵母数量相同，都是 13 个，由 ai［ai］、ei［ei］、ao［au］、ou［ou］、ia［iA］、ie［iɛ］、ua［uA］、uo［uo］、üe［yɛ］、uai［uai］、uei［uei］、iao［iau］、iou［iou］复元音充当。复元音韵母是由单元音组合而成的，声学特性也表现为共振峰，测量共振峰值的方法与浊辅音相同。

1. 前响复元音

开鲁县汉语方言的前响复韵母和普通话的前响复韵母数量相同，都是 4 个，由 ai、ei、ao、ou 复元音充当。

（1）ai

图 4-37 是开鲁县方言和普通话韵母 ai 的发音语图：

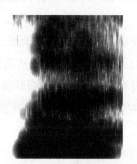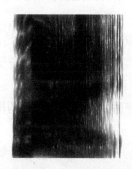

图 4-37　开鲁县方言（左）和普通话（右）"卖"的发音语图

语图上，"卖"这个音节前段是声母 m 的发音，声母之后是韵母 ai 的发音。开鲁县方言和普通话韵母 ai 的共振峰 F1 都呈现出下降的趋势，但开鲁县方言的下降趋势不明显，普通话的下降趋势非常明显；开鲁县方言和普通话韵母 ai 的共振峰 F2 都呈现出上升的趋势，但开鲁县方言的上升趋势不明显，普通话的上升趋势非常明显。

通过测量，开鲁县方言和普通话的复韵母 ai 的 F1、F2 的共振峰值如表 4-3 所示：

表 4-3 韵母 ɑi 的共振峰 F1、F2 的值

	卖（ɑi）			
	ɑ		i	
	F1（Hz）	F2（Hz）	F1（Hz）	F2（Hz）
普通话	913	1261	692	2462
开鲁县方言	807	1145	744	1983

根据开鲁县方言和普通话的共振峰数据所画的 ɑi 韵母的声学元音图，如图 4-38 所示：

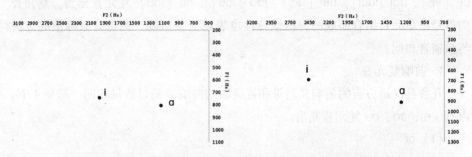

图 4-38 开鲁县方言（左）和普通话（右）韵母 ɑi 的声学元音图

从上图可以看出，开鲁县方言的韵腹 ɑ 与普通话舌位的高低、前后基本一致；开鲁县方言韵尾 i 比普通话舌位低且靠后。开鲁县方言在从韵腹 ɑ 过渡到韵尾 i 的过程中，舌位的高低、前后的变化都没有普通话大，说明开鲁县方言的韵母 ɑi 的开口度比普通话小，韵腹 ɑ 和韵尾 i 的发音区分不够清晰，动程不够完整。

（2）ei

图 4-39 是开鲁县方言和普通话韵母 ei 的发音语图：

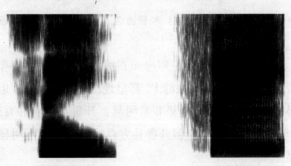

图 4-39 开鲁县方言（左）和普通话（右）"飞"的发音语图

语图上，"飞"这个音节前段是声母 f 的发音，声母之后是韵母 ei 的发音。开鲁县方言和普通话韵母 ei 的共振峰 F1 都呈现出下降的趋势，但开鲁县方言的下降趋势不明显，普通话的下降趋势较明显；开鲁县方言和普通话韵母 ei 的共振峰 F2 都呈现出比较明显的上升趋势。

通过测量，开鲁县方言和普通话的复韵母 ei 的 F1、F2 的共振峰值如 4-4 所示：

表 4-4 韵母 ei 的共振峰 F1、F2 的值

	飞（ei）			
	e		i	
	F1（Hz）	F2（Hz）	F1（Hz）	F2（Hz）
普通话	731	1466	326	2747
开鲁县方言	547	2067	462	3033

根据开鲁县方言和普通话的共振峰数据所画的 ei 韵母声学元音图，如图 4-40 所示：

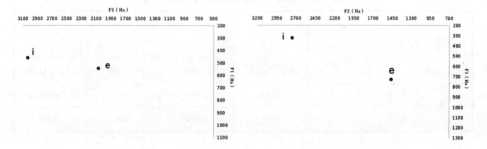

图 4-40 开鲁县方言（左）和普通话（右）韵母 ei 的声学元音图

从上图可以看出，开鲁县方言的韵腹 e 比普通话舌位高且靠前；开鲁县方言的韵尾 i 的舌位比普通话低且靠前。开鲁县方言在从韵腹 e 过渡到韵尾 i 的过程中，舌位的高低和前后的变化都没有普通话大，说明开鲁县方言的开口度没有普通话大，韵腹 e 和韵尾 i 的发音区分不够清晰，动程不够完整。

（3）ɑo

图 4-41 是开鲁县方言和普通话韵母 ɑo 的发音语图：

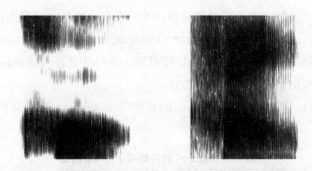

图 4-41 开鲁县方言（左）和普通话（右）"靠"的发音语图

语图上，"靠"这个音节前段是声母 k 的发音，声母之后是韵母 ɑo 的发音。开鲁县方言和普通话韵母 ɑo 的共振峰 F1 和 F2 都呈现出下降的趋势，但开鲁县方言共振峰的下降趋势没有普通话明显。

通过测量，开鲁县方言和普通话的复韵母 ɑo 的 F1、F2 的共振峰值如表 4-5 所示：

表 4-5 韵母 ɑo 的共振峰 F1、F2 的值

	靠（ɑo）			
	ɑ		o（u）	
	F1（Hz）	F2（Hz）	F1（Hz）	F2（Hz）
普通话	1058	1453	930	1155
开鲁县方言	923	1209	749	822

根据开鲁县方言和普通话的共振峰数据所画的 ɑo 韵母声学元音图，如图 4-42 所示：

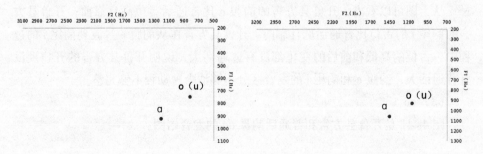

图 4-42 开鲁县方言（左）和普通话（右）韵母 ɑo 的声学元音图

从上图可以看出，开鲁县方言和普通话的韵腹 ɑ 的舌位高低、前后基本一致；开鲁县方言的韵尾 o（u）的舌位比普通话高且靠后。开鲁县方言在从韵腹 ɑ 过渡到韵尾 o（u）的过程中，舌位前后的变化与普通话基本一致，但舌位高低的变化比普通话大，说明开鲁县方言的韵母 ɑo 的开口度比普通话大。

（4）ou

图 4-43 是开鲁县方言和普通话韵母 ou 的发音语图：

图 4-43 开鲁县方言（左）和普通话（右）"凑"的发音语图

语图上，"凑"这个音节前段是声母 c 的发音，声母之后是韵母 ou 的发音。开鲁县方言的韵母 ou 的共振峰 F1 和 F2 没有明显的上升或下降的趋势，而普通话的韵母 ou 的共振峰 F1 和 F2 则都呈现出比较明显的下降趋势。

通过测量，开鲁县方言和普通话的复韵母 ou 的 F1、F2 的共振峰值如表 4-6 所示：

表 4-6 韵母 ou 的共振峰 F1、F2 的值

	凑（ou）			
	o		u	
	F1（Hz）	F2（Hz）	F1（Hz）	F2（Hz）
普通话	1054	1327	526	875
开鲁县方言	632	1074	513	770

根据开鲁县方言和普通话的共振峰数据所画的 ou 韵母声学元音图，如图 4-44 所示：

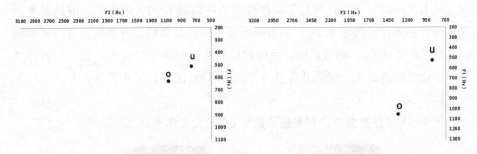

图4-44　开鲁县方言（左）和普通话（右）韵母 ou 的声学元音图

从上图可以看出，开鲁县方言的韵腹 o 比普通话舌位高且略靠后；开鲁县方言的韵尾 u 的舌位比普通话低且靠前。开鲁县方言在从韵腹 o 过渡到韵尾 u 的过程中，舌位的高低、前后的变化都比普通话小，说明开鲁县方言韵母 ou 开口度较小，韵腹 o 和韵尾 u 的发音区分不够清晰，动程不够完整。

2. 后响复元音

开鲁县汉语方言的后响复元音韵母和普通话的后响复元音韵母数量相同，都是 5 个，由 ia、ie、ua、uo、üe 复元音充当。

（1）ia

图4-45 是开鲁县方言和普通话韵母 ia 的发音语图：

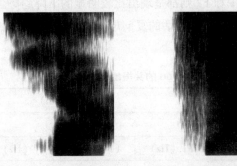

图4-45　开鲁县方言（左）和普通话（右）"夏"的发音语图

语图上，"夏"这个音节前段是声母 x 的发音，声母之后是韵母 ia 的发音。开鲁县方言和普通话的韵母 ia 的共振峰 F1 都表现出上升的趋势，但开鲁县方言没有普通话上升明显。开鲁县方言和普通话的韵母 ia 的共振峰 F2 都表现出下降的趋势，但开鲁县方言没有普通话下降明显。

通过测量，开鲁县方言和普通话的复韵母 ia 的 F1、F2 的共振峰值如表4-7所示：

表 4-7 韵母 iɑ 的共振峰 F1、F2 的值

	夏（iɑ）			
	i		ɑ	
	F1（Hz）	F2（Hz）	F1（Hz）	F2（Hz）
普通话	368	2590	1268	1542
开鲁县方言	589	2372	1039	1594

根据开鲁县方言和普通话的共振峰数据所画的 iɑ 韵母声学元音图，如图 4-46 所示：

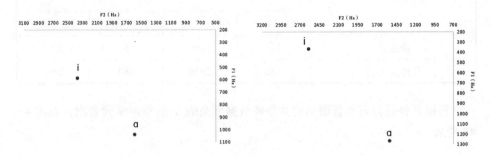

图 4-46 开鲁县方言（左）和普通话（右）韵母 iɑ 的声学元音图

从上图可以看出，开鲁县方言的韵头 i 比普通话舌位低且略靠后；开鲁县方言的韵腹 ɑ 的舌位比普通话高且略靠前。开鲁县方言从韵头 i 过渡到韵腹 ɑ 的过程中，舌位的高低和前后的变化都没有普通话大，说明开鲁县方言的韵头 i 和韵腹 ɑ 的发音区分不够清晰，动程不够完整。

（2）ie

图 4-47 是开鲁县方言和普通话韵母 ie 的发音语图：

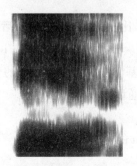

图 4-47 开鲁县方言（左）和普通话（右）"列"的发音语图

语图上，"列"这个音节前段是声母 l 的发音，声母之后是韵母 ie 的发音。开鲁县方言和普通话的韵母 ie 的共振峰 F1 都表现出略有上升的趋势。开鲁县方言和普通话的韵母 iɑ 的共振峰 F2 都表现出下降的趋势，但开鲁县方言比普通话下降趋势更明显一些。

通过测量，开鲁县方言和普通话的复韵母 ie 的 F1、F2 的共振峰值如表 4-8 所示：

表 4-8　韵母 ie 的共振峰 F1、F2 的值

	列（ie）			
	i		e（ê）	
	F1（Hz）	F2（Hz）	F1（Hz）	F2（Hz）
普通话	425	3150	485	2801
开鲁县方言	470	2839	687	2491

根据开鲁县方言和普通话的共振峰数据所画的 ie 韵母声学元音图，如图 4-48 所示：

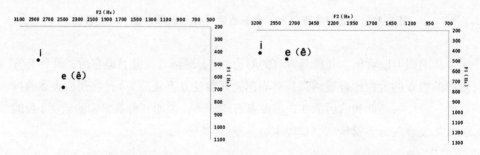

图 4-48　开鲁县方言（左）和普通话（右）韵母 ie 的声学元音图

从上图可以看出，开鲁县方言的韵头 i 比普通话舌位低且靠后；开鲁县方言的韵腹 e（ê）比普通话的舌位低且略靠后。开鲁县方言从韵头 i 过渡到韵腹 e（ê）的过程中，舌位前后的变化与普通话基本一致，舌位高低的变化比普通话大，说明开鲁县方言韵母 ie 的开口度比普通话大。

（3）uɑ

图 4-49 是开鲁县方言和普通话韵母 uɑ 的发音语图：

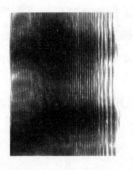

图4-49 开鲁县方言（左）和普通话（右）"化"的发音语图

语图上，"化"这个音节前段是声母 h 的发音，声母之后是韵母 uɑ 的发音。开鲁县方言和普通话的韵母 uɑ 的共振峰 F1 和 F2 都表现出上升的趋势。

通过测量，开鲁县方言和普通话的复韵母 uɑ 的 F1、F2 的共振峰值如表4-9 所示：

表4-9 韵母 uɑ 的共振峰 F1、F2 的值

	化（uɑ）			
	u		ɑ	
	F1（Hz）	F2（Hz）	F1（Hz）	F2（Hz）
普通话	653	1045	1218	1463
开鲁县方言	790	1273	919	1366

根据开鲁县方言和普通话的共振峰数据所画的 uɑ 韵母声学元音图，如图4-50 所示：

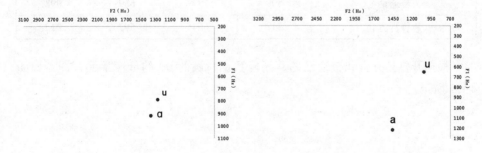

图4-50 开鲁县方言（左）和普通话（右）韵母 uɑ 的声学元音图

从上图可以看出，开鲁县方言的韵头 u 比普通话舌位低且靠前；开鲁县方

言的韵腹 ɑ 的舌位比普通话高，但舌位的前后基本一致。开鲁县方言从韵头 u 过渡到韵腹 ɑ 的过程中，舌位的高低和前后的变化都没有普通话大，说明开鲁县方言的韵头 u 和韵腹 ɑ 的发音区分不够清晰，动程不够完整。

（4）uo

图 4-51 是开鲁县方言和普通话韵母 uo 的发音语图：

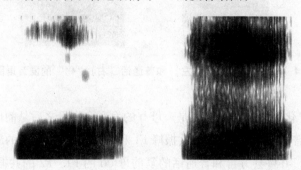

图 4-51　开鲁县方言（左）和普通话（右）"握"的发音语图

语图上，"握"这个音节是韵母 uo 的发音。开鲁县方言和普通话的韵母 uo 的共振峰 F1 和 F2 都表现出上升的趋势。

通过测量，开鲁县方言和普通话的复韵母 uo 的 F1、F2 的共振峰值如表 4-10 所示：

表 4-10　韵母 uo 的共振峰 F1、F2 的值

	握（uo）			
	u		o	
	F1（Hz）	F2（Hz）	F1（Hz）	F2（Hz）
普通话	509	797	689	998
开鲁县方言	347	604	597	913

根据开鲁县方言和普通话的共振峰数据所画的 uo 韵母声学元音图，如图 4-52 所示：

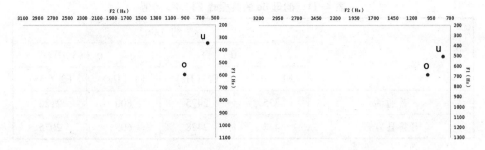

图 4-52　开鲁县方言（左）和普通话（右）韵母 uo 的声学元音图

从上图可以看出，开鲁县方言的韵头 u 比普通话舌位高，舌位的前后基本一致；开鲁县方言的韵腹 o 的舌位比普通话略靠前，但舌位的高低基本一致。开鲁县方言从韵头 u 过渡到韵腹 o 的过程中，舌位高低的变化比普通话大，但舌位前后的变化基本一致，说明开鲁县方言的韵母 uo 的开口度比普通话大。

（5）üe

图 4-53 是开鲁县方言和普通话韵母 üe 的发音语图：

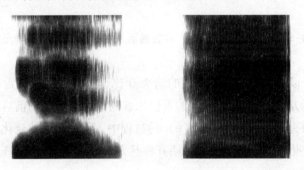

图 4-53　开鲁县方言（左）和普通话（右）"约"的发音语图

语图上，"约"这个音节是韵母 üe 的发音。开鲁县方言和普通话的韵母 üe 的共振峰 F1 都表现出略有上升的趋势；开鲁县方言和普通话的韵母 üe 的共振峰 F2 都表现出下降的趋势，但普通话的下降趋势更明显一些。

通过测量，开鲁县方言和普通话的复韵母 üe 的 F1、F2 的共振峰值如表 4-11 所示：

表 4-11　韵母 üe 的共振峰 F1、F2 的值

	约（üe）			
	ü		e（ê）	
	F1（Hz）	F2（Hz）	F1（Hz）	F2（Hz）
普通话	335	2475	800	2126
开鲁县方言	472	2428	605	2076

根据开鲁县方言和普通话的共振峰数据所画的 üe 韵母声学元音图，如图 4-54 所示：

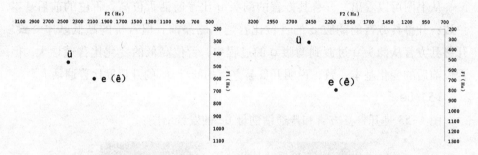

图 4-54　开鲁县方言（左）和普通话（右）韵母 üe 的声学元音图

从上图可以看出，开鲁县方言的韵头 ü 比普通话舌位低，舌位的前后基本一致；开鲁县方言的韵腹 e（ê）的舌位比普通话高，舌位的前后基本一致。开鲁县方言从韵头 ü 过渡到韵腹 e（ê）的过程中，舌位前后的变化基本一致，但舌位高低的变化没有普通话大，说明开鲁县方言的韵母 üe 的发音开口度比普通话小。

3. 中响复元音

开鲁县汉语方言的中响复元音韵母和普通话的中响复元音韵母数量相同，都是 4 个，由 iɑo、iou、uɑi、uei 复元音充当。

（1）iɑo

图 4-55 是开鲁县方言和普通话韵母 iɑo 的发音语图：

图4-55 开鲁县方言（左）和普通话（右）"交"的发音语图

语图上，"交"这个音节前段是声母 j 的发音，声母之后是韵母 iao 的发音。开鲁县方言和普通话的韵母 iao 的共振峰 F1 都表现出先上升后下降的趋势，但普通话的趋势更明显；开鲁县方言的韵母 iao 的共振峰 F2 表现出略有下降的趋势，而普通话的下降趋势则非常明显。

通过测量，开鲁县方言和普通话的复韵母 iao 的 F1、F2 的共振峰值如表4-12 所示：

表4-12 韵母 iao 的共振峰 F1、F2 的值

	交（iao）					
	i		a		o（u）	
	F1（Hz）	F2（Hz）	F1（Hz）	F2（Hz）	F1（Hz）	F2（Hz）
普通话	333	2979	1205	1342	822	1180
开鲁县方言	455	2974	819	1107	741	1080

根据开鲁县方言和普通话的共振峰数据所画的 iao 韵母声学元音图，如图4-56 所示：

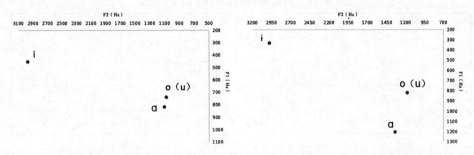

图4-56 开鲁县方言（左）和普通话（右）韵母 iao 的声学元音图

从上图可以看出，开鲁县方言的韵头 i 比普通话舌位低且略靠前；开鲁县方言的韵腹 ɑ 的舌位比普通话高，舌位的前后基本一致；开鲁县方言的韵尾 o（u）的舌位比普通话略靠前，舌位的高低基本一致。开鲁县方言从韵头 i 过渡到韵腹 ɑ 的过程中，舌位前后的变化与普通话基本一致，但舌位高低的变化没有普通话大；开鲁县方言从韵腹 ɑ 过渡到韵尾 o（u）的过程中，舌位高低和前后的变化都没有普通话大。说明开鲁县方言的 iɑo 韵母的开口度比普通话小，韵腹 ɑ 和韵尾 o（u）的发音区分不够清晰，动程不够完整。

（2）iou

图 4-57 是开鲁县方言和普通话韵母 iou 的发音语图：

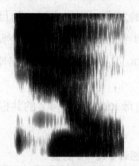

图 4-57　开鲁县方言（左）和普通话（右）"酒"的发音语图

语图上，"酒"这个音节前段是声母 j 的发音，声母之后是韵母 iou 的发音。开鲁县方言和普通话的韵母 iou 的 F1 都表现出先上升再略有下降的趋势；F2 则都表现出明显的下降趋势。

通过测量，开鲁县方言和普通话的复韵母 iou 的 F1、F2 的共振峰值如表 4-13 所示：

表 4-13　韵母 iou 的共振峰 F1、F2 的值

	酒（iou）					
	i		o		u	
	F1（Hz）	F2（Hz）	F1（Hz）	F2（Hz）	F1（Hz）	F2（Hz）
普通话	291	2948	560	874	495	819
开鲁县方言	341	2657	500	1244	466	960

根据开鲁县方言和普通话的共振峰数据所画的 iou 韵母声学元音图，如图 4-58 所示：

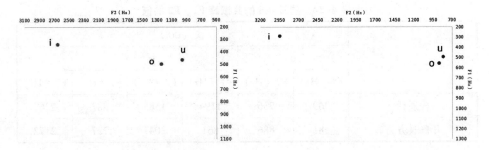

图 4-58　开鲁县方言（左）和普通话（右）韵母 iou 的声学元音图

从上图可以看出，开鲁县方言的韵头 i 比普通话舌位低且靠后；开鲁县方言的韵腹 o 的舌位比普通话靠前，舌位的高低基本一致；开鲁县方言的韵尾 u 的舌位比普通话靠前，舌位的高低基本一致。开鲁县方言从韵头 i 过渡到韵腹 o 的过程中，舌位高低、前后的变化都没有普通话大；开鲁县方言从韵腹 o 过渡到韵尾 u 的过程中，舌位前后的变化比普通话大，但舌位高低的变化基本一致，说明开鲁县方言的 iou 韵母的开口度没有普通话大，韵头 i 和韵腹 o 的发音区分不够清晰，动程不够完整。

（3）uai

图 4-59 是开鲁县方言和普通话韵母 uai 的发音语图：

图 4-59　开鲁县方言（左）和普通话（右）"快"的发音语图

语图上，"快"这个音节前段是声母 k 的发音，声母之后是韵母 uai 的发音。开鲁县方言和普通话的韵母 uai 的 F1 都表现出先上升再下降的趋势；F2 则都表现出明显的上升趋势。

通过测量，开鲁县方言和普通话的复韵母 uai 的 F1、F2 的共振峰值如表 4-14 所示：

表 4-14 韵母 uɑi 的共振峰 F1、F2 的值

	快（uɑi）					
	u		ɑ		i	
	F1（Hz）	F2（Hz）	F1（Hz）	F2（Hz）	F1（Hz）	F2（Hz）
普通话	269	736	1194	1583	887	2367
开鲁县方言	581	886	861	2047	727	2172

根据开鲁县方言和普通话的共振峰数据所画的 uɑi 韵母声学元音图，如图 4-60 所示：

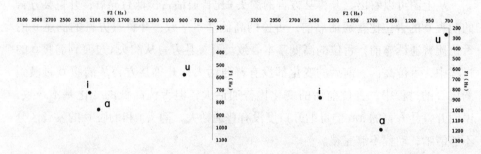

图 4-60 开鲁县方言（左）和普通话（右）韵母 uɑi 的声学元音图

从上图可以看出，开鲁县方言的韵头 u 的舌位比普通话低且靠前；开鲁县方言的韵腹 ɑ 的舌位比普通话高且靠前；开鲁县方言与普通话的韵尾 i 的舌位高低、前后基本一致。开鲁县方言从韵头 u 过渡到韵腹 ɑ 的过程中，舌位高低的变化没有普通话大，舌位前后的变化比普通话大；开鲁县方言从韵腹 ɑ 过渡到韵尾 i 的过程中，舌位前后和高低的变化都没有普通话大。说明开鲁县方言的韵母 uɑi 的开口度比普通话小，韵腹 ɑ 和韵尾 i 的发音区分不够清晰，动程不够完整。

（4）uei

图 4-61 是开鲁县方言和普通话韵母 uei 的发音语图：

图 4-61 开鲁县方言（左）和普通话（右）"围"的发音语图

语图上，"围"这个音节是韵母 uei 的发音。开鲁县方言和普通话的韵母 uei 共振峰 F1 都表现出先略有上升后又略有下降的趋势；开鲁县方言和普通话的韵母 uei 共振峰 F2 都表现出上升的趋势，但开鲁县方言的上升趋势没有普通话明显。

通过测量，开鲁县方言和普通话的复韵母 uei 的 F1、F2 的共振峰值如表 4-15 所示：

表 4-15 韵母 uei 的共振峰 F1、F2 的值

	围（uei）					
	u		e		i	
	F1（Hz）	F2（Hz）	F1（Hz）	F2（Hz）	F1（Hz）	F2（Hz）
普通话	522	749	591	1697	312	3080
开鲁县方言	435	781	460	2699	457	2992

根据开鲁县方言和普通话的共振峰数据所画的 uei 韵母声学元音图，如图 4-62 所示：

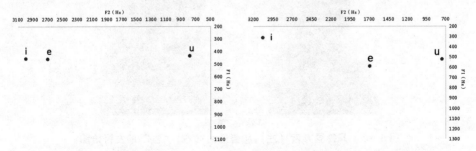

图 4-62 开鲁县方言（左）和普通话（右）韵母 uei 的声学元音图

从上图可以看出，开鲁县方言的韵头 u 比普通话舌位靠前，舌位的高低基本一致；开鲁县方言的韵腹 e 的舌位比普通话靠前且略高；开鲁县方言的韵尾 i 的舌位比普通话低，舌位前后基本一致。开鲁县方言从韵头 u 过渡到韵腹 e 的过程中，舌位前后的变化比普通话大，舌位高低的变化没有普通话大；开鲁县方言从韵腹 e 过渡到韵尾 i 的过程中，舌位前后和高低的变化都没有普通话大。说明开鲁县方言的韵母 uei 的开口度比普通话小，韵腹 e 和韵尾 i 的发音区分不够清晰，动程不够完整。

（三）带鼻音韵母（鼻韵母）

开鲁县汉语方言的鼻韵母和普通话的鼻韵母数量相同，都是 16 个，由 an [an]、en [ən]、ian [iɛn]、in [in]、uan [uan]、uen [uən]、üan [yan]、ün [yn]、ang [ɑŋ]、eng [əŋ]、iang [iaŋ]、ing [iŋ]、uang [uaŋ]、ueng [uəŋ]、ong [uŋ]、iong [yŋ] 元音加辅音充当。开鲁县汉语方言和普通话的鼻韵尾有两个，分别是 n [n] 和 ng [ŋ]，n [n] 和 ng [ŋ] 在语图上和元音相似，都体现为共振峰，但一般共振峰较弱，显示的横杠比元音要淡一些。虽然 n [n] 和 ng [ŋ] 在语图上也体现为共振峰，但它们都是浊辅音，和元音的发音机制不同，因此我们在分析鼻韵母的时候，在声学元音图中只分析鼻韵母中的元音，而不分析鼻韵尾。

1. 前鼻音韵母

开鲁县汉语方言的前鼻音韵母和普通话的前鼻音韵母数量相同，都是 8 个，由 an、en、ian、in、uan、uen、üan、ün 元音加辅音充当。

（1）an

图 4-63 是开鲁县方言和普通话韵母 an 的发音语图：

图 4-63 开鲁县方言（左）和普通话（右）"慢"的发音语图

语图上，"慢"这个音节前段是声母 m 的发音，声母之后是韵母 an 的发音。开鲁县方言和普通话的韵腹 a 的能量较强，韵尾 n 能量较弱；开鲁县方言和普通话的 F1 都表现出下降的趋势，但开鲁县方言没有普通话明显，开鲁县方言和普通话的 F2 都表现出上升的趋势，但开鲁县方言没有普通话明显。

通过测量，开鲁县方言和普通话的鼻韵母 an 的 F1、F2 的共振峰值如表 4-16 所示：

表 4-16　韵母 an 的共振峰 F1、F2 的值

	慢（an）			
	a		n	
	F1（Hz）	F2（Hz）	F1（Hz）	F2（Hz）
普通话	1148	1480	270	2033
开鲁县方言	944	1808	773	1907

由上表可以看出，开鲁县方言鼻韵母 an 的鼻韵尾 n 的 F1 值比普通话高，F2 值比普通话低。而根据开鲁县方言和普通话的鼻韵母 an 的韵腹 a 的共振峰数据所画的声学元音图，如图 4-64 所示：

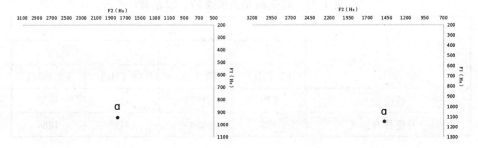

图 4-64　开鲁县方言（左）和普通话（右）韵母 an 的声学元音图

从上图可以看出，开鲁县方言的鼻韵母 an 的韵腹 a 的舌位比普通话靠前，舌位的高低基本一致。

（2）en

图 4-65 是开鲁县方言和普通话韵母 en 的发音语图：

图 4-65 开鲁县方言（左）和普通话（右）"恩"的发音语图

语图上，"恩"这个音节是韵母 en 的发音。开鲁县方言和普通话的韵腹 e 的能量都较强，开鲁县方言的韵尾 n 能量比普通话弱；开鲁县方言和普通话的 F1 都表现出下降的趋势，但开鲁县方言没有普通话明显，开鲁县方言的 F2 表现出略有上升的趋势，普通话的 F2 则呈现出下降的趋势。

通过测量，开鲁县方言和普通话的鼻韵母 en 的 F1、F2 的共振峰值如表 4-17 所示：

表 4-17　韵母 en 的共振峰 F1、F2 的值

	恩（en）			
	e		n	
	F1（Hz）	F2（Hz）	F1（Hz）	F2（Hz）
普通话	670	1874	414	1630
开鲁县方言	475	1844	419	1888

由上表可以看出，开鲁县方言鼻韵母 en 的鼻韵尾 n 的 F1 和 F2 的值都比普通话高。而根据开鲁县方言和普通话的鼻韵母 en 的韵腹 e 的共振峰数据所画的声学元音图，如图 4-66 所示：

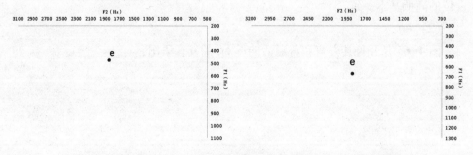

图 4-66　开鲁县方言（左）和普通话（右）韵母 en 的声学元音图

从上图可以看出，开鲁县方言的鼻韵母 en 的韵腹 e 的舌位比普通话高，舌位的前后基本一致。

（3）ian

图 4-67 是开鲁县方言和普通话韵母 ian 的发音语图：

图 4-67　开鲁县方言（左）和普通话（右）"建"的发音语图

语图上，"建"这个音节前段是声母 j 的发音，声母之后是韵母 ian 的发音。开鲁县方言和普通话的韵头 i 和韵腹 a 的能量较强，韵尾 n 能量较弱，但普通话的韵尾 n 的能量比开鲁县方言强；开鲁县方言的 F1 表现出先上升再下降的趋势，普通话的 F1 则表现出上升的趋势；开鲁县方言和普通话的 F2 则都表现出明显的下降趋势。

通过测量，开鲁县方言和普通话的鼻韵母 ian 的 F1、F2 的共振峰值如表 4-18 所示：

表 4-18　韵母 ian 的共振峰 F1、F2 的值

	建（ian）					
	i		a		n	
	F1（Hz）	F2（Hz）	F1（Hz）	F2（Hz）	F1（Hz）	F2（Hz）
普通话	347	2905	750	2479	755	2255
开鲁县方言	544	2743	746	2194	704	1981

由上表可以看出，开鲁县方言鼻韵母 ian 的鼻韵尾 n 的 F1 和 F2 的值比普通话低，而根据开鲁县方言和普通话的鼻韵母 ian 的韵头 i 和韵腹 a 的共振峰数据所画的声学元音图，如图 4-68 所示：

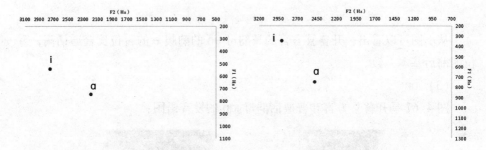

图4-68 开鲁县方言（左）和普通话（右）韵母 ian 的声学元音图

从上图可以看出，开鲁县方言的鼻韵母 ian 的韵头 i 的舌位比普通话低，舌位的前后基本一致；韵腹 a 的舌位比普通话低且略靠后。

（4）in

图4-69是开鲁县方言和普通话韵母 in 的发音语图：

图4-69 开鲁县方言（左）和普通话（右）"近"的发音语图

语图上，"近"这个音节前段是声母 j 的发音，声母之后是韵母 in 的发音。开鲁县方言和普通话的韵腹 i 的能量较强，韵尾 n 能量较弱，但普通话的能量比开鲁县方言略强；开鲁县方言和普通话的 F1 和 F2 都表现出下降的趋势。

通过测量，开鲁县方言和普通话的鼻韵母 in 的 F1、F2 的共振峰值如表4-19 所示：

表4-19 韵母 in 的共振峰 F1、F2 的值

	近（in）			
	i		n	
	F1（Hz）	F2（Hz）	F1（Hz）	F2（Hz）
普通话	345	2842	303	2302
开鲁县方言	556	2971	468	1531

由上表可以看出，开鲁县方言鼻韵母 in 的鼻韵尾 n 的 F1 值比普通话高，F2 值比普通话低。而根据开鲁县方言和普通话的鼻韵母 in 的韵腹 i 的共振峰数据所画的声学元音图，如图 4-70 所示：

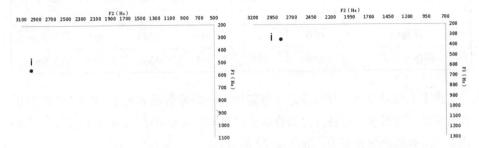

图 4-70　开鲁县方言（左）和普通话（右）韵母 in 的声学元音图

从上图可以看出，开鲁县方言的鼻韵母 in 的韵腹 i 的舌位比普通话低且靠前。

（5）uan

图 4-71 是开鲁县方言和普通话韵母 uan 的发音语图：

 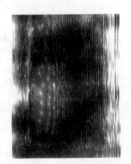

图 4-71　开鲁县方言（左）和普通话（右）"乱"的发音语图

语图上，"乱"这个音节前段是声母 l 的发音，声母之后是韵母 uan 的发音。开鲁县方言和普通话的韵头 u 和韵腹 ɑ 的能量都较强，韵尾 n 能量较弱，但普通话的能量略强；开鲁县方言的 F1 和 F2 都表现出先上升后下降的趋势，普通话的 F1 和 F2 则都表现出上升的趋势。

通过测量，开鲁县方言和普通话的鼻韵母 uan 的 F1、F2 的共振峰值如表 4-20 所示：

表 4-20 韵母 uan 的共振峰 F1、F2 的值

	乱（uan）					
	u		a		n	
	F1（Hz）	F2（Hz）	F1（Hz）	F2（Hz）	F1（Hz）	F2（Hz）
普通话	686	751	988	1343	1017	1930
开鲁县方言	559	795	975	1666	311	983

由上表可以看出，开鲁县方言鼻韵母 uan 的鼻韵尾 n 的 F1 和 F2 的值都比普通话低，而根据开鲁县方言和普通话的鼻韵母 uan 的韵头 u 和韵腹 a 的共振峰数据所画的声学元音图，如图 4-72 所示：

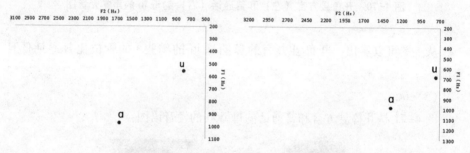

图 4-72 开鲁县方言（左）和普通话（右）韵母 uan 的声学元音图

从上图可以看出，开鲁县方言的鼻韵母 uan 的韵头 u 的舌位比普通话靠前，舌位的高低基本一致。韵腹 a 的舌位比普通话低且靠前。

（6）uen

图 4-73 是开鲁县方言和普通话韵母 uen 的发音语图：

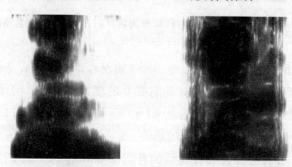

图 4-73 开鲁县方言（左）和普通话（右）"温"的发音语图

语图上，"温"这个音节是韵母 uen 的发音。开鲁县方言和普通话的韵头 u

和韵腹 e 的能量较强，韵尾 n 的能量较弱，但普通话韵尾的能量比开鲁县方言强；开鲁县方言和普通话的 F1 和 F2 都表现出先上升再下降的趋势。

通过测量，开鲁县方言和普通话的鼻韵母 uen 的 F1、F2 的共振峰值如表 4-21 所示：

表 4-21　韵母 uen 的共振峰 F1、F2 的值

	温（uen）					
	u		e		n	
	F1（Hz）	F2（Hz）	F1（Hz）	F2（Hz）	F1（Hz）	F2（Hz）
普通话	481	861	678	1639	366	1543
开鲁县方言	541	1305	666	1755	282	590

由上表可以看出，开鲁县方言鼻韵母 uen 的鼻韵尾 n 的 F1 和 F2 的值都比普通话低。而根据开鲁县方言和普通话的鼻韵母 uen 的韵头 u 和韵腹 e 的共振峰数据所画的声学元音图，如图 4-74 所示：

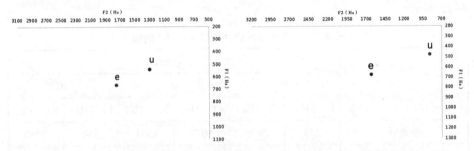

图 4-74　开鲁县方言（左）和普通话（右）韵母 uen 的声学元音图

从上图可以看出，开鲁县方言的鼻韵母 uen 的韵头 u 比普通话舌位低且靠前；韵腹 e 的舌位比普通话低且略靠前。

（7）üan

图 4-75 是开鲁县方言和普通话韵母 üan 的发音语图：

图 4-75　开鲁县方言（左）和普通话（右）"远"的发音语图

语图上，"远"这个音节是韵母 üan 的发音。开鲁县方言的韵头 ü 和韵腹 a 的能量较强，韵尾 n 能量较弱，普通话的整个韵母段能量都比较强；开鲁县方言的 F1 表现出上升的趋势，普通话的 F1 则表现出先上升后下降的趋势；开鲁县方言的 F2 表现出略有下降的趋势，普通话的 F2 表现出明显的先下降后上升的趋势。

通过测量，开鲁县方言和普通话的鼻韵母 üan 的 F1、F2 的共振峰值如表 4-22 所示：

表 4-22　韵母 üan 的共振峰 F1、F2 的值

	远（üan）					
	ü		a		n	
	F1（Hz）	F2（Hz）	F1（Hz）	F2（Hz）	F1（Hz）	F2（Hz）
普通话	253	2876	1077	1651	350	2080
开鲁县方言	358	2547	849	1853	873	1658

由上表可以看出，开鲁县方言鼻韵母 üan 的鼻韵尾 n 的 F1 值比普通话高，F2 值比普通话低。而根据开鲁县方言和普通话的鼻韵母 üan 的韵头 ü 和韵腹 a 的共振峰数据所画的声学元音图，如图 4-76 所示：

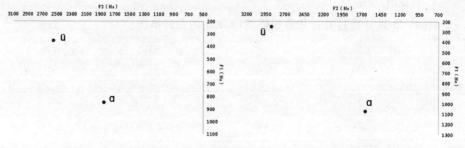

图 4-76　开鲁县方言（左）和普通话（右）韵母 üan 的声学元音图

从上图可以看出，开鲁县方言的鼻韵母 üan 的韵头 ü 的舌位比普通话低且靠后，韵腹 a 的舌位比普通话高且靠前。

（8）ün

图 4-77 是开鲁县方言和普通话韵母 ün 的发音语图：

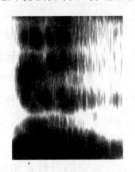

图 4-77　开鲁县方言（左）和普通话（右）"运"的发音语图

语图上，"运"这个音节是韵母 ün 的发音。开鲁县方言和普通话的韵腹 ü 的能量较强，韵尾 n 能量较弱，但普通话韵尾的能量比开鲁县方言略强；开鲁县方言和普通话的 F1 和 F2 都表现出略有下降的趋势。

通过测量，开鲁县方言和普通话的鼻韵母 ün 的 F1、F2 的共振峰值如表 4-23 所示：

表 4-23　韵母 ün 的共振峰 F1、F2 的值

	运（yun）			
	ü		n	
	F1（Hz）	F2（Hz）	F1（Hz）	F2（Hz）
普通话	363	2451	351	2202
开鲁县方言	471	2366	346	2139

由上表可以看出，开鲁县方言鼻韵母 ün 的鼻韵尾 n 的 F1 和 F2 的值都比普通话低，而根据开鲁县方言和普通话的鼻韵母 ün 的韵腹 ü 的共振峰数据所画的声学元音图，如图 4-78 所示：

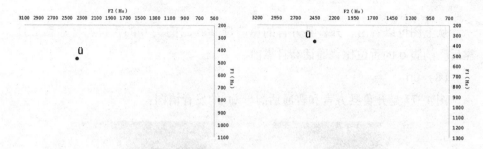

图 4-78　开鲁县方言（左）和普通话（右）韵母 ün 的声学元音图

从上图可以看出，开鲁县方言的鼻韵母 ün 的韵腹 ü 的舌位比普通话低，舌位的前后基本一致。

2. 后鼻音韵母

开鲁县汉语方言的后鼻音韵母和普通话的后鼻音韵母数量相同，都是 8 个，由 ang、eng、iang、ing、uang、ueng、ong、iong 元音加辅音充当。

（1）ang

图 4-79 是开鲁县方言和普通话韵母 ang 的发音语图：

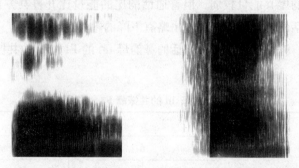

图 4-79　开鲁县方言（左）和普通话（右）"放"的发音语图

语图上，"放"这个音节前段是声母 f 的发音，声母之后是韵母 ang 的发音。开鲁县方言整个韵母段的能量都较弱，鼻韵尾 ng 的能量更弱，普通话的韵腹 a 的能量较强，韵尾 ng 能量较弱；开鲁县方言和普通话的 F1 和 F2 表现出略下降的趋势。

通过测量，开鲁县方言和普通话的鼻韵母 ang 的 F1、F2 的共振峰值如表 4-24 所示：

表 4-24 韵母 ang 的共振峰 F1、F2 的值

	放（ang）			
	a		ng	
	F1（Hz）	F2（Hz）	F1（Hz）	F2（Hz）
普通话	1239	1553	357	1284
开鲁县方言	809	1261	362	954

由上表可以看出，开鲁县方言鼻韵母 ang 的鼻韵尾 ng 的 F1 值比普通话高，F2 值比普通话低。而根据开鲁县方言和普通话的鼻韵母 ang 的韵腹 a 的共振峰数据所画的声学元音图，如图 4-80 所示：

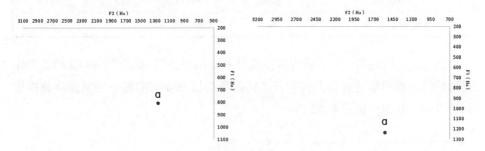

图 4-80 开鲁县方言（左）和普通话（右）韵母 ang 的声学元音图

从上图可以看出，开鲁县方言的鼻韵母 ang 的韵腹 a 的舌位比普通话高且靠后。

（2）eng

图 4-81 是开鲁县方言和普通话韵母 eng 的发音语图：

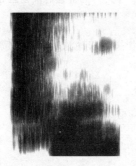

图 4-81 开鲁县方言（左）和普通话（右）"城"的发音语图

语图上，"城"这个音节前段是声母 ch 的发音，声母之后是韵母 eng 的发

音。开鲁县方言整个韵母段的能量都较弱，普通话的整个韵母段能量都较强；开鲁县方言和普通话的 F1 和 F2 都表现出下降的趋势，但开鲁县方言没有普通话明显。

通过测量，开鲁县方言和普通话的鼻韵母 eng 的 F1、F2 的共振峰值如表 4-25 所示：

表 4-25　韵母 eng 的共振峰 F1、F2 的值

	城（eng）			
	e		ng	
	F1（Hz）	F2（Hz）	F1（Hz）	F2（Hz）
普通话	1052	1398	413	1113
开鲁县方言	448	991	263	700

由上表可以看出，开鲁县方言鼻韵母 eng 的鼻韵尾 ng 的 F1 和 F2 的值都比普通话低。而根据开鲁县方言和普通话的鼻韵母 eng 的韵腹 e 的共振峰数据所画的声学元音图，如图 4-82 所示：

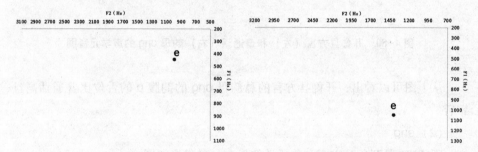

图 4-82　开鲁县方言（左）和普通话（右）韵母 eng 的声学元音图

从上图可以看出，开鲁县方言的鼻韵母 eng 的韵腹 e 的舌位比普通话高且靠后。

（3）iang

图 4-83 是开鲁县方言和普通话韵母 iang 的发音语图：

图 4-83 开鲁县方言（左）和普通话（右）"江"的发音语图

语图上，"江"这个音节前段是声母 j 的发音，声母之后是韵母 iang 的发音。开鲁县方言和普通话的韵头 i 和韵腹 a 的能量较强，韵尾 ng 能量较弱，但普通话的韵尾能量比开鲁县方言略强；开鲁县方言和普通话的 F1 都表现出先上升后下降的趋势，但开鲁县方言没有普通话明显，开鲁县方言和普通话的 F2 都表现出下降的趋势。

通过测量，开鲁县方言和普通话的鼻韵母 iang 的 F1、F2 的共振峰值如表 4-26 所示：

表 4-26 韵母 iang 的共振峰 F1、F2 的值

	江（iang）					
	i		a		ng	
	F1（Hz）	F2（Hz）	F1（Hz）	F2（Hz）	F1（Hz）	F2（Hz）
普通话	335	2850	1152	1578	584	1100
开鲁县方言	376	2669	798	1538	380	1028

由上表可以看出，开鲁县方言鼻韵母 iang 的鼻韵尾 ng 的 F1 和 F2 的值都比普通话低。而根据开鲁县方言和普通话的鼻韵母 iang 的韵头 i 和韵腹 a 的共振峰数据所画的声学元音图，如图 4-84 所示：

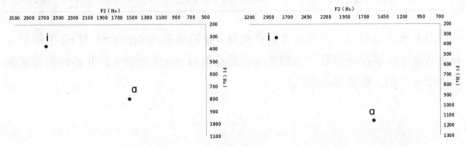

图 4-84 开鲁县方言（左）和普通话（右）韵母 iang 的声学元音图

从上图可以看出，开鲁县方言的鼻韵母 iang 的韵头 i 的舌位比普通话低，舌位的前后基本一致，韵腹 ɑ 的舌位比普通话高，舌位的前后基本一致。

（4）ing

图 4-85 是开鲁县方言和普通话韵母 ing 的发音语图：

图 4-85　开鲁县方言（左）和普通话（右）"静"的发音语图

语图上，"静"这个音节前段是声母 j 的发音，声母之后是韵母 ing 的发音。开鲁县方言和普通话的韵腹 i 的能量较强，韵尾 ng 能量较弱，但普通话韵尾的能量比开鲁县方言强；开鲁县方言和普通话的 F1 和 F2 都表现出下降的趋势。

通过测量，开鲁县方言和普通话的鼻韵母 ing 的 F1、F2 的共振峰值如表 4-27 所示：

表 4-27　韵母 ing 的共振峰 F1、F2 的值

	静（ing）			
	i		ng	
	F1（Hz）	F2（Hz）	F1（Hz）	F2（Hz）
普通话	358	2947	308	1359
开鲁县方言	516	2922	357	1470

由上表可以看出，开鲁县方言鼻韵母 ing 的鼻韵尾 ng 的 F1 和 F2 的值都比普通话高。而根据开鲁县方言和普通话的鼻韵母 ing 的韵腹 i 的共振峰数据所画的声学元音图，如图 4-86 所示：

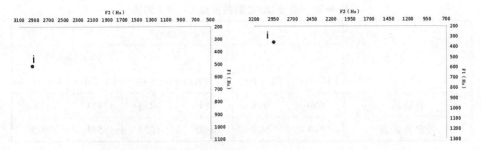

图4-86 开鲁县方言（左）和普通话（右）韵母 ing 的声学元音图

从上图可以看出，开鲁县方言的鼻韵母 ing 的韵腹 i 的舌位比普通话低且略靠前。

（5）uang

图 4-87 是开鲁县方言和普通话韵母 uang 的发音语图：

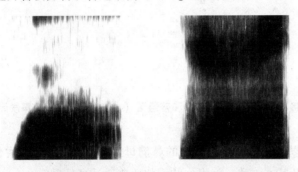

图4-87 开鲁县方言（左）和普通话（右）"网"的发音语图

语图上，"网"这个音节是韵母 uang 的发音。开鲁县方言整个韵母段的能量较弱，主要集中在低频段，普通话整个韵母段的能量都较强；开鲁县方言和普通话的 F1 和 F2 都表现出先上升再下降的趋势。

通过测量，开鲁县方言和普通话的鼻韵母 uang 的 F1、F2 的共振峰值如表 4-28 所示：

表 4-28　韵母 uang 的共振峰 F1、F2 的值

	网（uang）					
	u		ɑ		ng	
	F1（Hz）	F2（Hz）	F1（Hz）	F2（Hz）	F1（Hz）	F2（Hz）
普通话	650	918	1143	1423	417	1381
开鲁县方言	514	809	660	1023	571	975

由上表可以看出，开鲁县方言鼻韵母 uang 的鼻韵尾 ng 的 F1 值比普通话高，F2 值比普通话低。而根据开鲁县方言和普通话的鼻韵母 uang 的韵头 u 和韵腹 ɑ 的共振峰数据所画的声学元音图，如图 4-88 所示：

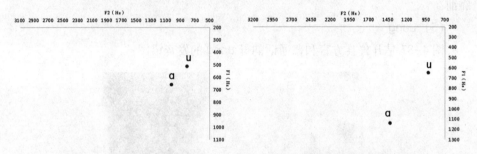

图 4-88　开鲁县方言（左）和普通话（右）韵母 uang 的声学元音图

从上图可以看出，开鲁县方言的鼻韵母 uang 的韵头 u 的舌位比普通话靠前，舌位的高低基本一致；韵腹 ɑ 的舌位比普通话高且靠后。

（6）ueng

图 4-89 是开鲁县方言和普通话韵母 ueng 的发音语图：

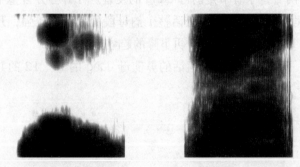

图 4-89　开鲁县方言（左）和普通话（右）"翁"的发音语图

语图上，"翁"这个音节是韵母 ueng 的发音。开鲁县方言整个韵母段的能

量较弱，能量主要集中在低频段，普通话整个韵母段的能量较强；开鲁县方言
和普通话的 F1 都表现出先上升后下降的趋势，开鲁县方言的 F2 表现出先上升
后下降的趋势，普通话的 F2 则表现出上升的趋势。

通过测量，开鲁县方言和普通话的鼻韵母 ueng 的 F1、F2 的共振峰值如表
4-29 所示：

表 4-29　韵母 ueng 的共振峰 F1、F2 的值

	翁（ueng）					
	u		e		ng	
	F1（Hz）	F2（Hz）	F1（Hz）	F2（Hz）	F1（Hz）	F2（Hz）
普通话	444	769	822	1189	444	1389
开鲁县方言	380	775	659	1025	366	735

由上表可以看出，开鲁县方言鼻韵母 ueng 的鼻韵尾 ng 的 F1 和 F2 的值都
比普通话低。而根据开鲁县方言和普通话的鼻韵母 ueng 的韵头 u 和韵腹 e 的共
振峰数据所画的声学元音图，如图 4-90 所示：

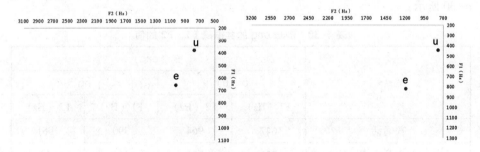

图 4-90　开鲁县方言（左）和普通话（右）韵母 ueng 的声学元音图

从上图可以看出，开鲁县方言的鼻韵母 ueng 的韵头 u 的舌位比普通话靠
前，舌位的高低基本一致；韵腹 e 的舌位比普通话略高，舌位的前后基本一致。

（7）ong

图 4-91 是开鲁县方言和普通话韵母 ong 的发音语图：

图 4-91　开鲁县方言（左）和普通话（右）"充"的发音语图

语图上，"充"这个音节前段是声母 ch 的发音，声母之后是韵母 ong 的发音。开鲁县方言的韵腹 o 的能量较强，韵尾 ng 的能量较弱，普通话的整个韵母段能量都比较强；开鲁县方言和普通话的 F1 都表现出下降的趋势，但开鲁县方言没有普通话明显，开鲁县方言的 F2 表现出略有下降的趋势，普通话的 F2 则表现出略有上升的趋势。

通过测量，开鲁县方言和普通话的鼻韵母 ong 的 F1、F2 的共振峰值如表4-30 所示：

表 4-30　韵母 ong 的共振峰 F1、F2 的值

	充（ong）			
	o（u）		ng	
	F1（Hz）	F2（Hz）	F1（Hz）	F2（Hz）
普通话	647	964	390	1061
开鲁县方言	326	732	263	554

由上表可以看出，开鲁县方言鼻韵母 ong 的鼻韵尾 ng 的 F1 和 F2 值都比普通话低。而根据开鲁县方言和普通话的鼻韵母 ong 的韵腹 o 的共振峰数据所画的声学元音图，如图 4-92 所示：

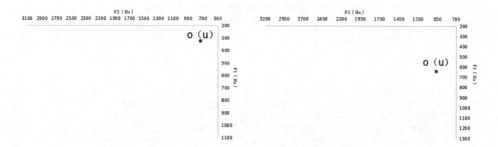

图4-92 开鲁县方言（左）和普通话（右）韵母 ong 的声学元音图

从上图可以看出，开鲁县方言的鼻韵母 ong 的韵腹 o（u）的舌位比普通话高，舌位的前后基本一致。

（8）iong

图4-93是开鲁县方言和普通话韵母 iong 的发音语图：

图4-93 开鲁县方言（左）和普通话（右）"拥"的发音语图

语图上，"拥"这个音节是韵母 iong 的发音。开鲁县方言的韵腹 io（ü）的能量较强，韵尾 ng 能量较弱，普通话整个韵母段的能量都比较强；开鲁县方言的 F1 表现出下降的趋势，普通话的 F1 表现出上升的趋势，开鲁县方言和普通话的 F2 都表现下降的趋势。

通过测量，开鲁县方言和普通话的鼻韵母 iong 的 F1、F2 的共振峰值如表4-31所示：

表 4-31 韵母 iong 的共振峰 F1、F2 的值

	拥（iong）			
	io（ü）		ng	
	F1（Hz）	F2（Hz）	F1（Hz）	F2（Hz）
普通话	331	2685	607	1305
开鲁县方言	351	2736	302	680

由上表可以看出，开鲁县方言鼻韵母 iong 的鼻韵尾 ng 的 F1 和 F2 的值都比普通话低。而根据开鲁县方言和普通话的鼻韵母 iong 的韵腹 io（ü）的共振峰数据所画的声学元音图，如图 4-94 所示：

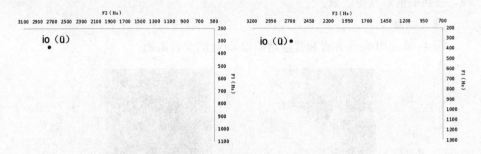

图 4-94 开鲁县方言（左）和普通话（右）韵母 iong 的声学元音图

从上图可以看出，开鲁县方言的鼻韵母 iong 的韵腹 io（ü）的舌位比普通话低且略靠前。

三、声调系统

关于开鲁县汉语方言的声调系统，之前的研究多数是在听音、记音的基础上总结的，但听音、记音的方法带有一定的主观性，从一定程度上会影响结论的可信度，因此我们采用了语音实验的方法，通过语音软件提取声调的音高数据，根据音高数据来确定声调的调值和调类，以求在更微观、更精确的层面上研究科尔沁地区开鲁县汉语方言的声调系统。

第五章中科尔沁区的声调系统也采用了相同的方法。

（一）实验步骤

1. 语音标注

本研究使用的是 praat 语音分析软件，在将录音语料导入软件后，首先对语料进行标注，方法是先选中声音文件，点击 praat 界面右侧菜单栏中 Annotate 下的 To TextGrid 按钮，在弹出的对话框中，对待标注层的名称进行设置，在对象列表窗口就会出现一个新生成的 TextGrid 对象，选中新生成的对象后，再点击右侧菜单栏的 View & Edit alone 按钮，就可以在弹出的界面中对语料进行标注了，如图 4-95 所示：

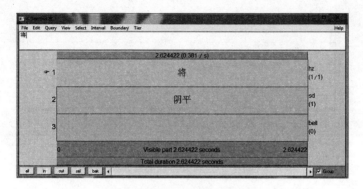

图 4-95　标注语料界面

2. 基频修改

语料标注完成之后，对语料的基频进行修改。方法是选中声音文件，点击右侧菜单栏中的 Analyse periodicity 下的 To Pitch 按钮，在弹出的对话框中，对相关参数进行设置，这样在对象列表窗口就出现了一个新生成的 Pitch 对象，选中新生成的对象，再点击右侧菜单栏的 View & Edit 按钮，在弹出的界面中就可以对基频数据进行修改，如图 4-96 所示：

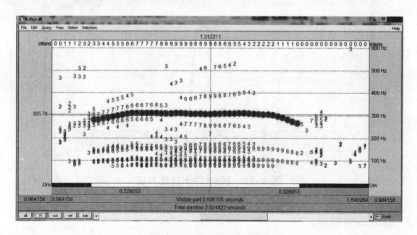

图 4-96　基频修改界面

图中的基频点是连续、完整的，基频数据不需要进行修改，但有些语音的基频点则可能存在问题，这就需要对基频数据进行修改，如图4-97所示：

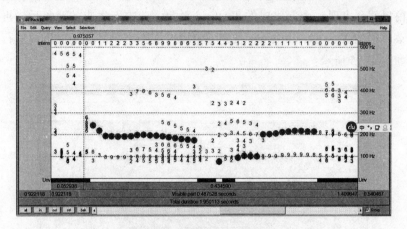

图4-97　需要修改的基频图

由上图可以看出，语音的基频点中间是断开的、跳跃的，根据发音的连续性、平滑性，需要把中间缺失的基频点补上或把错误的基频点进行修改，修改时可以对界面中的基频点进行增点、删点或移动点的操作。修改完成后，再将Pitch对象转换为PitchTier对象，在PitchTier对象的界面可以对基频做更精确的修改，方法是选中Pitch对象，点击右侧菜单栏的Convert下的Down to PitchTier按钮，就会生成一个PitchTier对象，再对其进行修改。如图4-98所示：

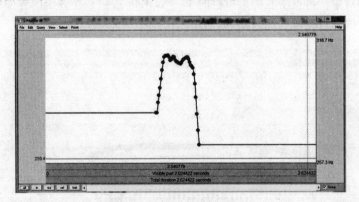

图4-98　PitchTier对象界面

3. 提取基频数据

对语料的基频数据修改完成之后，需要将基频数据提取出来，从而根据这些数据确定各声调的调值。提取基频数据是通过在praat软件中运行提取基频信息的脚本程序来实现的，运行脚本程序的部分截图如图 4-99 所示：

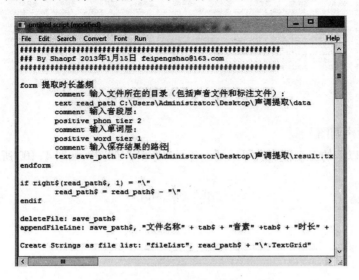

图 4-99　提取基频数据的脚本程序

4. T 值计算

通过运行提取基频信息的脚本程序，可以得到每个单字声调的 10 个基频数据，如图 4-100 所示：

文件名称	音素	时长	所在词	所在词时长	基频点1	基频点2	基频点3	基频点4	基频点5	基频点6	基频点7	基频点8	基频点9	基频点10
优	阴平	1.174	优	1.174	230	230	230	231	224	228	230	230	230	230
区	阴平	1.519	区	1.519	256	256	256	256	242	235	246	246	246	246
孙	阴平	1.542	孙	1.542	234	234	234	234	241	227	234	234	234	234
屋	阴平	1.587	屋	1.587	237	237	237	241	241	239	239	239	239	239
拍	阴平	1.272	拍	1.272	250	250	250	236	233	246	246	246	246	246
星	阴平	1.206	星	1.206	226	226	226	226	227	216	217	217	217	217
猫	阴平	1.61	猫	1.61	257	257	257	257	229	221	219	219	219	219
粗	阴平	1.497	粗	1.497	273	273	273	273	273	243	261	261	261	261
装	阴平	1.406	装	1.406	229	229	229	229	228	223	230	230	230	230
贪	阴平	1.542	贪	1.542	282	282	282	282	240	249	243	243	243	243

图 4-100　提取的基频数据

在得到各声调的基频数据之后，需要对这些数据做归一化的处理，使这些数据的值都在 0 到 5 的范围之内，以便于确定各音节的调值。归一化的方法采用的是 T 值公式：

$$T = \frac{\lg x - \lg\mathrm{min}}{\lg\mathrm{max} - \lg\mathrm{min}} \times 5$$

（说明：x 为测量点的基频值，max 为所有基频值中的最大值，min 为所有基频值中的最小值）

通过以上 T 值公式的计算，得到各个基频点的五度值，结果如图 4-101 所示：

文件名称	音素	基频点1	基频点2	基频点3	基频点4	基频点5	基频点6	基频点7	基频点8	基频点9	基频点10
优	阴平	3.353247232	3.353247232	3.353247232	3.367861782	3.26420288	3.323826534	3.353247232	3.353247232	3.353247232	3.353247232
区	阴平	3.714023207	3.714023207	3.714023207	3.714023207	3.524571364	3.425694078	3.579796347	3.579796347	3.579796347	3.579796347
孙	阴平	3.411328818	3.411328818	3.411328818	3.411328818	3.510622489	3.309019264	3.411328818	3.411328818	3.411328818	3.411328818
犀	阴平	3.454242118	3.454242118	3.454242118	3.510622489	3.510622489	3.482550255	3.482550255	3.482550255	3.482550255	3.482550255
拍	阴平	3.634130565	3.634130565	3.634130565	3.43999834	3.396902035	3.579796347	3.579796347	3.579796347	3.579796347	3.579796347
星	阴平	3.294146619	3.294146619	3.294146619	3.294146619	3.309019264	3.141693069	3.157252674	3.157252674	3.157252674	3.157252674
猫	阴平	3.727156357	3.727156357	3.727156357	3.727156357	3.338569002	3.218782212	3.188157923	3.188157923	3.188157923	3.188157923
粗	阴平	3.930608276	3.930608276	3.930608276	3.930608276	3.930608276	3.538462717	3.77918285	3.77918285	3.77918285	3.77918285
装	阴平	3.338569002	3.338569002	3.338569002	3.338569002	3.323826534	3.249130602	3.353247232	3.353247232	3.353247232	3.353247232

图 4-101 各基频点的五度值

5. 画声调图

根据以上的五度值，就可以画出各个单字的声调图，如图 4-102 所示：

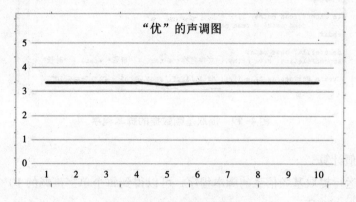

图 4-102 "优"的声调图

由上图可知，"优"的调值为 44。通过以上的声调图，能够得到各个单字的声调调值，再对这些调值进行统计分析，就能够总结出普通话或方言声调系统的特点。

（二）开鲁县汉语方言声调的语音实验分析

开鲁县汉语方言中的声调共有四种，阴平、阳平、上声、去声，在数量、种类上和普通话的声调系统是一致的，但在调值上还是存在着一些细微的差别。为了对开鲁县汉语方言中的声调系统有一个更加深入的探究，以便发现其与普通话声调系统的不同，下面我们采用 praat 语音分析软件对其进行建立在语音实验基础上的对比分析。

1. 阴平调

开鲁县汉语方言发音人的单字音中，阴平调字有 223 个，普通话发音语料的单字音随机选取 20 个，其调值和数量如表 4-32 和表 4-33 所示：

表 4-32 开鲁县方言阴平调值统计表

序号	调值	数量	所占比例
1	44	222	99.6%
2	54	1	0.4%

表 4-33 普通话阴平调值统计表

序号	调值	数量	所占比例
1	54	13	65.0%
2	454	4	20.0%
3	44	2	10.0%
4	55	1	5.0%

由表 4-32 可知，开鲁县方言的阴平调值主要有 2 种，其中所占比例较多的是 44 调值，有 222 个字，占 99.6%，54 调值的只有 1 个，占 0.4%，因此开鲁县方言阴平调的调值主要是 44。由表 4-33 可知，普通话的阴平调值主要有 4 种，其中所占比例较多的是 54、454 调值，54 调值的有 13 个字，占 65.0%，454 调值的有 4 个，占 20.0%，两类调值的字共有 17 个，占总数的 85.0%，可见这两类调值在普通话的阴平调中具有代表性。

为了对开鲁县方言和普通话阴平调主要调值有一个直观的了解，画出其调型图：

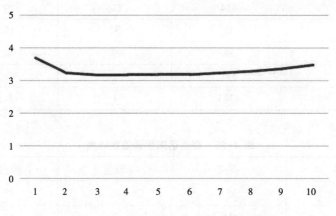

图 4-103 开鲁县方言阴平调主要调型图

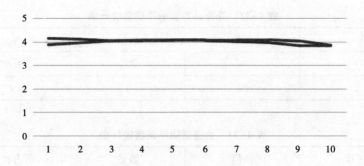

图 4-104　普通话阴平调主要调型图

　　由图 4-103 看出，开鲁县方言阴平调调型总体呈一条直线，分布在第 4 区域，调型单一、集中，说明开鲁县方言的阴平调虽然发音区域略低，但平稳变化小，特点鲜明。由图 4-104 看出，普通话的阴平调调型基本呈一条直线，发音区域也较高，主要在第 4、第 5 区域之间，绝大多数发音的后半段有略降的趋势，读成 54 调，还有一部分调型发音起点略低，然后升到第 5 区域，在音段的后部分又有所下降，读成 454 调。

　　2. 阳平调

　　开鲁县方言发音人的单字音中，阳平调字有 219 个，普通话发音语料的单字音随机选取 20 个，其调值和数量如表 4-34 和表 4-35 所示：

表 4-34　开鲁县方言阳平调值统计表

序号	调值	数量	所占比例
1	434	173	79.0%
2	44	34	15.5%
3	34	9	4.1%
4	343	2	0.9%
5	4343	1	0.5%

表 4-35　普通话阳平调值统计表

序号	调值	数量	所占比例
1	354	9	45.0%
2	34	7	35.0%
3	35	3	15.0%
4	353	1	5.0%

由表4-34可知，开鲁县方言的阳平调调值有5种，其中所占比例较大的有两种调值，分别是434和44调值，434调值的有173个字，占79.0%，44调值的有34个字，占15.5%，这两类调值的字共有207个，占总数的94.5%，可见这两类调值在开鲁县方言的阳平调中具有代表性。由表4-35可知，普通话的阳平调值主要有4种，其中所占比例较多的是354、34调值，354调值的有9个字，占45.0%，34调值的有7个字，占35.0%，这两类调值的字共有16个，占总数的80.0%，由此可见，这两类调值在普通话的阳平调中具有代表性。

为了对开鲁县方言和普通话阳平调主要调值有一个直观的了解，画出其调型图：

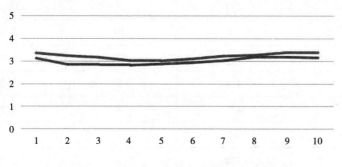

图4-105 开鲁县方言阳平调主要调型图

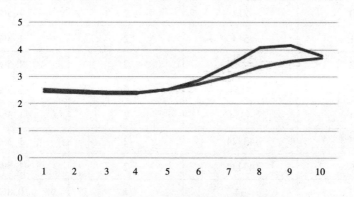

图4-106 普通话阳平调主要调型图

由图4-105可以看出，开鲁县方言阳平调调型主要有两种，分别是434的曲折调和44的平调，即绝大多数阳平调是先下降然后再上升，下降和上升的幅度都不大，只跨越了一个区域，但还是形成了曲折调，另外还有一些字，虽略有下降，但仍在一个区域之内，形成了44平调，也就是说开鲁县方言的阳平调上升的特点不明显。由图 4-106 可以看出，普通话的阳平调调型基本呈一条上升的曲线，从第 3 区域升到第 4 区域，形成了 34 调，或者是从第 3 区域升到第 5 区域，然后在发音的后半段又略有下降，形成了 354 调。

3. 上声调

开鲁县方言发音人的单字音中，上声调字有 130 个，普通话发音语料的单字音随机选取 20 个，其调值和数量如表 4-36 和表 4-37 所示：

表 4-36　开鲁县方言上声调值统计表

序号	调值	数量	所占比例
1	414	51	39.2%
2	434	20	15.4%
3	44	10	7.7%
4	43	7	5.4%
5	424	5	3.8%
6	435	4	3.1%
7	41	3	2.3%
8	412	3	2.3%
9	415	3	2.3%
10	214	2	1.5%
11	514	2	1.5%
12	4121	2	1.5%
13	4154	2	1.5%
14	4354	2	1.5%
15	43424	2	1.5%
16	43434	2	1.5%
17	34	1	0.8%
18	35	1	0.8%
19	54	1	0.8%
20	314	1	0.8%
21	413	1	0.8%

续表

序号	调值	数量	所占比例
22	4132	1	0.8%
23	4341	1	0.8%
24	4343	1	0.8%
25	4545	1	0.8%
26	41214	1	0.8%

表4-37　普通话上声调值统计表

序号	调值	数量	所占比例
1	323	16	80.0%
2	3243	3	15.0%
3	324	1	5.0%

由表4-36可知，开鲁县方言的上声调调值有26种，其中所占比例较多的有三种调值，分别是414、434、44调值，414调值的有51个字，占39.2%，434调值的有20个，占15.4%，44调值的有10个，占7.7%，这三类调值的字共有81个，占总数的62.3%，可见这三类调值在开鲁县方言的上声调中具有代表性。由表4-37可知，普通话的上声调值主要有3种，其中所占比例最多的是323调值，共16个字，占80.0%，其他调值所占比例较少，因此普通话的上声调调值主要是323。

为了对开鲁县方言和普通话上声调主要调值有一个直观的了解，画出其调型图：

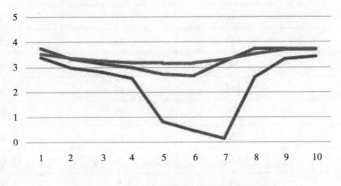

图4-107　开鲁县方言上声调主要调型图

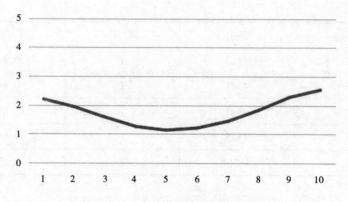

图4-108 普通话上声调主要调型图

由图4-107可以看出，开鲁县方言的上声调主要有两种调型，分别是曲折调和平调。曲折调不但多，具体又有两种情况，一种是414调，跨越的区域较大，由第4区域降到第1区域，再上升到第4区域，一种是434调，下降的区域跨度不大，只从第4区域降到了第3区域，又上升到第4区域；平调下降的幅度更小，没有跨越区域，读成了44调，因此可以看出，开鲁县方言的上声调发音起点较高，而且有一部分不是曲折调，发音有严重的缺陷。由图4-108可以看出，普通话的上声调主要分布在第2、第3区域，发音的前半段下降，后半段上升，形成曲折调，调值为323。

4. 去声调

开鲁县方言发音人的单字音中，去声调字有302个，普通话发音语料的单字音随机选取20个，其调值和数量如表4-38和表4-39所示：

表4-38 开鲁县方言去声调值统计表

序号	上声调	数量	所占比例
1	44	137	45.4%
2	434	53	17.5%
3	54	20	6.6%
4	414	19	6.3%
5	42	17	5.6%
6	534	11	3.6%
7	424	9	3.0%
8	41	7	2.3%

序号	上声调	数量	所占比例
9	4343	6	2.0%
10	412	4	1.3%
11	524	3	1.0%
12	43	2	0.7%
13	45	2	0.7%
14	52	1	0.3%
15	423	1	0.3%
16	454	1	0.3%
17	514	1	0.3%
18	4232	1	0.3%
19	4341	1	0.3%
20	4342	1	0.3%
21	4354	1	0.3%
22	5342	1	0.3%
23	5343	1	0.3%
24	43424	1	0.3%
25	53434	1	0.3%

表 4-39 普通话去声调值统计表

序号	调值	数量	所占比例
1	51	12	60.0%
2	52	4	20.0%
3	451	2	10.0%
4	452	2	10.0%

由表 4-38 可知，开鲁县方言的去声调值有 25 种，其中所占比例较多的有两种调值，调值分别是 44、434，44 调值的有 137 个字，占 45.4%，434 调值的有 53 个，占 17.5%，这两类调值的字共有 190 个，占总数的 62.9%，由此可见，这两类调值在开鲁县方言的去声调中具有代表性。由表 4-39 可知，普通话的去声调值主要有 4 种，其中所占比例最多的是 51 调，共 12 个字，占 60.0%，

其次是 52 调，共 4 个字，占 20.0%，可见，普通话的去声调调值主要是 51、52。

为了对开鲁县方言和普通话的去声调主要调值有一个直观的了解，画出其调型图：

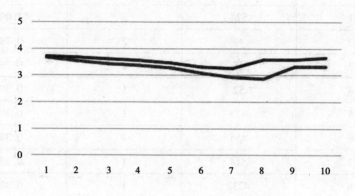

图 4-109　开鲁县方言去声调主要调型图

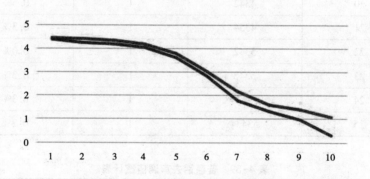

图 4-110　普通话去声调主要调型图

由图 4-109 可以看出，开鲁县方言的去声调调型主要有两种，平调和曲折调，两种调型都有曲折特征，但 44 调下降的幅度较小，没有跨越区域，所以形成了平调，而 434 调则跨越了一个区域，读成了 434 调，由此可以看出，开鲁县方言的去声调，下降的幅度总体上较小，而且在音节的后半段还有上升的趋势。由图 4-110 可以看出，普通话的去声调基本呈一条下降的曲线，跨越的区域较大，大多数音都直接从第 5 区域降到第 1 区域，形成 51 调，还有一部分是从第 5 区域降到第 2 区域，形成 52 调。

（三）开鲁县方言四种声调的综合分析

根据以上对开鲁县方言和普通话四种声调的分析，将四种声调的主要调值及其所占比例综合起来进行比对探究，如表 4-40-表 4-41 所示：

表 4-40 开鲁县方言四种声调主要调值及所占比例统计表

	阴平调	阳平调	上声调	去声调
44	99.6%	15.5%	7.7%	45.4%
434		79.0%	15.4%	17.5%
414			39.2%	

表 4-41 普通话四种声调主要调值及所占比例统计表

	阴平调	阳平调	上声调	去声调
54	65%			
454	20%			
354		45%		
34		35%		
323			80%	
51				60%
52				20%

由表 4-40 可以看出，开鲁县方言四种声调的调值主要有 3 种，分别是 44、434、414，其中 44 和 434 调有重合现象，44 调在四种声调中都存在，434 调在阳平调、上声调和去声调中出现，这种重合现象说明开鲁县方言的四种声调调值不鲜明，区分不明显。由表 4-41 可以看出，普通话的四种声调调值主要有 7 种，调值在四声中没有重合现象，可见普通话的四声特点鲜明，区分明显。

第二节 词汇特点

开鲁县汉语方言词汇与普通话词汇总体上保持一致，但在构词的具体方式方法上则表现出较大的差异，开鲁县汉语方言词汇具有浓郁的地域特色。

一、单纯词

（一）在普通话中没有对应的词语

单纯词是由一个语素构成的。在开鲁县汉语方言词汇中，有些单纯词在普通话中没有对应的词语，却不可替代，成为开鲁县方言中独有的词语。如：

嘎拉古秋：稀罕而又小巧的样子。

艮：（食物）坚韧而不脆。

激：把食物放在冷水里浸泡使变凉。

克郎：骟过的公猪。

（二）在普通话中有对应的词语

开鲁县汉语方言中的一些单纯词在普通话中能找到对应的词语，但构成词语的语素及构词的方式都存在较大的差异，成为开鲁方言词汇中的特色词语。

1. 开鲁县方言和普通话中相对应的单音节单纯词

开鲁县方言中有些单音节单纯词和普通话对应的单音节单纯词构成的语素不同。如表 4-42 所示：

表 4-42　开鲁县方言和普通话单音节单纯词对照表

开鲁县方言	普通话	开鲁县方言	普通话
暴	狠、足	苍	肿
馇	熬	沉	背
矗（着）	站（着）	倒（钱）	找（钱）
该	管	赶（到）	等（到）
鼓	拱	核	卖
撅	掰、折	蹶	骂
呛	吃	熥	馏

2. 开鲁县方言和普通话中相对应的多音节单纯词

开鲁方言中的多音节单纯词和普通话相对应的多音节单纯词，从构词音节情况看，开鲁县方言和普通话有些词音节数量相同，有些不同，像“蚂蛉”和“蜻蜓”音节数目相同，“呲溜”和“滑”音节数目不同；从构词语素情况看，部分语素相同，这样的词较少，如开鲁县方言中的“嚏喷”，普通话称之为“喷嚏”，开鲁县方言中的“偻佝”，普通话用“佝偻”表达等，绝大多数词语构成语素完全不同，如“蚂蛉”和“蜻蜓”、“呲溜”和“滑”、“扁担勾”和“螳螂”等。

3. 开鲁县方言中的单纯词在普通话中是合成词

开鲁县方言中的单纯词大多数时候在普通话中仍然是单纯词，只是它们的构成语素不尽相同，但也有一些词在普通话中则是合成词，反之亦然。如表 4-

43 所示：

表4-43　开鲁县方言单纯词和普通话合成词对照表

开鲁县方言	普通话	开鲁县方言	普通话
扒	仿造	包	赔偿
鼓拥	蠕动	郎当	左右、上下
球	顽皮	揣	（家畜）怀孕

二、合成词

（一）在普通话中没有对应的词语

合成词是由两个或两个以上语素构成的。开鲁县方言的合成词和单纯词一样，有些在普通话中也没有对应的词语，但有特殊的词义，这样的词语在开鲁县方言中是比较多的，如：

爱物：心爱的玩意儿。

爱小儿：贪便宜、图小利。

碍口：不便直接说出。

败道：原指牛马等不走正路，引申为人不干正经事。

半语子：说话发音不清。

半疯儿：神经不够正常的人。

暴事儿：意外出现的不幸之事。

菜耙子：吃饭时偏贪吃菜的人。

草口袋：铺在婴儿身下的草袋子。

草爬子：是一种体形极小的节肢动物。

吃捧：喜欢奉承。

抽条：商品体积缩小，数量减少、质量下降。

矬巴子：个子矮小的人。

倒肩儿：临时挪借小额钱款。

街溜子：城市里游手好闲、不务正业的青年人。

赶晌：临近正午的时候。

滚水：房盖儿的坡度。

猴七儿：指跳跳窜窜一刻都不安静的人。

花舌子：能说会道的人。

棉猴儿：衣领上连着风帽的棉大衣。

少兴：相貌显得年轻。

油缩子：炼猪油剩下的渣子。

带犊子：对随娘改嫁带去子女的蔑称。

侉子：对有外地口音人的蔑称。

轧伐子：借着人或事物发泄怨气的行为。

嘎巴嘴：嘴一张一合，也指说不出话来。

（二）在普通话中有对应的词语

开鲁县方言中很多合成词在普通话中都有对应的词语，但其构成却不尽相同。

1. 开鲁县方言和普通话词语的语素数量相同

有些词语，开鲁县方言和普通话的语素数量是一样的，但构成词语的语素本身有的完全不同，有的则只有部分是相同的。

（1）构词语素完全不同

开鲁县方言和普通话构词语素完全不同的词语，如表4-44所示：

表4-44　开鲁县方言和普通话构词语素完全不同的词语对照表

开鲁县方言	方言结构类型	普通话	普通话结构类型
白给	复合式（状中）	无能	复合式（动宾）
摆邪	复合式（动宾）	闹事	复合式（动宾）
饱打	复合式（状中）	丰产	复合式（状中）
踩咕	附加式（后加）	贬低	复合式（补充）
扯景	复合式（动宾）	搞鬼	复合式（动宾）
打围	复合式（动宾）	狩猎	复合式（联合）
顶缸	复合式（动宾）	代替	复合式（联合）
犯夜	复合式（动宾）	失眠	复合式（动宾）
拐带	复合式（联合）	牵连	复合式（联合）
哄扬	复合式（联合）	传说	复合式（联合）
扣子	附加式（后加）	手铐	复合式（定中）
摆划	复合式（联合）	安排	复合式（联合）

开鲁县方言	方言结构类型	普通话	普通话结构类型
避素	复合式（动宾）	冬眠	复合式（状中）
菜货	复合式（定中）	废物	复合式（定中）
搭界	复合式（动宾）	挨边	复合式（动宾）
打唠	复合式（动宾）	闲谈	复合式（状中）
打站	复合式（动宾）	停留	复合式（联合）
短揍	复合式（动宾）	欠打	复合式（动宾）
犯嘴	复合式（动宾）	争吵	复合式（联合）
干儿	附加式（后加）	孤立	复合式（状中）
故事	复合式（定中）	花招	复合式（定中）
候候	重叠式	等等	重叠式
趴架	复合式（动宾）	坍塌	复合式（联合）

表 4-44 中的开鲁县汉语方言词语和普通话词语，从构词语素看完全不同，从其结构类型上说，有一部分却是一致的，如"摆邪"和"闹事"，"扯景"和"搞鬼"，"犯夜"和"失眠"都是动宾结构，"饱打"和"丰产"是状中结构，"拐带"和"牵连"，"摆划"和"安排"，"哄扬"和"传说"都是联合结构，"故事"和"花招"，"菜货"和"废物"都是定中结构，"候候"和"等等"都是重叠式结构等。结构类型一样的词，有的对应的语素意义比较接近，如"拐带"和"牵连"中的"拐"与"牵"，"带"与"连"，"菜货"和"废物"中"菜"与"废"，"货"与"物"，"搭界"和"挨边"中的"搭"与"挨"，"界"与"边"意义均相近。从造词的方法来说，它们大多数采用的都是语义关联法中的直指式组合型，即"把两个或三个不同的概念按照一定的关系排列形成新词来指称事物现象的方法"①，但在具体使用这种方法的时候，由于汉语的语素非常丰富，意义接近的语素也非常多，这就为造词提供了多种可能性，因此方言和普通话的词就出现了一些差异。这些词义相同，造词方法相同，但构词语素不同的词，主要就是因为在造词的时候选择了意义相通的不同语素造成的。造词的方法除了语义关联法中的直指式组合型以外，还有语义关联法中的喻指式比喻型，即"运用比喻、比拟等手段创造新词喻指事物"②，如"扯

① 邵敬敏. 现代汉语通论（第三版）[M]. 上海：上海教育出版社，2016：94.
② 邵敬敏. 现代汉语通论（第三版）[M]. 上海：上海教育出版社，2016：94.

景"和"搞鬼",这里的"景"和"鬼"都是比喻义。而在"菜货"和"废物"中,"菜货"采用的是语义关联法中的喻指式比喻型造词方法,"废物"则采用的是语义关联法中的直指式组合型,从大的方面来说,都采用了语义关联法,但具体又有区别,这在一定程度上反映了人们认识事物的角度以及思维方式的不同。

在表4-44中,绝大多数词语结构类型不同,如"白给"和"无能","白给"是状中结构,"无能"是动宾结构;"踩咕"和"贬低","踩咕"是附加式,"贬低"是复合式中的补充结构;"顶缸"和"代替","顶缸"是动宾结构,"代替"是联合结构;"扣子"和"手铐","扣子"是附加式,"手铐"是复合式中的定中结构;"打唠"和"闲谈","打唠"是动宾结构,"闲谈"是状中结构;"犯嘴"和"争吵","犯嘴"是动宾结构,"争吵"是联合结构;"干儿"和"孤立","干儿"是附加式,"孤立"是状中结构等,这些词不仅构词语素不同,结构类型也不同。从造词方法来说,差异越大越能反映地域方言的文化特质,如"白给"和"无能"都采用了语义关联法中直指式组合型方法构成,但由于对事物认识的角度存在细微的差别,因而构词的语素以及结构类型不同。再如"踩咕"和"贬低","踩咕"采用的是语音指称法中的双音式附缀型,其中"踩"是词根,"咕"是后缀,"贬低"采用的是语义关联法中直指式组合型,这两个词分别运用了不同的造词方法来表示相同的意义,反映了人们思维方式的不同。相同的还有"顶缸"和"代替","顶缸"采用的是语义关联法中的喻指式比喻型,"代替"采用的是语义关联法中直指式组合型。"干儿"和"孤立","干儿"采用的是语义关联法中的喻指式比喻型,"孤立"采用的是语义关联法中直指式组合型。"扣子"和"手铐","扣子"采用了语音指称法中的双音式附缀型,"手铐"采用的是语义关联法中直指式组合型,从语素"扣"来说,它突出了事物的用途,而"手铐"除了突出事物的用途"铐"之外,也突出了事物更具体的特点"手",即事物是铐在手上的。"打唠"和"闲谈",这两个词都采用了语义关联法中直指式组合型,均突出了事物的性质,但开鲁方言词"打唠"则更具有特色,除了突出了事物的性质之外,在构词上运用了语义丰富的语素"打"和方言中的特有语素"唠"相结合,突出了方言词汇的地域特色。"犯嘴"和"争吵",都采用了语义关联法中直指式组合型,但在造词时,也从不同的角度造出了不同的词,开鲁县方言在造词时突出了动作行为所涉及的人类器官,普通话则更直接地运用具有相应语义的语素组合表义。总之,普通话在造词时大多数采用的是语义关联法中直指式组合型方法,表达意义比较直截了当,而开鲁县方言则有较多的词采用语义关联法中的喻指式比喻型，或者语音指称法中的双音式附缀型，造词方法更加多样，表达词义时更加生动、形象，富有生活气息。

（2）构词语素部分相同

开鲁县方言和普通话构词语素部分相同的词，如表4-45所示：

表4-45 开鲁县方言和普通话构词语素部分相同的词语对照表

开鲁县方言	方言结构类型	普通话	普通话结构类型
矮趴趴 （矮巴溜丢）	附加式（后加）	低矮	复合式（联合）
敖心	复合式（动宾）	心烦	复合式（主谓）
掰脸	复合式（动宾）	翻脸	复合式（动宾）
叫响	复合式（动宾）	叫好	复合式（动宾）
猜摸	复合式（联合）	猜测	复合式（联合）
踩道	复合式（动宾）	踩点	复合式（动宾）
插言	复合式（动宾）	插嘴	复合式（动宾）
春起	复合式（主谓）	初春	复合式（定中）
打赖	复合式（动宾）	耍赖	复合式（动宾）
惦心	复合式（动宾）	惦念	复合式（联合）
叮问	复合式（状中）	追问	复合式（状中）
翻儿	附加式（后加）	闹翻	复合式（补充）
告饶	复合式（动宾）	求饶	复合式（动宾）
个量	复合式（定中）	身量	复合式（定中）
共起	复合式（联合）	统共	复合式（联合）
刮蚩	附加式（后加）	搜刮	复合式（联合）
掯赃	复合式（动宾）	栽赃	复合式（动宾）
掰交	复合式（动宾）	绝交	复合式（动宾）
包楞	附加式（后加）	包裹	复合式（联合）
财黑	复合式（主谓）	贪财	复合式（动宾）
插伙	复合式（动宾）	合伙	复合式（动宾）
串换	复合式（联合）	交换	复合式（联合）
搓磨	复合式（联合）	折磨	复合式（联合）
搭嗤	附加式（后加）	搭理	复合式（联合）

开鲁县方言	方言结构类型	普通话	普通话结构类型
顶家	复合式（动宾）	当家	复合式（动宾）
对庄	复合式（动宾）	对路	复合式（动宾）
告送	复合式（联合）	告诉	复合式（联合）
搁心	复合式（动宾）	多心	复合式（动宾）
根本	复合式（联合）	本分	复合式（联合）
货店	复合式（定中）	商店	复合式（定中）
经管	复合式（联合）	管理	复合式（联合）
落价	复合式（动宾）	降价	复合式（动宾）

由表4-45可以看出，开鲁县方言和普通话部分语素相同的词语，结构类型相同的较多，不同的较少，大多数词的结构类型都属复合式，有少量附加式的，重叠式的词更少。

开鲁县方言和普通话词语结构类型相同的词，除了相同的语素外，不同的语素大多数意义比较接近，如"掰脸"和"翻脸"都是动宾结构，"掰"和"翻"意义接近，"串换"和"交换"都是联合结构，"串"和"交"意义接近，"货店"和"商店"都是定中结构，"货"和"商"意义接近。其他的词还有"叫响"和"叫好"，"踩道"和"踩点"，"插言"和"插嘴"，"打赖"和"耍赖"，"告饶"和"求饶"，"插伙"和"合伙"，"掰交"和"绝交"，"顶家"和"当家"，"落价"和"降价"等都是动宾结构，"经管"和"管理"，"猜摸"和"猜测"，"共起"和"统共"等都是联合结构，同样反映了词语中不同的语素意义接近或相通的特点。

结构类型相同的词语，从造词的方法来说，均采用了语义关联法中的直指式组合型方法，但通过所用语素的不同，也可以看出开鲁县方言和普通话词语存在的一些细微差别。如"插言"和"插嘴"，"言"侧重表现动作行为，"嘴"侧重动作行为所关联的器官，"言"这个语素在普通话当中也有，但没有"插言"这样的组合方式。"打赖"和"耍赖"，开鲁县方言用了语义更加丰富的语素"打"，更接地气，也更生活化。"告饶"和"求饶"，"告"突出动作行为的言语特点，"求"突出动作行为的态度，"货店"和"商店"，"货"强调产品，"商"意义更宽泛一些，语义侧重点上有区别。"共起"和"统共"，这两个词虽然有共同的语素"共"，但"共"在两个词中的位置不同，开鲁县方言中在前，普通话中在后。"插伙"和"合伙"，从语素意义来看，"插"和"合"虽然都是表示动作行为的，但"插"强调加入，"合"更强调相互合作。总之，所选语素不同反映了不同群体认识事物的角度及思维模式的不同。

表4-45中，开鲁县方言和普通话的少部分词语，结构类型不同，如"矮趴趴"和"低矮"，"矮趴趴（矮巴溜丢）"是附加式，"低矮"是复合式中的联合结构；"敖心"和"心烦"，"敖心"是动宾结构，"心烦"是主谓结构；"春起"和"初春"，"春起"是主谓结构，"初春"是定中结构；"惦心"和"惦念"，"惦心"是动宾结构，"惦念"是联合结构；"翻儿"和"闹翻"，"翻儿"是附加式，"闹翻"是补充结构；"刮蛊"和"搜刮"，"刮蛊"是附加式，"搜刮"是联合结构；"财黑"和"贪财"，"财黑"是主谓结构，"贪财"是动宾结构；"搭嗤"和"搭理"，"搭嗤"是附加式，"搭理"是联合结构等。

结构类型不同的词语，从造词方法来说，有的相同有的不同。如"矮趴趴"和"低矮"，"敖心"和"心烦"，"春起"和"初春"，"惦心"和"惦念"，"财黑"和"贪财"均是语义关联法中的直指式组合型，但语义的侧重点不同，"矮趴趴"和"低矮"中的"矮趴趴"通过后缀"趴趴"突出事物的情状，"低矮"通过两个语义接近的语素"低"和"矮"的联合突出事物的性质；"敖心"和"心烦"中的"敖心"重点说明事物的动作行为，"心烦"突显事物的状态；"春起"和"初春"中的"春起"重在说明事物的动作行为，"初春"更突出事物的性质；"惦心"和"惦念"中的"惦心"除了表示动作行为外，还进一步说明动作行为所关联的器官，"惦念"只强调动作行为。而像"翻儿"和"闹翻"，"刮蛊"和"搜刮"，"搭嗤"和"搭理"，方言词均是语音指称法中的双音式附缀型方法，"翻"是词根，"儿"是后缀，"刮"是词根，"蛊"是后缀，"搭"是词根，"嗤"是后缀，普通话词语则是关联法中的直指式组合型，"闹翻"中的"闹"表示动作行为，"翻"在这里表示动作行为的结果，"搜刮"和"搭理"都是通过语义相近的两个语素联合以强调事物的动作行为。

2. 开鲁县方言和普通话词语的语素数量不同

开鲁县方言和普通话语素数量不同的词语较少，主要有两种情况：一种是开鲁县方言词语中的语素数量比普通话多，一种是开鲁县方言词语中的语素数量比普通话少。

（1）开鲁县方言词语中的语素数量比普通话多

开鲁县方言词语中的语素数量比普通话多，且构词语素完全不同的词，如表4-46所示：

表 4-46　开鲁县方言和普通话构词语素完全不同的词语对照表

开鲁县方言	方言结构类型	普通话	普通话结构类型
打横儿	复合式（动宾）	阻挡	复合式（联合）
黑颗星	复合式（定中）	雀斑	复合式（定中）
老客儿	复合式（定中）	商人	复合式（定中）
街面儿	复合式（定中）	市容	复合式（定中）
墨盘子	复合式（定中）	砚台	复合式（定中）

　　由表 4-46 可以看出，开鲁县方言之所以构词语素的数量比较多，主要是词中的第二个词根语素的后面还有一个词缀语素，这个词缀一般是"儿"或"子"，而相应的普通话语素则没有这样的词缀。从结构类型上看，表中的词语大多数是相同的，如"黑颗星"和"雀斑"，"老客儿"和"商人"，"街面儿"和"市容"，"墨盘子"和"砚台"等，都是复合式定中结构。从造词方法来说，"黑颗星"和"雀斑"都采用了语义关联法中的喻指式比喻型构成，"黑颗星"中表比喻义的语素是"星"，"雀斑"具有比喻义的是语素"雀"。"老客儿"采用了语义关联法中的喻指式比喻型，"商人"采用的是语义关联法中的直指式组合型。"街面儿"采用了语义关联法中的喻指式借代型，"市容"采用了语义关联法中的直指式组合型。"墨盘子"和"砚台"都采用了语义关联法中的直指式组合型，"墨盘子"表义比较直接，且具有口语色彩，"砚台"具有书面语色彩。结构类型不同的是"打横儿"和"阻挡"，"打横儿"是动宾结构，"阻挡"是联合结构，从造词方法来说，"打横儿"采用了语义关联法中的喻指式比喻型方法，"阻挡"采用了语义关联法中的直指式组合型。总体来说，开鲁县方言词语的造词方法倾向使用比喻、借代等喻指式方法，普通话则更倾向使用直指式的组合方法。

　　开鲁县方言词语的语素数量比普通话多，且构词语素有部分相同的，如表4-47 所示：

表 4-47　开鲁县方言和普通话构词语素部分相同的词语对照表

开鲁县方言	方言结构类型	普通话	普通话结构类型
把招儿	复合式（动宾）	把关	复合式（动宾）
并板儿	复合式（动宾）	并排	复合式（动宾）
城圈儿	复合式（定中）	城里	复合式（定中）

开鲁县方言	方言结构类型	普通话	普通话结构类型
错缝儿	复合式（动宾）	过错	复合式（联合）
捣嘎子	复合式（动宾）	捣蛋	复合式（动宾）
脚底板	复合式（定中）	脚掌	复合式（定中）
抱后腰	复合式（动宾）	撑腰	复合式（动宾）
趁劲儿	复合式（动宾）	趁机	复合式（动宾）
春头子	复合式（定中）	春季	复合式（定中）
打愣儿	复合式（动宾）	发愣	复合式（动宾）
耳雷子	复合式（定中）	耳光	复合式（定中）
茅楼儿	复合式（定中）	茅厕	复合式（定中）

由表4-47可以看出，开鲁县方言词语的语素数量比普通话多，构词语素有部分相同有部分不同，但结构类型绝大多数是一样的，如"把招儿"和"把关"，"并板儿"和"并排"，"捣嘎子"和"捣蛋"都是动宾结构，"城圈儿"和"城里"，"脚底板"和"脚掌"都是定中结构等。从造词方法来说，"把招儿"和"把关"，"并板儿"和"并排"，"城圈儿"和"城里"，"捣嘎子"和"捣蛋"等词语，都采用了语义关联法中的直指式组合型方法，而且开鲁县汉语方言词语中用到的语素像"招""板""圈""嘎"等，普通话中都有，只是没有这样的组合方式，因此形成了开鲁县汉语方言词汇的一大特色。

（2）开鲁县方言词语中的语素数量比普通话少

开鲁县方言词语的语素数量比普通话少的情况非常少，如"拔跟头"是"不相上下"的意思，从造词方法来说，"拔跟头"采用语义关联法中的喻指式比喻型方法，"不相上下"采用语义关联法中的直指式组合型方法，差异较大。

3. 开鲁县方言中的合成词在普通话中是单纯词

开鲁县方言中的合成词有些在普通话中是单纯词，如表4-48所示：

表4-48 开鲁县方言中的合成词和普通话单纯词对照表

开鲁县方言	普通话	开鲁县方言	普通话
败坏	败	拆登	凑
错劈	错	干崩	只、光

开鲁县方言	普通话	开鲁县方言	普通话
拐扯	拐	怪乎	怪
河套	河		

由表 4-48 可以看出，个别词语在表达词义方面存在不同的角度，选用完全不同的语素，如"干崩"和"只、光"，在"干崩肉丝"中"干崩"就是"只"的意思，在"我兜里干崩的"中"干崩"就是"光"的意思；多数词语开鲁县方言和普通的词根语素是一样的，只不过在方言词根语素的后面又加上了方言中特有的词缀，构成了附加式合成词，如"拐扯""拆登""怪乎"后加上了词缀"扯""登""乎"，"败坏"后加补充说明的词根语素"坏"。

第三节　语法特点

开鲁县汉语方言和普通话的语法特点总体来说共性较多，尤其是在词法上，但它们也有一些细微的差别。

一、词法

开鲁县方言作为汉语的一种地域变体，从语素的层面来说，它与普通话语素的关系主要有两种情况，一种是开鲁县方言和普通话中都有的语素，这样的语素数量非常多；另外一种是开鲁县方言独有而普通话中没有的一些语素，这部分呈现出了开鲁县方言词法的鲜明特色。

（一）词根

开鲁县方言中有较多特有的词根语素，根据音节数量的不同，把开鲁县方言特有的语素分为单音节词根语素和多音节词根语素。

1. 单音节词根

开鲁县汉语方言中特有的单音节词根语素，如：

搭：批评、训斥。

暴：狠、足。

苍：肿。

馇：熬（粥等）。

存：住。

度：①憋出（枝杈儿）；②庄稼自然成熟。

该：管、关。

啥：什么。

艮：（食物）坚韧而不脆。

叫：卖主当着买主的面把西瓜打（切）开。

裹：（嘴含管孔）吸。

害：关。

海：多。

核：卖。

虎：①傻；②骗。

彪：①傻，缺心眼儿；②粗野。

谨：用清水慢火煮（肉）。

精：很。

蹶：大骂。

嗑：话。

唠：说。

猫：藏。

囊：①无能；②（物）软、次。

孬：①坏、不好；②怯懦、没有勇气。

仍：象声词，表飞行或转动速度所产生的声音。同"日"。

梃：①打；②训斥。

熊：①欺负；②软弱、无能；③索取；④骗。

作：①闹腾；②自己糟蹋自己。

2. 多音节词根

除了以上独有的单音节语素之外，开鲁县方言中还有较多的多音节词根语素，如：

大荒儿：大概。

登登（的）：走路有力量。

顶巴儿：毫不间断地。

多咱：什么时候。

嘎锛儿：骂人话，死。

嘎巴：（嘴）一张一合。

杠杠（的）：形容某事某物，品质或质量很好，形容人，尤指人品好。

胳拉拜儿：膝盖。

故憷：阴险、坏。

鼓拥：蠕动。

吼吼儿（的）：气极了的样子。

戒在：节省而在意。

拘挛（儿）：（手脚）因冻僵而屈伸不灵。

婆婆丁：蒲公英。

鞋窠郎：鞋的内部。

牙造：厉害、霸道。

羊拉子：毛虫。

夜儿个：昨天。

（二）词缀

开鲁县方言中除了与普通话共有的词缀，如"子""头""老""儿"等外，也有较多独有的词缀，根据音节数量的不同分为两类：

1. 单音节词缀

开鲁县方言中有些单音节词缀，构词能力比较强，同一个词缀可以跟不同的词根语素组合，从而构成不同的词语。

咕：鼻儿咕、踩咕、踹咕、挤咕、强咕、摸咕、捅咕

发：敖（孬）发、大发

扯：熬扯、扒扯（同"扒查"）、掰扯（同"掰查"）、撩扯、挠扯、闹扯、绕扯

楞（棱、愣）：白楞、包楞、别楞、翻楞、横楞、眯楞、转楞、翘棱、扑棱、斜愣、拔愣（拔拔愣愣）

乎：摆乎、吹乎、怪乎、就乎、狼乎、面乎、惹乎、扇乎、贴乎、嫌乎、笑乎、暄乎

登：搬登、折登、叨登、蒙登、迷登、欠儿登、涮登

蛬（斥、嗤）：刮蛬、搭嗤、翻斥

巴：豹巴、磕巴、拉巴、蔫巴、掐巴、耍巴、凿巴、窄巴、挣巴、支巴

腾：滑腾（滑堂）、喧腾、闹腾、折腾

气：欢气、媚气、素气、硬气

达：蹶达、甩达、操达

拉：离拉歪斜、马拉马虎、皮拉、撇拉、扑拉

开鲁县方言中单音节词缀大多数是后缀，但也有个别的是中缀和前缀，如"离拉歪斜""马拉马虎"中的"拉"是中缀；"二不愣""二不卵子""二不铲子"中的"二"是前缀。

2. 多音节词缀

开鲁县方言中的多音节词缀，根据它们的音节是否相同，可分为叠音词缀和其他词缀两种。

（1）叠音词缀

开鲁县方言中的叠音词缀有：矮趴趴、拔督督、拔梗梗、艮揪揪、狠歹歹、胡嘞嘞、虎巴巴（嘟嘟、车车）、空落落（的）、湿涝涝、辣蒿蒿（的）、赖蒿蒿（的）、土霍霍、直愣愣、二意思思（忽忽）等。由这些叠音词缀可以看出，它们的构词能力较低，一般每一个叠音词缀只能跟特定的词根组合，少数词缀可以和不同的词根组合，构成不同的词语，如"蒿蒿"等词缀。

（2）其他词缀

开鲁县方言中非叠音的词缀是非常多的，如：虎八超（的）、可怜巴嚓、贱巴唦咧、牲口巴道、闹巴登（的）、吵吵巴火、费事巴拉、腥人巴拉、揪心巴拉、瘆人巴拉、扎巴拉沙、稀巴楞登、稀巴楞儿、稀不棱、稀拉巴登、稀巴棱登、稀巴拉（的）、直巴楞腾、长巴咧些、矮巴溜丢、二巴扽登、二虎吧唧（二虎巴登）、虎了巴腾、倔巴腾（的）、白不呲咧、汕不搭、憨不登（的）、傻不愣登、贱不喽嗖、黑不糁儿、干巴扯叶、干巴疵裂、嘎巴疵叶、长毛搭撒、潮嗒呼、悬得乎（楞）、闷大呼唻、干大鲁、瘪得哈、傻得呵、傻得呵（的）、傻得呼痴（唻）、茸嘟噜（的）、叨而其咕、叨里七咕、空格郎、木个丁（的）、死个丁、木个张（的）、热古都、黏古抓、粗鼓伦墩、齐咕囵墩、精湿呱嗒、稀里哈搭、齐乎拉、阴天呼啦（的）、阴呼啦的、瘦筋夏拉、瘦筋炸拉、半拉磕矶、烂眼枯嚓、憨拉巴屈、恶拉巴心、砢拉巴碜、埋拉巴汰、窝拉巴屈、乌拉巴涂、水拉

巴叉、傲拉巴登、茶拉巴登、傻拉巴登、虎啦巴登、虎拉巴腾、光腚拉叉、土拉刚儿、软拉古耐、傻拉光叽（汤）、鼻涕拉瞎、干巴拉瞎、虎啦巴唧、滑拉巴唧、干巴楞儿（楞登）、稀里光汤、稀里忽鲁、稀里麻哈、黑漆寥光、漆黑寥光、大肚咧些、大嘴吗哈、黑椮椮儿、肥吐噜等。由以上例子可以看出，开鲁县方言中的非叠音词缀大多数是后缀，像"叨里七咕"中的中缀"里七"较少，而且这些词缀的构词能力也较低，一般特定的词缀只能跟特定的词根语素组合构成词语，构词能力较强的略少一些，如"拉巴""巴楞登"等。

（三）程度副词、疑问代词和形容词

开鲁县方言中有一些独特的程度副词、疑问代词和形容词，形成其鲜明的地域特色。程度副词如"精""溜""老""嘎嘎""杠"等，疑问代词如"咋（的、着）""啥"等。形容词的重叠式主要是"AABB"式，如"巴巴结结""板板正正""笔笔正正""边边拉拉""瘪瘪瞎瞎""扑扑棱棱""唱唱咧咧""嘚嘚嗖嗖""硌硌棱棱""轰轰通通""忽忽拉拉""叽叽咕咕""叽叽嘎嘎""假假咕咕""拘拘挛挛""趔趔巴巴""趔趔勾勾""趔趔歪歪""缕缕行行""泡泡囊囊""丝丝拉拉""操操达达""殃殃戗戗"等。

（四）带"子"缀的词语

开鲁县方言词汇中"子"缀构词能力较强，可以和许多词根语素组合，形成众多不同的词语，而这些词在普通话中一般不用"子"缀，或者这些带"子"缀的词在普通话中没有对应的词语，如：大腿里子、扒豁子、半语子、踩格子、菜扒子、草垛子、草甸子、草棵子、草爬子、插花子、馋嘴巴子、抽冷子、出门子、床子、春头子、矮巴子、打吵子、蛋头子、倒台子、捣嘎子、瞪眼珠子、地隔子、掉腰子、前趴子、街溜子、骨头棱子、后脑勺子、花舌子、黄嘴丫子、假招子、搅捞子、街筒子、脸子、溜沟子、镏子、绺子、遛趟子、垄头子、马路牙子、脑袋瓜子、尿水子、趴被窝子、泡子、炮筒子、皮子、撇子、起皮子、树毛子、树趟子、树码子、树栽子、屯子、挖（剜）门子、碗底子、下眼子等。

（五）"从（逮/搁）"的特殊用法

普通话中的"在"（动词、介词），在开鲁县汉语方言中常说成"从""逮"或"搁"。例如：

　　①你从（逮/搁）哪呢？（你在哪呢？）
　　②我从（逮/搁）单位呢。（我在单位呢。）

③你从（逮／搁）这干什么呢？（你在这干什么呢？）
④我从（逮／搁）家洗衣服呢。（我在家洗衣服呢。）

但在开鲁县汉语方言中并非所有的"在"都能被"从"（逮／搁）替换。例如：

⑤他在读书。不能说成"他从（逮／搁）读书"。
⑥他在学习。不能说成"他从（逮／搁）学习"。
⑦他在洗衣服。不能说成"他从（逮／搁）洗衣服"。
⑧他在干什么？不能说成"他从（逮／搁）干什么？"

通过比较，我们不难看出，在开鲁县汉语方言中，如果"在"后面是名词、代词时，"在"可以替换为"从（逮／搁）"。当"在"后面是动词或动词性短语时，"在"不能替换为"从（逮／搁）"。从词性的角度也可以说，当"在"是动词或介词时，可以替换为"从（逮／搁）"；当"在"是副词时，则不能替换。另外，作为动词的"在"，在普通话中可以单独回答问题，而朝峰片汉语方言中的"从（逮／搁）"则不能。

二、句法

（一）带有"知道"的否定句式

动词"知道"的否定形式，在普通话中是"不知道"，而在开鲁县方言中却说成"知不道"，例如下面一段对话：

问：这事儿你知道知不道？
答：我可知不道。
问：别装糊涂啦，你知不道谁知道？
答：就是知不道嘛！知道了我还能说"知不道"？

在开鲁县汉语方言中把"知道"的否定式说成"知不道"，即将否定副词"不"置于"知"和"道"之间，但意义与"不知道"相同，这种说法极为普遍，由来已久。其他动词的否定式未见此种形式。

（二）带有特殊词语的比较句式

普通话的比较句常用"比"一词，开鲁县方言除了用"比"外，还常用

"赶""顶""有""跟""强"等词，有的还在谓词后出现"上""过"等。例如：

①那个姑娘赶上明星俊了。
②那个姑娘顶上明星俊了。
③那个姑娘有明星俊。
④那个姑娘跟明星一样俊。
⑤那个姑娘俊得强过明星了。
⑥那个姑娘赛过明星俊了。

以上是肯定比较句，如果是否定比较句，普通话的表示方式是直接用"没有"，或在"比"的前面加"不"，开鲁县方言则不然，例如：

⑦那个姑娘没你俊。
⑧那个姑娘比不过你俊。
⑨那个姑娘赶不上你俊。

在开鲁县方言中，常用"没"，或在"赶""顶"等词的后面加"不上""不过"等构成否定比较句。

(三) 带有简化特征的疑问句式

普通话的正反问句一般常在谓语中用肯定否定并列的形式（个别的用简化形式），而开鲁县方言则常采用简化形式，即在陈述句末加否定副词"不"或"没"。例如：

普通话——开鲁县方言
①你来不来？——你来不？
②你吃不吃饭？——你吃饭不？
③你来没来？你来了没有？——你来没？
④你吃没吃饭？你吃了没有？——你吃了没？

开鲁县方言中正反问句尾加"不"和加"没"在表意上有区别：加"不"句意在询问动作性状是否存在的事实，加"没"句意在询问动作性状的经历或是否已成事实。以上这两种正反问句在具体运用中，有时会带语气助词"啊""哎"。例如：

⑤你来不啊？

⑥你吃饭不哎？

不带语气助词的语句只是单纯地提问，添加语气助词后则含有催问或强调的意味。

（四）带有总括性语尾的句式

在开鲁县汉语方言中，有一种带有总括性语尾的特殊句式，在口语中常常使用，即在句子末尾带上"拉叽的""拉哄的""五的（伍的）""啥的"，表示总括。例如：

①你们搓搓玉米拉叽的。

②别待着，洗洗衣服拉哄的。

③出去跑跑五的。

④我去看点书啥的。

通常情况下，"拉叽的"与"拉哄的"的适用范围比较窄，只能用在名词或名词性短语的后面，"五的"与"啥的"的适用范围比较宽，谓词性词语、名词性词语的后面都可以出现。

（五）带有语助性语尾的句式

在开鲁县汉语方言中，口语中常常出现一种带有语助性语尾的特殊句式，即在句子后面带上"来着""来的"等，加强语气。例如：

①我读书来着？

②他表扬你来着。

③你这是何苦来的。

④他去单位来的？

"来着""来的"都表示加强语气，但用法上又有细微差别。"来着"只能用在陈述句、疑问句中，上面的"来着"都能替换成"来的"；"来的"能用在陈述句、疑问句、感叹句中，上面的"来的"有的能替换成"来着"，有的不能，"来的"的适用范围大于"来着"。

（六）带有特殊程度补语的句式

开鲁县汉语方言与普通话一样都有补语，但充当开鲁县补语的一些词语比较特殊，主要有以下几种情况：

1. 动（形）＋得＋慌（或"要命"）。在开鲁县汉语方言中，形容词"慌"或"要命"常作补语，相当于"很""极"，表程度高。例如：挤得慌；挤得要命／憋得慌；憋得要命／闷得慌；闷得要命／累得慌；累得要命／腻歪得慌；腻歪得要命／刺挠得慌；刺挠得要命等。

2. 动（形）＋毁（或"屁""死"）＋了。在开鲁县汉语方言中，程度副词"毁""屁"或"死"常用在动（形）词后作补语，后面一定出现语气助词"了"，表程度加重。例如：气毁了；气屁了；气死了／挤毁了；挤屁了；挤死了／渴毁了；渴屁了；渴死了／乐毁了；乐屁了；乐死了／急毁了；急屁了；急死了／憋屈毁了；憋屈屁了；憋屈死了／刺挠毁了；刺挠屁了；刺挠死了等。

3. 形＋（了）去＋了。在开鲁县汉语方言中，程度副词"去"常用在单音节形容词后作补语，表程度加深或加重。形容词后可带动态助词"了"，也可不带，"去"后常带语气助词"了"。例如：粗去了；粗了去了／大去了；大了去了／多去了；多了去了／高去了；高了去了／宽去了；宽了去了／忙去了；忙了去了／远去了；远了去了等。

4. 动（形）＋动（或动词短语）＋了。在开鲁县汉语方言中，一些动词或形容词后常加入动词或动词短语，意为"很""极"，表程度加深或加重，作补语。后边的动词或动词短语后常带语气助词"了"。例如：喝翻了；喝翻白儿了／坏透了；坏透气了／乐翻了；乐翻白儿了／乐掂儿了；乐掂馅儿了／挤翻了；挤翻车了／闹乱了；闹乱套了等。

第五章

以科尔沁区为代表的东北官话

科尔沁地区的科尔沁区、科左中旗、科左后旗同属东北官话区哈阜片儿的长锦小片，我们在做实地考察时发现，科尔沁区的汉语方言比较典型，因此就以科尔沁区汉语方言为代表进行全面、深入的调研，探究其语音面貌、词汇系统、语法结构，挖掘科尔沁地区东北官话的本质特征，构建科学、系统的方言体系，以探索新时期多民族聚居区全国通用语言的发展规律。

第一节　语音特点

本部分采用与开鲁县汉语方言相同的抽样调查和语音实验的方法对以科尔沁区为代表的东北官话的语音系统进行了深入、细微的研究。课题的发音合作人是长期居住于通辽市科尔沁区的年轻女性，高中学历，说当地方言，所用的录音工具是由北京语言大学开发的"北语录音"软件。

一、声母系统

科尔沁区汉语方言的声母共有22个，21个辅音声母 b [p]、P [pʰ]、m [m]、f [f]、d [t]、t [tʰ]、n [n]、l [l]、g [k]、k [kʰ]、h [x]、j [tɕ]、q [tɕʰ]、x [ɕ]、zh [tʂ]、ch [tʂʰ]、sh [ʂ]、r [ʐ]、z [ts]、c [tsʰ]、s [s]，1个零声母。声母在数量、种类上和普通话的声母系统总体是一致的，但也存在着一些细微的差别。我们同样采用 praat 语音分析软件对科尔沁区汉语方言的声母系统与普通话的声母系统进行对比分析。

科尔沁区方言与普通话相同，充当声母的辅音依据发音方法中阻碍方式的不同分为塞音、擦音、塞擦音、鼻音、边音五种类型。

（一）塞音

塞音共有6个：b、p、d、t、g、k。

1. 塞音 b

图 5-1 是科尔沁区方言和普通话塞音 b 的发音语图：

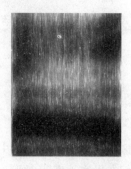

图 5-1 科尔沁区方言（左）和普通话（右）"饱"的发音语图

语图上，"饱"这个音节前段是声母 b 的发音，声母之后是韵母 ao 的发音。科尔沁区方言塞音 b 冲直条不明显；普通话的冲直条则比较明显。通过测量发现，科尔沁区方言塞音 b 的嗓音起始时间为 0.008 秒，普通话为 0.007 秒，科尔沁区方言的嗓音起始时间比普通话略长。

2. 塞音 p

图 5-2 是科尔沁区方言和普通话塞音 p 的发音语图：

图 5-2 科尔沁区方言（左）和普通话（右）"铺"的发音语图

语图上，"铺"这个音节前段是声母 p 的发音，声母之后是韵母 u 的发音。科尔沁区汉语方言的冲直条不明显，送气乱纹比较明显，但分布不均衡；普通话的冲直条和送气乱纹都比较明显，送气乱纹的能量分布较均衡。通过测量发现，科尔沁区方言塞音 p 的嗓音起始时间为 0.087 秒，普通话为 0.113 秒，科尔沁区方言的嗓音起始时间比普通话短。

3. 塞音 d

图 5-3 是科尔沁区方言和普通话塞音 d [t] 的发音语图：

图 5-3　科尔沁区方言（左）和普通话（右）"打"的发音语图

　　语图上，"打"这个音节前段是声母 d 的发音，声母之后是韵母 a 的发音。科尔沁区汉语方言和普通话都表现出不送气清塞音的共同特征，即在发音的开头有一条"冲直条"，科尔沁区方言冲直条不连续，普通话塞音 d 的冲直条是连续的。科尔沁区方言塞音 d 的噪音起始时间为 0. 006 秒，普通话为 0. 009 秒，科尔沁区方言的噪音起始时间比普通话短。

4. 塞音 t

图 5-4 是科尔沁区方言和普通话塞音 t 的发音语图：

图 5-4　科尔沁区方言（左）和普通话（右）"塔"的发音语图

　　语图上，"塔"这个音节前段是声母 t 的发音，声母之后是韵母 a 的发音。科尔沁区方言和普通话的塞音 t 冲直条均不明显，科尔沁区方言的塞音 t 送气乱纹能量比普通话强，但科尔沁区方言和普通话的送气乱纹的能量分布都不均衡。通过测量发现，科尔沁区方言塞音 t 的噪音起始时间为 0. 122 秒，普通话为 0. 137 秒，科尔沁区方言的噪音起始时间比普通话短。

5. 塞音 g

图 5-5 是科尔沁区方言和普通话塞音 g 的发音语图：

图 5-5　科尔沁区方言（左）和普通话（右）"高"的发音语图

语图上，"高"这个音节前段是声母 g 的发音，声母之后是韵母 ɑo 的发音。科尔沁区汉语方言和普通话都表现出不送气清塞音的共同特征，即在发音的开头有一条"冲直条"，科尔沁区方言塞音 g 冲直条不连续，普通话塞音 g 的冲直条是连续的。科尔沁区方言塞音 g 的嗓音起始时间为 0.024 秒，普通话为 0.010 秒，科尔沁区方言的嗓音起始时间比普通话长。

6. 塞音 k

图 5-6 是科尔沁区方言和普通话塞音 k 的发音语图：

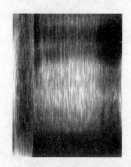

图 5-6　科尔沁区方言（左）和普通话（右）"苦"的发音语图

语图上，"苦"这个音节前段是声母 k 的发音，声母之后是韵母 u 的发音。科尔沁区汉语方言和普通话都表现出送气清塞音的共同特征，即"冲直条加送气乱纹"。科尔沁区方言和普通话的塞音 t 冲直条均不明显，科尔沁区方言的塞音 t 送气乱纹能量较强，但分布不均衡，普通话的送气乱纹能量分布较均衡。通过测量发现，科尔沁区方言塞音 k 的嗓音起始时间为 0.118 秒，普通话为 0.144

秒，科尔沁区方言的噪音起始时间比普通话短。

（二）擦音

擦音共有 6 个：f、h、x、s、sh、r。

1. 擦音 f

图 5-7 是科尔沁区方言和普通话擦音 f 的发音语图：

图 5-7　科尔沁区方言（左）和普通话（右）"飞"的发音语图

语图上，"飞"这个音节前段是声母 f 的发音，声母之后是韵母 ei 的发音。科尔沁区方言和普通话的擦音 f 在语图上的表现均为一段乱纹，但科尔沁区方言的擦音 f 的能量较强，分布不均衡，中心频率和频率下限都较高；普通话的擦音 f 的能量相对较弱，分布相对均衡，中心频率较高，频率下限较低。

2. 擦音 h

图 5-8 是科尔沁区方言和普通话擦音 h 的发音语图：

图 5-8　科尔沁区方言（左）和普通话（右）"后"的发音语图

语图上，"后"这个音节前段是声母 h 的发音，声母之后是韵母 ou 的发音。科尔沁区方言和普通话的擦音 h 在语图上的表现均为一段乱纹，科尔沁区方言的擦音 h 的能量比普通话强，但它们的能量分布都不均衡，科尔沁区方言和普通话的中心频率都较高，没有明显的频率下限。

3. 擦音 x

图 5-9 是科尔沁区方言和普通话擦音 x 的发音语图：

图 5-9　科尔沁区方言（左）和普通话（右）"许"的发音语图

语图上，"许"这个音节前段是声母 x 的发音，声母之后是韵母 ü 的发音。科尔沁区方言和普通话的擦音 x 在语图上的表现均为一段乱纹，科尔沁区方言的能量比普通话强，科尔沁区方言和普通话的擦音 x 的中心频率都较高，但科尔沁区方言的擦音 x 的频率下限比普通话高。

4. 擦音 s

图 5-10 是科尔沁区方言和普通话擦音 s 的发音语图：

图 5-10　科尔沁区方言（左）和普通话（右）"算"的发音语图

语图上，"算"这个音节前段是声母 s 的发音，声母之后是韵母 uan 的发音。科尔沁区方言和普通话的擦音 s 在语图上的表现均为一段乱纹，科尔沁区方言和普通话的擦音 s 的中心频率都较高，但科尔沁区方言的擦音 s 的频率下限比普通话高。

5. 擦音 sh

图 5-11 是科尔沁区方言和普通话擦音 sh 的发音语图：

图 5-11　科尔沁区方言（左）和普通话（右）"失"的发音语图

语图上，"失"这个音节前段是声母 sh 的发音，声母之后是韵母-i［ʅ］的发音。科尔沁区方言和普通话的擦音 sh 在语图上的表现均为一段乱纹，科尔沁区方言和普通话的擦音 sh 的中心频率都较高，但科尔沁区方言的擦音 sh 的频率下限比普通话高。

6. 擦音 r

图 5-12 是科尔沁区方言和普通话擦音 r 的发音语图：

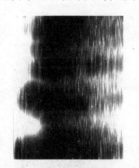

图 5-12　科尔沁区方言（左）和普通话（右）"认"的发音语图

语图上，"认"这个音节前段是声母 r 的发音，声母之后是韵母 en 的发音。r 为浊擦音，声学性质表现为共振峰。通过测量发现，科尔沁区方言 r 的第一共振峰为 425Hz，第二共振峰为 2169Hz；普通话 r 的第一共振峰为 264Hz，比科尔沁区方言的第一共振峰值低，第二共振峰为 2143Hz，比科尔沁区方言的第二共振峰值略低。

（三）塞擦音

塞擦音共有 6 个：j、q、z、c、zh、ch。

1. 塞擦音 j

图 5-13 是科尔沁区方言和普通话塞擦音 j 的发音语图：

图 5-13 科尔沁区方言（左）和普通话（右）"局"的发音语图

语图上，"局"这个音节前段是声母 j 的发音，声母之后是韵母 ü 的发音。科尔沁区方言和普通话塞擦音 j 的冲直条均不明显，之后的摩擦乱纹都较清晰，中心频率和频率下限都较高。

2. 塞擦音 q

图 5-14 是科尔沁区方言和普通话塞擦音 q 的发音语图：

图 5-14 科尔沁区方言（左）和普通话（右）"区"的发音语图

语图上，"区"这个音节前段是声母 q 的发音，声母之后是韵母 ü 的发音。科尔沁区方言塞擦音 q 的冲直条不明显，而普通话的冲直条较明显，之后的摩擦乱纹和送气乱纹都较清晰，中心频率均较高，科尔沁区方言塞擦音 q 的频率下限较高，而普通话没有明显的频率下限。

3. 塞擦音 z

图 5-15 是科尔沁区方言和普通话塞擦音 z 的发音语图：

图 5-15　科尔沁区方言（左）和普通话（右）"字"的发音语图

语图上，"字"这个音节前段是声母 z 的发音，声母之后是韵母 -i［ɿ］的发音。科尔沁区方言和普通话的塞擦音 z 的冲直条均不明显，之后的摩擦乱纹都较清晰，而科尔沁区方言的塞擦音 z 的中心频率和频率下限都比普通话高得多。

4. 塞擦音 c

图 5-16 是科尔沁区方言和普通话塞擦音 c 的发音语图：

图 5-16　科尔沁区方言（左）和普通话（右）"层"的发音语图

语图上，"层"这个音节前段是声母 c 的发音，声母之后是韵母 eng 的发音。科尔沁区方言和普通话的塞擦音 z 的冲直条均不明显，之后的摩擦乱纹和送气乱纹都较清晰，中心频率和频率下限也表现出基本一致的特征。

5. 塞擦音 zh

图 5-17 是科尔沁区方言和普通话塞擦音 zh 的发音语图：

图5-17　科尔沁区方言（左）和普通话（右）"知"的发音语图

语图上，"知"这个音节前段是声母zh的发音，声母之后是韵母-i〔ʅ〕的发音。科尔沁区方言的塞擦音zh的冲直条不明显，普通话的冲直条较明显，之后的摩擦乱纹都较清晰，中心频率和频率下限也表现出基本一致的特征。

6. 塞擦音ch

图5-18是科尔沁区方言和普通话塞擦音ch的发音语图：

图5-18　科尔沁区方言（左）和普通话（右）"车"的发音语图

语图上，"车"这个音节前段是声母ch的发音，声母之后是韵母e的发音。科尔沁区方言的塞擦音ch的冲直条不明显，普通话的冲直条较明显，之后的摩擦乱纹和送气乱纹都较清晰，中心频率和频率下限也表现出基本一致的特征。

（四）鼻音

鼻音共有2个：m、n。

1. 前加鼻音的零声母

图5-19和图5-20是科尔沁区方言前加鼻音的零声母和普通话零声母的发音语图：

图 5-19 科尔沁区方言"饿"和"矮"的发音语图

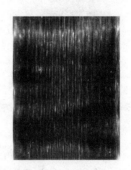

图 5-20 普通话"饿"和"矮"的发音语图

"饿""矮"等字，在普通话中是零声母字，韵母分别是 e 和 ɑi，科尔沁区方言有的则在音节前加了 n 声母，表现出与开鲁县方言相同的特征。

2. 鼻音 m

图 5-21 是科尔沁区方言和普通话鼻音 m 的发音语图：

图 5-21 科尔沁区方言（左）和普通话（右）"猫"的发音语图

语图上，"猫"这个音节前段是声母 m 的发音，声母之后是韵母 ɑo 的发

音。鼻音 m 为浊辅音，声学性质表现为共振峰。通过测量发现，科尔沁区方言
m 的第一共振峰为 270Hz，第二共振峰为 886Hz；普通话 m 的第一共振峰值为
337Hz，比科尔沁区方言的第一共振峰值高，第二共振峰为 1078Hz，比科尔沁区
方言的第二共振峰值高。

3. 鼻音 n

图 5-22 是科尔沁区方言和普通话鼻音 n 的发音语图：

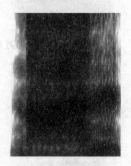

图 5-22　科尔沁区方言（左）和普通话（右）"南"的发音语图

语图上，"南"这个音节前段是声母 n 的发音，声母之后是韵母 an 的发音。
鼻音 n 为浊辅音，声学性质表现为共振峰。通过测量发现，科尔沁区方言 n 的
第一共振峰为 300Hz，第二共振峰值不明显；普通话 n 的第一共振峰值为
273Hz，比科尔沁区方言的第一共振峰值低，第二共振峰为 1724Hz。

（五）边音 l

科尔沁区方言和普通话中边音只有 1 个。图 5-23 是科尔沁区方言和普通话
边音 l 的发音语图：

图 5-23　科尔沁区方言（左）和普通话（右）"力"的发音语图

语图上，"力"这个音节前段是声母 l 的发音，声母之后是韵母 i 的发音。

边音 l 为浊辅音，声学性质表现为共振峰。通过测量发现，科尔沁区方言 l 的第一共振峰为 423Hz，第二共振峰为 1955Hz；普通话 l 的第一共振峰值为 326Hz，比科尔沁区方言的第一共振峰值低，第二共振峰为 1865Hz，比科尔沁区方言的第二共振峰值低。

二、韵母系统

科尔沁区汉语方言语音系统中韵母的数量、种类和普通话的韵母系统总体是一致的，共 39 个，有的由元音充当，有的由元音加辅音构成，但在发音上存在着一些具体的差别，下面按照韵母的内部结构类型对其进行说明。

（一）单元音韵母

科尔沁区汉语方言的单韵母和普通话的单韵母数量相同，都是 10 个，由 a [A]、o [o]、e [ɤ]、i [i]、u [u]、ü [y]、ê [ɛ]、er [ɚ]、–i [ɿ]、–i [ʅ] 单元音充当，以下采用与开鲁县汉语方言相同的语音实验方法对其进行深入的分析。

1. 科尔沁区汉语方言单元音分析

根据实验方法，提取的科尔沁区方言单元音共振峰 F1、F2 的值如表 5–1 所示：

表 5–1　科尔沁区方言单元音共振峰 F1、F2 的值

所在词	音素	时长（s）	所在词时长（s）	共振峰 F1（Hz）	共振峰 F2（Hz）
擦	a	0.241	0.371	936	1507
恶	e	0.329	0.329	521	1060
二	er	0.227	0.227	825	1264
一	i	0.312	0.312	385	3014
祠	–i [ɿ]	0.239	0.455	488	1494
墨	o	0.196	0.272	608	934
屋	u	0.283	0.283	445	737
许	ü	0.304	0.508	398	2122
吃	–i [ʅ]	0.259	0.306	489	1737

根据以上共振峰数据，在 excel 中以 F1 为纵坐标，方向朝下，对应舌位的高低；以 F2 为横坐标，方向朝左，对应舌位的前后，纵、横坐标的交叉点在右

上角。科尔沁区方言共振峰 F1 的频率范围为 200Hz-1000Hz，F2 的频率范围为 600Hz-3200Hz。据此就可以画出科尔沁区方言单韵母的声学元音图，并将其与普通话的单韵母声学元音图对照，如图 5-24 所示：

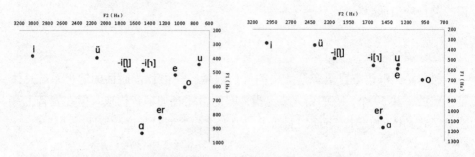

图 5-24 科尔沁区方言（左）和普通话（右）单韵母声学元音图

2. 科尔沁区方言和普通话单元音的对比分析

从上图中可以看出，科尔沁区方言和普通话的单元音韵母，总体特点相似，i 在前，u 在后，ɑ 在下，但也存在一些细微的差别。科尔沁区方言的单韵母 i 的舌位比普通话低，舌位的前后基本一致。科尔沁区方言的单韵母 ü 的舌位比普通话低且略靠后。科尔沁区方言的单韵母 -i [ʅ] 的舌位比普通话略低且略靠后。科尔沁区方言的单韵母 er 的舌位比普通话略靠后，舌位的高低基本一致。科尔沁区方言的单韵母 ɑ 的舌位比普通话略低，舌位的前后基本一致。科尔沁区方言的单韵母 -i [ɿ]、e、o 的舌位与普通话高低、前后基本一致。科尔沁区方言的单韵母 u 的舌位比普通话靠后，舌位高低基本一致。

（二）复元音韵母（复韵母）

科尔沁区汉语方言的复元音韵母和普通话的复元音韵母数量相同，都是 13 个，由 ai [ai]、ei [ei]、ao [au]、ou [ou]、ia [iɑ]、ie [iɛ]、ua [uA]、uo [uo]、üe [yɛ]、uai [uai]、uei [uei]、iao [iau]、iou [iou] 复元音充当，以下采用语音实验的方法进行深入分析。

1. 前响复元音

科尔沁区汉语方言的前响复元音韵母和普通话的前响复元音韵母数量相同，都是 4 个，由 ai 、ei、ao、ou 前响复元音充当。

（1）ai

①图 5-25 是科尔沁区方言和普通话韵母 ai 的发音语图：

图 5-25　科尔沁区方言（左）和普通话（右）"卖"的发音语图

语图上，"卖"这个音节前段是声母 m 的发音，声母之后是韵母 ai 的发音。科尔沁区方言和普通话韵母 ai 的共振峰 F1 都呈现出下降的趋势，但科尔沁区方言的下降趋势不明显，普通话的下降趋势非常明显；科尔沁区方言和普通话韵母 ai 的共振峰 F2 都呈现出明显的上升趋势。

通过测量，科尔沁区方言和普通话的复韵母 ai 的 F1、F2 的共振峰值如表5-2 所示：

表 5-2　韵母 ai 的共振峰 F1、F2 的值

	卖（ai）			
	a		i	
	F1（Hz）	F2（Hz）	F1（Hz）	F2（Hz）
普通话	913	1261	692	2462
科尔沁区方言	815	1122	793	2082

根据科尔沁区方言和普通话 ai 的共振峰数据所画的 ai 韵母的声学元音图，如图 5-26 所示：

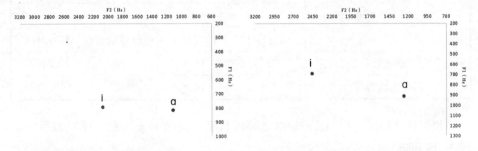

图 5-26　科尔沁区方言（左）和普通话（右）韵母 ai 的声学元音图

从上图可以看出，科尔沁区方言的韵腹 ɑ 比普通话舌位低，舌位的前后基本一致；科尔沁区方言韵尾 i 比普通话舌位低且靠后。科尔沁区方言在从韵腹 ɑ 过渡到韵尾 i 的过程中，舌位高低、前后的变化都没有普通话大，说明科尔沁区方言韵母 ɑi 的发音开口度比普通话小，韵腹 ɑ 和韵尾 i 的发音区分没有普通话清晰，动程不够完整。

（2）ei

图 5-27 是科尔沁区方言和普通话韵母 ei 的发音语图：

图 5-27　科尔沁区方言（左）和普通话（右）"飞"的发音语图

语图上，"飞"这个音节前段是声母 f 的发音，声母之后是韵母 ei 的发音。科尔沁区方言和普通话韵母 ei 的共振峰 F1 都呈现出下降的趋势，但科尔沁区方言的下降趋势不明显，普通话的下降趋势较明显；科尔沁区方言和普通话韵母 ei 的共振峰 F2 都呈现出明显的上升趋势。

通过测量，科尔沁区方言和普通话的复韵母 ei 的 F1、F2 的共振峰值如表 5-3 所示：

表 5-3　韵母 ei 的共振峰 F1、F2 的值

	飞（ei）			
	e		i	
	F1（Hz）	F2（Hz）	F1（Hz）	F2（Hz）
普通话	731	1466	326	2747
科尔沁区方言	528	1624	482	3154

根据科尔沁区方言和普通话的共振峰数据所画的 ei 韵母的声学元音图，如图 5-28 所示：

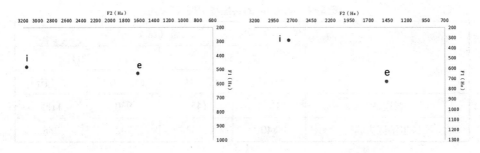

图 5-28　科尔沁区方言（左）和普通话（右）韵母 ei 的声学元音图

从上图可以看出，科尔沁区方言的韵腹 e 比普通话舌位高且靠前；科尔沁区方言的韵尾 i 的舌位比普通话低且靠前。科尔沁区方言在从韵腹 e 过渡到韵尾 i 的过程中，舌位前后的变化与普通话基本一致，但舌位高低的变化没有普通话大，说明科尔沁区方言的韵母 ei 的开口度比普通话小，韵腹 e 和韵尾 i 的发音区分不够清晰，动程不够完整。

（3）ɑo

图 5-29 是科尔沁区方言和普通话韵母 ɑo 的发音语图：

图 5-29　科尔沁区方言（左）和普通话（右）"靠"的发音语图

语图上，"靠"这个音节前段是声母 k 的发音，声母之后是韵母 ɑo 的发音。科尔沁区方言和普通话韵母 ɑo 的共振峰 F1 和 F2 都呈现出下降的趋势，但科尔沁区方言共振峰的下降趋势没有普通话明显。

通过测量，科尔沁区方言和普通话的复韵母 ɑo 的 F1、F2 的共振峰值如表 5-4 所示：

表 5-4 韵母 ao 的共振峰 F1、F2 的值

	靠（ɑo）			
	ɑ		o（u）	
	F1（Hz）	F2（Hz）	F1（Hz）	F2（Hz）
普通话	1058	1453	930	1155
科尔沁区方言	840	1141	742	788

根据科尔沁区方言和普通话的共振峰数据所画的 ao 韵母的声学元音图，如图 4-52 所示：

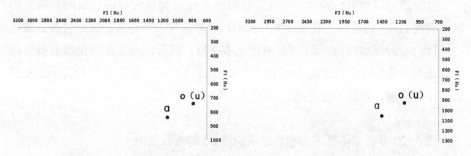

图 5-30 科尔沁区方言（左）和普通话（右）韵母 ao 的声学元音图

从上图可以看出，科尔沁区方言的韵腹 ɑ 的舌位比普通话靠后，舌位的高低基本一致；科尔沁区方言的韵尾 o（u）比普通话舌位靠后，舌位的高低基本一致。科尔沁区方言在从韵腹 ɑ 过渡到韵尾 o（u）的过程中，舌位前后的变化基本一致，舌位高低的变化比普通话略大，说明科尔沁区方言的韵母 ao 的发音开口度比普通话略大。

（4）ou

图 4-53 是科尔沁区方言和普通话韵母 ou 的发音语图：

图 5-31 科尔沁区方言（左）和普通话（右）"凑"的发音语图

　　语图上，"凑"这个音节前段是声母 c 的发音，声母之后是韵母 ou 的发音。科尔沁区方言和普通话的韵母 ou 的共振峰 F1 和 F2 都呈现出下降的趋势，但科尔沁区方言的下降趋势没有普通话明显。

　　通过测量，科尔沁区方言和普通话的复韵母 ou 的 F1、F2 的共振峰值如表 5-5 所示：

表 5-5　韵母 ou 的共振峰 F1、F2 的值

	凑（ou）			
	o		u	
	F1（Hz）	F2（Hz）	F1（Hz）	F2（Hz）
普通话	1054	1327	526	875
科尔沁区方言	731	1051	671	871

　　根据科尔沁区方言和普通话的共振峰数据所画的 ou 韵母声学元音图，如图 5-32 所示：

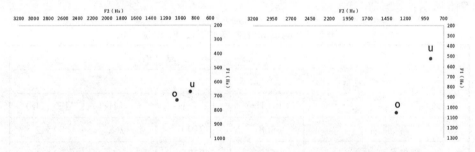

图 5-32　科尔沁区方言（左）和普通话（右）韵母 ou 的声学元音图

　　从上图可以看出，科尔沁区方言的韵腹 o 比普通话舌位高且靠后；科尔沁区方言的韵尾 u 的舌位比普通话低且靠前。科尔沁区方言在从韵腹 o 过渡到韵尾 u 的过程中，舌位高低、前后的变化都没有普通话大。说明科尔沁区方言的韵母 ou 的开口度比普通话小，韵腹 o 和韵尾 u 的发音区分不够清晰，动程不够完整。

　　2. 后响复元音

　　科尔沁区汉语方言的后响复元音韵母和普通话的后响复元音韵母数量相同，都是 5 个，由 ia、ie、ua、uo、üe 后响复元音充当。

　　（1）ia

　　图 5-33 是科尔沁区方言和普通话韵母 ia 的发音语图：

图5-33 科尔沁区方言（左）和普通话（右）"夏"的发音语图

语图上，"夏"这个音节前段是声母 x 的发音，声母之后是韵母 ia 的发音。科尔沁区方言和普通话的韵母 ia 的共振峰 F1 都表现出上升的趋势，但科尔沁区方言没有普通话上升明显。科尔沁区方言和普通话的韵母 ia 的共振峰 F2 都表现出下降的趋势，但科尔沁区方言没有普通话下降明显。

通过测量，科尔沁区方言和普通话的复韵母 ia 的 F1、F2 的共振峰值如表5-6 所示：

表5-6 韵母 ia 的共振峰 F1、F2 的值

	夏（ia）			
	i		a	
	F1（Hz）	F2（Hz）	F1（Hz）	F2（Hz）
普通话	368	2590	1268	1542
科尔沁区方言	550	2276	911	1474

根据科尔沁区方言和普通话的共振峰数据所画的 ia 韵母声学元音图，如图5-34 所示：

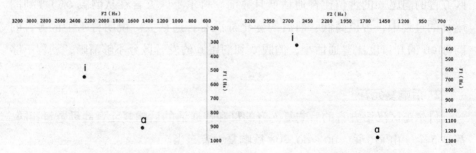

图5-34 科尔沁区方言（左）和普通话（右）韵母 ia 的声学元音图

从上图可以看出，科尔沁区方言的韵头 i 比普通话舌位低且靠后；科尔沁区方言的韵腹 ɑ 比普通话的舌位高，舌位的前后基本一致。科尔沁区方言从韵头 i 过渡到韵腹 ɑ 的过程中，舌位前后的变化基本一致，但舌位高低的变化没有普通话大，说明科尔沁区方言的韵母 iɑ 的开口度比普通话小，韵头 i 和韵腹 ɑ 的发音区分不够清晰，动程不够完整。

（2）ie

图 5-35 是科尔沁区方言和普通话韵母 ie 的发音语图：

图 5-35　科尔沁区方言（左）和普通话（右）"列"的发音语图

语图上，"列"这个音节前段是声母 l 的发音，声母之后是韵母 ie 的发音。科尔沁区方言和普通话的韵母 ie 的共振峰 F1 都表现出略有上升的趋势。科尔沁区方言和普通话的韵母 ie 的共振峰 F2 都表现出下降的趋势，但科尔沁区方言比普通话的下降趋势更明显。

通过测量，科尔沁区方言和普通话的复韵母 ie 的 F1、F2 的共振峰值如表 5-7 所示：

表 5-7　韵母 ie 的共振峰 F1、F2 的值

	列（ie）			
	i		e（ê）	
	F1（Hz）	F2（Hz）	F1（Hz）	F2（Hz）
普通话	425	3150	485	2801
科尔沁区方言	452	3142	710	2223

根据科尔沁区方言和普通话的共振峰数据所画的 ie 韵母声学元音图，如图 5-26 所示：

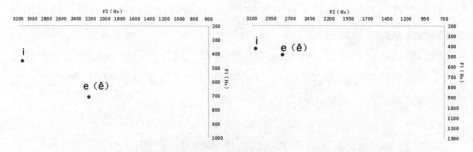

图 5-36　科尔沁区方言（左）和普通话（右）韵母 ie 的声学元音图

从上图可以看出，科尔沁区方言的韵头 i 的舌位比普通话低，舌位的前后基本一致；科尔沁区方言的韵腹 e（ê）比普通话的舌位低且靠后。科尔沁区方言从韵头 i 过渡到韵腹 e（ê）的过程中，舌位高低、前后的变化都比普通话大，说明科尔沁区方言的韵母 ie 的开口度比普通话大。

（3）ua

图 5-37 是科尔沁区方言和普通话韵母 ua 的发音语图：

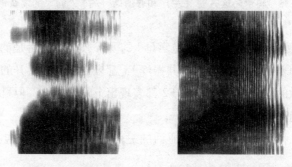

图 5-37　科尔沁区方言（左）和普通话（右）"化"的发音语图

语图上，"化"这个音节前段是声母 h 的发音，声母之后是韵母 ua 的发音。科尔沁区方言和普通话的韵母 ua 的共振峰 F1 和 F2 都表现出上升的趋势。

通过测量，科尔沁区方言和普通话的复韵母 ua 的 F1、F2 的共振峰值如表 5-8 所示：

表 5-8 韵母 uɑ 的共振峰 F1、F2 的值

	化（uɑ）			
	u		ɑ	
	F1（Hz）	F2（Hz）	F1（Hz）	F2（Hz）
普通话	653	1045	1218	1463
科尔沁区方言	764	1059	952	1288

根据科尔沁区方言和普通话的共振峰数据所画的 uɑ 韵母的声学元音图，如图 5-38 所示：

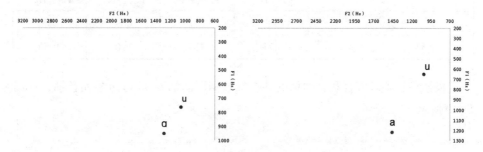

图 5-38 科尔沁区方言（左）和普通话（右）韵母 uɑ 的声学元音图

从上图可以看出，科尔沁区方言的韵头 u 比普通话舌位低且略靠前；科尔沁区方言的韵腹 ɑ 与普通话的舌位高低、前后基本一致。科尔沁区方言从韵头 u 过渡到韵腹 ɑ 的过程中，舌位高低和前后的变化都没有普通话大，说明科尔沁区方言的韵母 uɑ 开口度比普通话小，韵头 u 和韵腹 ɑ 的发音区分不够清晰，动程不够完整。

（4）uo

图 5-39 是科尔沁区方言和普通话韵母 uo 的发音语图：

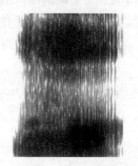

图 5-39 科尔沁区方言（左）和普通话（右）"握"的发音语图

185

语图上，"握"这个音节是韵母 uo 的发音。科尔沁区方言和普通话的韵母 uo 的共振峰 F1 和 F2 都表现出上升的趋势。

通过测量，科尔沁区方言和普通话的复韵母 uo 的 F1、F2 的共振峰值如表 5-9 所示：

表 5-9　韵母 uo 的共振峰 F1、F2 的值

	握（uo）			
	u		o	
	F1（Hz）	F2（Hz）	F1（Hz）	F2（Hz）
普通话	509	797	689	998
科尔沁区方言	477	715	770	1055

根据科尔沁区方言和普通话的共振峰数据所画的 uo 韵母声学元音图，如图 5-40 所示：

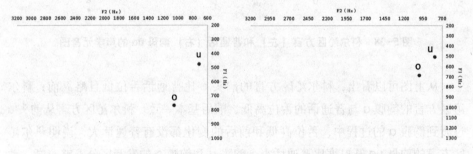

图 5-40　科尔沁区方言（左）和普通话（右）韵母 uo 的声学元音图

从上图可以看出，科尔沁区方言的韵头 u 的舌位比普通话低，舌位的前后基本一致；科尔沁区方言的韵腹 o 的舌位比普通话低且靠前。科尔沁区方言从韵头 u 过渡到韵腹 o 的过程中，舌位前后的变化基本一致，但舌位高低的变化比普通话大，说明科尔沁区方言的韵母 uo 的开口度比普通话大。

（5）üe

图 5-41 是科尔沁区方言和普通话韵母 üe 的发音语图：

图 5-41　科尔沁区方言（左）和普通话（右）"约"的发音语图

语图上，"约"这个音节是韵母 üe 的发音。科尔沁区方言和普通话的韵母 üe 的共振峰 F1 都表现出略有上升的趋势；科尔沁区方言和普通话的韵母 üe 的共振峰 F2 都表现出下降的趋势，但普通话的下降趋势更明显一些。

通过测量，科尔沁区方言和普通话的复韵母 üe 的 F1、F2 的共振峰值如表 5-10 所示：

表 5-10　韵母 üe 的共振峰 F1、F2 的值

	约（üe）			
	ü		e（ê）	
	F1（Hz）	F2（Hz）	F1（Hz）	F2（Hz）
普通话	335	2475	800	2126
科尔沁区方言	453	2094	674	1840

根据科尔沁区方言和普通话的共振峰数据所画的 üe 韵母声学元音图，如图 5-42 所示：

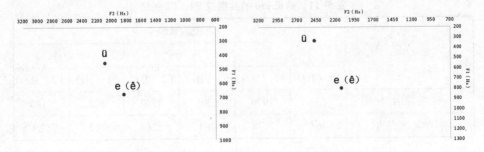

图 5-42　科尔沁区方言（左）和普通话（右）韵母 üe 的声学元音图

从上图可以看出，科尔沁区方言的韵头 ü 比普通话舌位低且靠后；科尔沁区方言的韵腹 e（ê）的舌位的高低、前后与普通话基本一致。科尔沁区方言从韵头 ü 过渡到韵腹 e（ê）的过程中，舌位前后的变化与普通话基本一致，舌位高低的变化没有普通话大，说明科尔沁区方言的韵母 üe 的开口度比普通话小。

3. 中响复元音

科尔沁区汉语方言的中响复元音韵母和普通话的中响复元音韵母数量相同，都是 4 个，由 iao、iou、uai、uei 中响复元音充当。

（1）iao

图 5-43 是科尔沁区方言和普通话韵母 iao 的发音语图：

图 5-43　科尔沁区方言（左）和普通话（右）"交"的发音语图

语图上，"交"这个音节前段是声母 j 的发音，声母之后是韵母 iao 的发音。科尔沁区方言的韵母 iao 的 F1 表现出上升的趋势，普通话的 F1 则表现出先上升后下降的趋势；科尔沁区方言和普通话的 F2 都表现出明显的下降趋势。

通过测量，科尔沁区方言和普通话的复韵母 iao 的 F1、F2 的共振峰值如表 5-11 所示：

表 5-11　韵母 iao 的共振峰 F1、F2 的值

	交（iao）					
	i		a		o（u）	
	F1（Hz）	F2（Hz）	F1（Hz）	F2（Hz）	F1（Hz）	F2（Hz）
普通话	333	2979	1205	1342	822	1180
科尔沁区方言	464	2178	764	1284	767	829

根据科尔沁区方言和普通话的共振峰数据所画的 iao 韵母声学元音图，如图 5-44 所示：

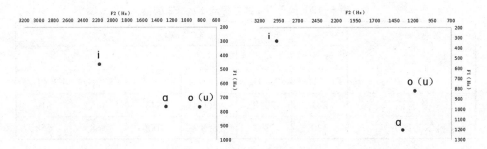

图5-44　科尔沁区方言（左）和普通话（右）韵母 iɑo 的声学元音图

从上图可以看出，科尔沁区方言的韵头 i 比普通话舌位低且靠后；科尔沁区方言的韵腹 ɑ 的舌位比普通话高且略靠前；科尔沁区方言的韵尾 o（u）的舌位比普通话低且靠后。科尔沁区方言从韵头 i 过渡到韵腹 ɑ 的过程中，舌位高低、前后的变化没有普通话大；科尔沁区方言从韵腹 ɑ 过渡到韵尾 o（u）的过程中，舌位前后的变化比普通话大，但舌位高低的变化没有普通话大。说明科尔沁区方言的 iɑo 韵母开口度比普通话小，韵腹 ɑ 和韵尾 o（u）的发音区分不够清晰，动程不够完整。

（2）iou

图5-45 是科尔沁区方言和普通话韵母 iou 的发音语图：

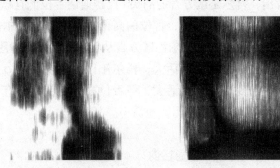

图5-45　科尔沁区方言（左）和普通话（右）"酒"的发音语图

语图上，"酒"这个音节前段是声母 j 的发音，声母之后是韵母 iou 的发音。科尔沁区方言的韵母 iou 的共振峰 F1 表现出略有上升的趋势，F2 表现出明显的下降趋势；普通话的韵母 iou 的共振峰 F1 表现出先上升再略有下降的趋势，共振峰 F2 则表现出明显的下降趋势。

通过测量，科尔沁区方言和普通话的复韵母 iou 的 F1、F2 的共振峰值如表5-12 所示：

表 5-12　韵母 iou 的共振峰 F1、F2 的值

| | 酒（iou） | | | | | |
| | i | | o | | u | |
	F1（Hz）	F2（Hz）	F1（Hz）	F2（Hz）	F1（Hz）	F2（Hz）
普通话	291	2948	560	874	495	819
科尔沁区方言	420	2397	553	1006	568	658

根据科尔沁区方言和普通话的共振峰数据所画的 iou 韵母声学元音图，如图 5-46 所示：

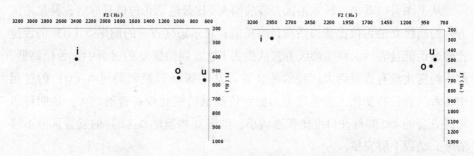

图 5-46　科尔沁区方言（左）和普通话（右）韵母 iou 的声学元音图

从上图可以看出，科尔沁区方言的韵头 i 比普通话舌位低且靠后；科尔沁区方言的韵腹 o 的舌位比普通话靠前，舌位的高低基本一致；科尔沁区方言的韵尾 u 的舌位比普通话低且靠后。科尔沁区方言从韵头 i 过渡到韵腹 o 的过程中，舌位高低、前后的变化都没有普通话大；科尔沁区方言从韵腹 o 过渡到韵尾 u 的过程中，舌位前后的变化比普通话大，但舌位高低的变化没有普通话大。说明科尔沁区方言韵母 iou 的开口度比普通话小。

（3）uai

图 5-47 是科尔沁区方言和普通话韵母 uai 的发音语图：

图 5-47　科尔沁区方言（左）和普通话（右）"快"的发音语图

语图上，"快"这个音节前段是声母 k 的发音，声母之后是韵母 uai 的发音。科尔沁区方言的韵母 uai 的共振峰 F1 表现出略有上升的趋势，普通话的韵母 uai 的共振峰 F1 则表现出先上升再下降的趋势；科尔沁区方言和普通话的韵母 uai 的 F2 都表现出明显的上升趋势。

通过测量，科尔沁区方言和普通话的复韵母 uai 的 F1、F2 的共振峰值如表 5-13 所示：

表 5-13　韵母 uai 的共振峰 F1、F2 的值

	快（uai）					
	u		a		i	
	F1（Hz）	F2（Hz）	F1（Hz）	F2（Hz）	F1（Hz）	F2（Hz）
普通话	269	736	1194	1583	887	2367
科尔沁区方言	782	1082	875	1559	876	1896

根据科尔沁区方言和普通话的共振峰数据所画的 uai 韵母声学元音图，如图 5-48 所示：

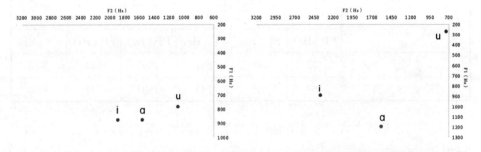

图 5-48　科尔沁区方言（左）和普通话（右）韵母 uai 的声学元音图

从上图可以看出，科尔沁区方言的韵头 u 的舌位比普通话低且靠前；科尔沁区方言的韵腹 a 的舌位比普通话高且略靠前；科尔沁区方言的韵尾 i 的舌位比普通话低且靠后。科尔沁区方言从韵头 u 过渡到韵腹 a 的过程中，舌位高低、前后的变化都没有普通话大；科尔沁区方言从韵腹 a 过渡到韵尾 i 的过程中，舌位高低、前后的变化也都没有普通话大。说明科尔沁区方言的 uai 韵母的开口度比普通话小，韵头 u、韵腹 a 和韵尾 i 的发音区分不够清晰，动程不够完整。

（4）uei

图 5-49 是科尔沁区方言和普通话韵母 uei 的发音语图：

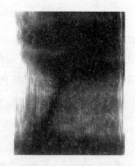

图5-49 科尔沁区方言（左）和普通话（右）"围"的发音语图

语图上，"围"这个音节是韵母 uei 的发音。科尔沁区方言和普通话的韵母 uei 共振峰 F1 都表现出先略有上升后又略有下降的趋势；科尔沁区方言和普通话的韵母 uei 共振峰 F2 都表现出明显的上升趋势。

通过测量，科尔沁区方言和普通话的复韵母 uei 的 F1、F2 的共振峰值如表5-14 所示：

表 5-14 韵母 uei 的共振峰 F1、F2 的值

	围（uei）					
	u		e		i	
	F1（Hz）	F2（Hz）	F1（Hz）	F2（Hz）	F1（Hz）	F2（Hz）
普通话	522	749	591	1697	312	3080
科尔沁区方言	367	615	585	1503	415	3060

根据科尔沁区方言和普通话的共振峰数据所画的 uei 韵母声学元音图，如图5-50 所示：

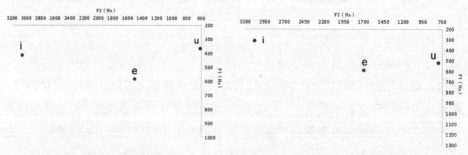

图 5-50 科尔沁区方言（左）和普通话（右）韵母 uei 的声学元音图

从上图可以看出，科尔沁区方言的韵头 u 的舌位比普通话略高，舌位的前

192

后基本一致；科尔沁区方言的韵腹 e 的舌位比普通话低，舌位的前后基本一致；科尔沁区方言的韵尾 i 的舌位比普通话低，舌位的前后基本一致。科尔沁区方言从韵头 u 过渡到韵腹 e 的过程中，舌位前后的变化基本一致，但舌位高低的变化比普通话大；科尔沁区方言从韵腹 e 过渡到韵尾 i 的过程中，舌位高低、前后的变化基本一致。

（三）带鼻音韵母

科尔沁区汉语方言的带鼻音韵母（简称鼻韵母）和普通话的带鼻音韵母数量相同，都是 16 个，由 an、ian、uan、üan、en、in、uen、ün、ang、iang、uang、eng、ing、ong、ueng、iong 元音加辅音充当，以下采用语音实验的方法进行分析。

1. 前鼻音韵母

科尔沁区汉语方言的前鼻音韵母和普通话的前鼻音韵母数量相同，都是 8 个，由 an、ian、uan、üan、en、in、uen、ün 元音加辅音充当。

（1）an

图 5-51 是科尔沁区方言和普通话韵母 an 的发音语图：

图 5-51　科尔沁区方言（左）和普通话（右）"慢"的发音语图

语图上，"慢"这个音节前段是声母 m 的发音，声母之后是韵母 an 的发音。科尔沁区方言和普通话的韵腹 a 的能量较强，韵尾 n 能量较弱；科尔沁区方言和普通话的 F1 都表现出下降的趋势，但科尔沁区方言没有普通话明显；科尔沁区方言的 F2 表现出下降的趋势，普通话的 F2 则表现出上升的趋势。

通过测量，科尔沁区方言和普通话的鼻韵母 an 的 F1、F2 的共振峰值如表 5-15 所示：

表 5-15　韵母 an 的共振峰 F1、F2 的值

	慢（an）			
	a		n	
	F1（Hz）	F2（Hz）	F1（Hz）	F2（Hz）
普通话	1148	1480	270	2033
科尔沁区方言	906	1399	312	874

由上表可以看出，科尔沁区方言鼻韵母 an 的鼻韵尾 n 的 F1 值比普通话高，F2 值比普通话低。而根据科尔沁区方言和普通话的鼻韵母 an 的韵腹 a 的共振峰数据所画的声学元音图，如图 5-52 所示：

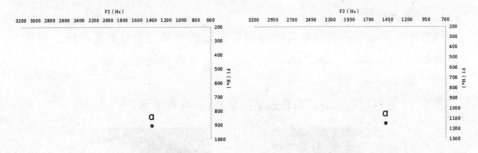

图 5-52　科尔沁区方言（左）和普通话（右）韵母 an 的声学元音图

从上图可以看出，科尔沁区方言的鼻韵母 an 的韵腹 a 的舌位高低、前后与普通话基本一致。

（2）en

图 5-53 是科尔沁区方言和普通话韵母 en 的发音语图：

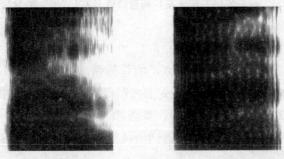

图 5-53　科尔沁区方言（左）和普通话（右）"恩"的发音语图

语图上，"恩"这个音节是韵母 en 的发音。科尔沁区方言和普通话的韵腹

e 的能量都较强，科尔沁区方言的韵尾 n 能量比普通话弱；科尔沁区方言和普通话的 F1 和 F2 都表现出下降的趋势。

通过测量，科尔沁区方言和普通话的鼻韵母 en 的 F1、F2 的共振峰值如表 5-16 所示：

表 5-16 韵母 en 的共振峰 F1、F2 的值

	恩（en）			
	e		n	
	F1（Hz）	F2（Hz）	F1（Hz）	F2（Hz）
普通话	670	1874	414	1630
科尔沁区方言	677	1761	548	1695

由上表可以看出，科尔沁区方言鼻韵母 en 的鼻韵尾 n 的 F1 和 F2 的值都比普通话高。而根据科尔沁区方言和普通话的鼻韵母 en 的韵腹 e 的共振峰数据所画的声学元音图，如图 5-54 所示：

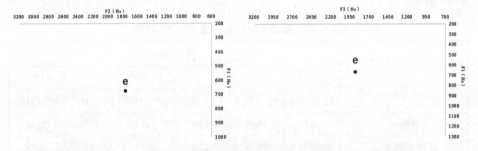

图 5-54 科尔沁区方言（左）和普通话（右）韵母 en 的声学元音图

从上图可以看出，科尔沁区方言的鼻韵母 en 的韵腹 e 的舌位比普通话低，舌位的前后基本一致。

（3）ian

图 5-55 是科尔沁区方言和普通话韵母 ian 的发音语图：

图 5-55 科尔沁区方言（左）和普通话（右）"建"的发音语图

语图上，"建"这个音节前段是声母 j 的发音，声母之后是韵母 ian 的发音。科尔沁区方言和普通话的韵头 i 和韵腹 ɑ 的能量较强，韵尾 n 能量较弱，但普通话的韵尾 n 的能量比科尔沁区方言强；科尔沁区方言的 F1 表现出先上升后下降的趋势，普通话的 F1 则表现出上升的趋势；科尔沁区方言和普通话的 F2 都表现出明显的下降趋势。

通过测量，科尔沁区方言和普通话的鼻韵母 ian 的 F1、F2 的共振峰值如表5-17 所示：

表 5-17 韵母 ian 的共振峰 F1、F2 的值

	建（ian）					
	i		ɑ		n	
	F1（Hz）	F2（Hz）	F1（Hz）	F2（Hz）	F1（Hz）	F2（Hz）
普通话	347	2905	750	2479	755	2255
科尔沁区方言	453	2658	739	2211	265	909

由上表可以看出，科尔沁区方言鼻韵母 ian 的鼻韵尾 n 的 F1 和 F2 的值都比普通话低。而根据科尔沁区方言和普通话的鼻韵母 ian 的韵头 i 和韵腹 ɑ 的共振峰数据所画的声学元音图，如图 5-56 所示：

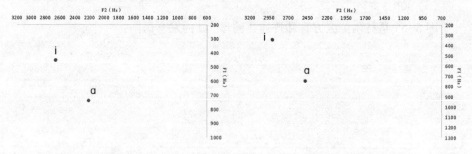

图 5-56 科尔沁区方言（左）和普通话（右）韵母 ian 的声学元音图

从上图可以看出，科尔沁区方言的鼻韵母 ian 的韵头 i 的舌位比普通话低且靠后，韵腹 a 的舌位比普通话低，舌位的前后基本一致。

（4）in

图 5-57 是科尔沁区方言和普通话韵母 in 的发音语图：

图 5-57　科尔沁区方言（左）和普通话（右）"近"的发音语图

语图上，"近"这个音节前段是声母 j 的发音，声母之后是韵母 in 的发音。科尔沁区方言和普通话的韵腹 i 的能量较强，韵尾 n 能量较弱，但普通话的能量比科尔沁区方言略强；科尔沁区方言的 F1 表现出上升的趋势，普通话的 F1 则表现出略有下降的趋势，科尔沁区方言和普通话的 F2 都表现出明显的下降趋势。

通过测量，科尔沁区方言和普通话的鼻韵母 in 的 F1、F2 的共振峰值如表 5-18 所示：

表 5-18　韵母 in 的共振峰 F1、F2 的值

	近（in）			
	i		n	
	F1（Hz）	F2（Hz）	F1（Hz）	F2（Hz）
普通话	345	2842	303	2302
科尔沁区方言	356	2623	435	2044

由上表可以看出，科尔沁区方言鼻韵母 in 的鼻韵尾 n 的 F1 比普通话高，F2 比普通话低。而根据科尔沁区方言和普通话的鼻韵母 in 的韵腹 i 的共振峰数据所画的声学元音图，如图 5-58 所示：

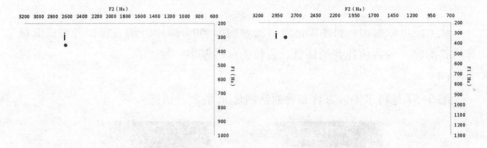

图 5-58　科尔沁区方言（左）和普通话（右）韵母 in 的声学元音图

从上图可以看出，科尔沁区方言的鼻韵母 in 的韵腹 i 的舌位比普通话低且靠后。

（5）uan

图 5-59 是科尔沁区方言和普通话韵母 uan 的发音语图：

图 5-59　科尔沁区方言（左）和普通话（右）"乱"的发音语图

语图上，"乱"这个音节前段是声母 l 的发音，声母之后是韵母 uan 的发音。科尔沁区方言和普通话的韵头 u 和韵腹 a 的能量都较强，韵尾 n 能量较弱，但普通话韵尾的能量略强；科尔沁区方言的 F1 和 F2 都表现出先上升后下降的趋势，普通话的 F1 和 F2 则都表现出上升的趋势。

通过测量，科尔沁区方言和普通话的鼻韵母 uan 的 F1、F2 的共振峰值如表 5-19 所示：

表 5-19　韵母 uan 的共振峰 F1、F2 的值

	乱（uan）					
	u		a		n	
	F1（Hz）	F2（Hz）	F1（Hz）	F2（Hz）	F1（Hz）	F2（Hz）
普通话	686	751	988	1343	1017	1930
科尔沁区方言	600	1194	847	1295	365	969

由上表可以看出，科尔沁区方言鼻韵母 uan 的鼻韵尾 n 的 F1 和 F2 的值都比普通话低，而根据科尔沁区方言和普通话的鼻韵母 uan 的韵头 u 和韵腹 a 的共振峰数据所画的声学元音图，如图 5-60 所示：

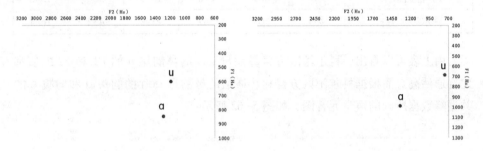

图 5-60　科尔沁区方言（左）和普通话（右）韵母 uan 的声学元音图

从上图可以看出，科尔沁区方言的鼻韵母 uan 的韵头 u 的舌位比普通话靠前，舌位的高低基本一致；韵腹 a 的舌位比普通话低，舌位的前后基本一致。

（6）uen

图 5-61 是科尔沁区方言和普通话韵母 uen 的发音语图：

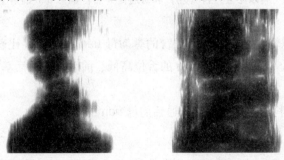

图 5-61　科尔沁区方言（左）和普通话（右）"温"的发音语图

语图上，"温"这个音节是韵母 uen 的发音。科尔沁区方言和普通话的韵头

u 和韵腹 e 的能量较强，韵尾 n 的能量较弱，但普通话韵尾的能量比科尔沁区方言强；科尔沁区方言和普通话的 F1 都表现出略有上升后又下降的趋势，科尔沁区方言的 F2 表现出上升的趋势，普通话的 F2 则表现出先上升后下降的趋势。

通过测量，科尔沁区方言和普通话的鼻韵母 uen 的 F1、F2 的共振峰值如表 5-20 所示：

表 5-20　韵母 uen 的共振峰 F1、F2 的值

	温（uen）					
	u		e		n	
	F1（Hz）	F2（Hz）	F1（Hz）	F2（Hz）	F1（Hz）	F2（Hz）
普通话	481	861	678	1639	366	1543
科尔沁区方言	403	705	567	1599	452	1684

由上表可以看出，科尔沁区方言鼻韵母 uen 的鼻韵尾 n 的 F1 和 F2 的值都比普通话高。而根据科尔沁区方言和普通话的鼻韵母 uen 的韵头 u 和韵腹 e 的共振峰数据所画的声学元音图，如图 5-62 所示：

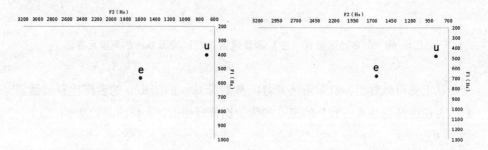

图 5-62　科尔沁区方言（左）和普通话（右）韵母 uen 的声学元音图

从上图可以看出，科尔沁区方言的鼻韵母 uen 的韵头 u 比普通话舌位略靠后，舌位的高低基本一致；韵腹 e 的舌位高低、前后与普通话基本一致。

（7）üan

图 5-63 是科尔沁区方言和普通话韵母 üan 的发音语图：

图 5-63 科尔沁区方言（左）和普通话（右）"远"的发音语图

语图上，"远"这个音节是韵母 üan 的发音。科尔沁区方言的韵头 ü 和韵腹 a 的能量较强，韵尾 n 能量较弱，普通话的整个韵母段能量都比较强；科尔沁区方言和普通话的 F1 都表现出先上升后下降的趋势，但科尔沁区方言没有普通话明显，科尔沁区方言和普通话的 F2 都表现出明显的先下降后上升的趋势。

通过测量，科尔沁区方言和普通话的鼻韵母 üan 的 F1、F2 的共振峰值如表 5-21 所示：

表 5-21 韵母 üan 的共振峰 F1、F2 的值

	远（üan）					
	ü		a		n	
	F1（Hz）	F2（Hz）	F1（Hz）	F2（Hz）	F1（Hz）	F2（Hz）
普通话	253	2876	1077	1651	350	2080
科尔沁区方言	418	1996	826	1640	768	1764

由上表可以看出，科尔沁区方言鼻韵母 üan 的鼻韵尾 n 的 F1 值比普通话高，F2 值比普通话低。而根据科尔沁区方言和普通话的鼻韵母 üan 的韵头 ü 和韵腹 a 的共振峰数据所画的声学元音图，如图 5-64 所示：

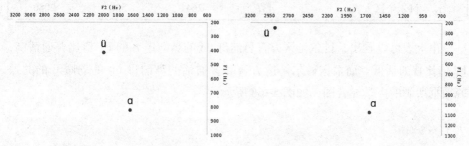

图 5-64 科尔沁区方言（左）和普通话（右）韵母 üan 的声学元音图

从上图可以看出，科尔沁区方言的鼻韵母 üan 的韵头 ü 的舌位比普通话低且靠后，韵腹 a 的舌位高低、前后与普通话基本一致。

(8) ün

图 5-65 是科尔沁区方言和普通话韵母 ün 的发音语图：

图 5-65　科尔沁区方言（左）和普通话（右）"运"的发音语图

语图上，"运"这个音节是韵母 ün 的发音。科尔沁区方言和普通话的韵腹 ü 的能量较强，韵尾 n 能量较弱，但普通话韵尾的能量比科尔沁区方言略强；科尔沁区方言的 F1 表现出上升的趋势，普通话的 F1 则表现出略有下降的趋势，科尔沁区方言和普通话的 F2 都表现出下降的趋势。

通过测量，科尔沁区方言和普通话的鼻韵母 ün 的 F1、F2 的共振峰值如表 5-22 所示：

表 5-22　韵母 ün 的共振峰 F1、F2 的值

	运（ün）			
	ü		n	
	F1（Hz）	F2（Hz）	F1（Hz）	F2（Hz）
普通话	363	2451	351	2202
科尔沁区方言	437	2641	530	2086

由上表可以看出，科尔沁区方言鼻韵母 ün 的鼻韵尾 n 的 F1 值比普通话高，F2 值比普通话低。而根据科尔沁区方言和普通话的鼻韵母 ün 的韵腹 ü 的共振峰数据所画的声学元音图，如图 5-66 所示：

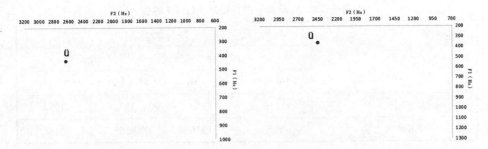

图 5-66 科尔沁区方言（左）和普通话（右）韵母 ün 的声学元音图

从上图可以看出，科尔沁区方言的鼻韵母 ün 的韵腹 ü 的舌位比普通话低，舌位的前后基本一致。

2. 后鼻音韵母

科尔沁区汉语方言的后鼻音韵母和普通话的后鼻音韵母数量相同，都是 8 个，由 ang、eng、iang、ing、uang、ueng、ong、iong 元音加辅音充当。

（1）ang

图 5-67 是科尔沁区方言和普通话韵母 ang 的发音语图：

图 5-67 科尔沁区方言（左）和普通话（右）"放"的发音语图

语图上，"放"这个音节前段是声母 f 的发音，声母之后是韵母 ang 的发音。科尔沁区方言和普通话的韵腹 a 的能量较强，韵尾 ng 的能量较弱；科尔沁区方言的 F1 呈现出略有上升的趋势，普通话的 F1 呈现出下降的趋势；科尔沁区方言和普通话的 F2 都表现出下降的趋势。

通过测量，科尔沁区方言和普通话的鼻韵母 ang 的 F1、F2 的共振峰值如表 5-23 所示：

表 5-23　韵母 ang 的共振峰 F1、F2 的值

	放（ang）			
	a		ng	
	F1（Hz）	F2（Hz）	F1（Hz）	F2（Hz）
普通话	1239	1553	357	1284
科尔沁区方言	795	1256	856	1166

由上表可以看出，科尔沁区方言鼻韵母 ang 的鼻韵尾 ng 的 F1 比普通话高，F2 比普通话低。而根据科尔沁区方言和普通话的鼻韵母 ang 的韵腹 a 的共振峰数据所画的声学元音图，如图 5-68 所示：

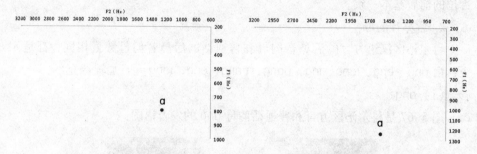

图 5-68　科尔沁区方言（左）和普通话（右）韵母 ang 的声学元音图

从上图可以看出，科尔沁区方言的鼻韵母 ang 的韵腹 a 的舌位比普通话高且靠后。

（2）eng

图 5-69 是科尔沁区方言和普通话韵母 eng 的发音语图：

图 5-69　科尔沁区方言（左）和普通话（右）"城"的发音语图

语图上，"城"这个音节前段是声母 ch 的发音，声母之后是韵母 eng 的发

音。科尔沁区方言整个韵母段的能量都较弱，普通话的整个韵母段能量都较强；科尔沁区方言和普通话的 F1 和 F2 都表现出下降的趋势。

通过测量，科尔沁区方言和普通话的鼻韵母 eng 的 F1、F2 的共振峰值如表 5-24 所示：

表 5-24　韵母 eng 的共振峰 F1、F2 的值

	城（eng）			
	e		ng	
	F1（Hz）	F2（Hz）	F1（Hz）	F2（Hz）
普通话	1052	1398	413	1113
科尔沁区方言	758	1146	384	808

由上表可以看出，科尔沁区方言鼻韵母 eng 的鼻韵尾 ng 的 F1 和 F2 的值都比普通话低。而根据科尔沁区方言和普通话的鼻韵母 eng 的韵腹 e 的共振峰数据所画的声学元音图，如图 5-70 所示：

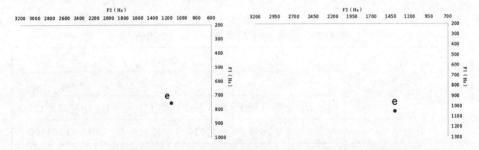

图 5-70　科尔沁区方言（左）和普通话（右）韵母 eng 的声学元音图

从上图可以看出，科尔沁区方言的鼻韵母 eng 的韵腹 e 的舌位比普通话高且靠后。

（3）iang

图 5-71 是科尔沁区方言和普通话韵母 iang 的发音语图：

图 5-71 科尔沁区方言（左）和普通话（右）"江"的发音语图

语图上，"江"这个音节前段是声母 j 的发音，声母之后是韵母 iang 的发音。科尔沁区方言和普通话的韵头 i 和韵腹 a 的能量较强，韵尾 ng 能量较弱，但普通话的韵尾能量比科尔沁区方言略强；科尔沁区方言和普通话的 F1 都表现出先上升后下降的趋势，但科尔沁区方言没有普通话明显；科尔沁区方言的 F2 表现出先下降后略有上升的趋势，普通话的 F2 则表现出下降的趋势。

通过测量，科尔沁区方言和普通话的鼻韵母 iang 的 F1、F2 的共振峰值如表 5-25 所示：

表 5-25 韵母 iang 的共振峰 F1、F2 的值

	江（iang）					
	i		a		ng	
	F1（Hz）	F2（Hz）	F1（Hz）	F2（Hz）	F1（Hz）	F2（Hz）
普通话	335	2850	1152	1578	584	1100
科尔沁区方言	479	2200	813	1220	687	1241

由上表可以看出，科尔沁区方言鼻韵母 iang 的鼻韵尾 ng 的 F1 和 F2 的值都比普通话高。而根据科尔沁区方言和普通话的鼻韵母 iang 的韵头 i 和韵腹 a 的共振峰数据所画的声学元音图，如图 5-72 所示：

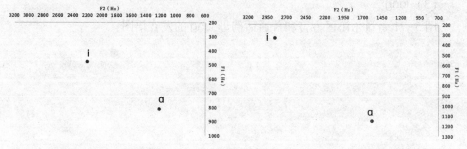

图 5-72 科尔沁区方言（左）和普通话（右）韵母 iang 的声学元音图

从上图可以看出，科尔沁区方言的鼻韵母 iang 的韵头 i 的舌位比普通话低且靠后，韵腹 a 的舌位比普通话高且靠后。

（4）ing

图 5-73 是科尔沁区方言和普通话韵母 ing 的发音语图：

图 5-73　科尔沁区方言（左）和普通话（右）"静"的发音语图

语图上，"静"这个音节前段是声母 j 的发音，声母之后是韵母 ing 的发音。科尔沁区方言和普通话的韵腹 i 的能量较强，韵尾 ng 能量较弱；科尔沁区方言的 F1 表现出上升的趋势，普通话的 F1 表现出略有下降的趋势，科尔沁区方言和普通话的 F2 都表现出明显的下降趋势。

通过测量，科尔沁区方言和普通话的鼻韵母 ing 的 F1、F2 的共振峰值如表 5-26 所示：

表 5-26　韵母 ing 的共振峰 F1、F2 的值

	静（ing）			
	i		ng	
	F1（Hz）	F2（Hz）	F1（Hz）	F2（Hz）
普通话	358	2947	308	1359
科尔沁区方言	455	2479	572	997

由上表可以看出，科尔沁区方言鼻韵母 ing 的鼻韵尾 ng 的 F1 的值比普通话高，F2 的值比普通话低。而根据科尔沁区方言和普通话的鼻韵母 ing 的韵腹 i 的共振峰数据所画的声学元音图，如图 5-74 所示：

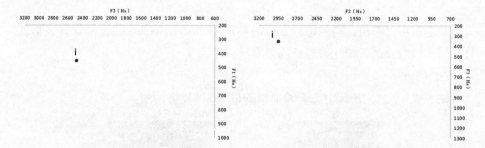

图 5-74　科尔沁区方言（左）和普通话（右）韵母 ing 的声学元音图

从上图可以看出，科尔沁区方言的鼻韵母 ing 的韵腹 i 的舌位比普通话低且靠后。

（5）uang

图 5-75 是科尔沁区方言和普通话韵母 uang 的发音语图：

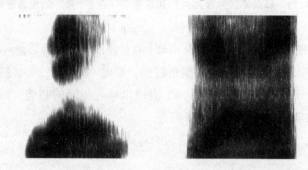

图 5-75　科尔沁区方言（左）和普通话（右）"网"的发音语图

语图上，"网"这个音节是韵母 uang 的发音。科尔沁区方言的韵腹 a 的能量较强，韵头 u 和韵尾 ng 的能量较弱，而普通话整个韵母段的能量都较强；科尔沁区方言和普通话的 F1 和 F2 都表现出先上升后下降的趋势。

通过测量，科尔沁区方言和普通话的鼻韵母 uang 的 F1、F2 的共振峰值如表 5-27 所示：

表 5-27 韵母 uang 的共振峰 F1、F2 的值

	网（uang）					
	u		a		ng	
	F1（Hz）	F2（Hz）	F1（Hz）	F2（Hz）	F1（Hz）	F2（Hz）
普通话	650	918	1143	1423	417	1381
科尔沁区方言	391	762	772	1049	283	929

由上表可以看出，科尔沁区方言鼻韵母 uang 的鼻韵尾 ng 的 F1 和 F2 的值都比普通话低。而根据科尔沁区方言和普通话的鼻韵母 uang 的韵头 u 和韵腹 a 的共振峰数据所画的声学元音图，如图 5-76 所示：

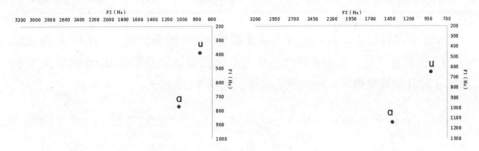

图 5-76 科尔沁区方言（左）和普通话（右）韵母 uang 的声学元音图

从上图可以看出，科尔沁区方言的鼻韵母 uang 的韵头 u 的舌位比普通话高且略靠后；韵腹 a 的舌位比普通话高且靠后。

（6）ueng

图 5-77 是科尔沁区方言和普通话韵母 ueng 的发音语图：

图 5-77 科尔沁区方言（左）和普通话（右）"翁"的发音语图

语图上，"翁"这个音节是韵母 ueng 的发音。科尔沁区方言整个韵母段的

能量较弱，普通话整个韵母段的能量较强；科尔沁区方言和普通话的 F1 都表现出先上升后下降的趋势，科尔沁区方言和普通话的 F2 都表现出上升的趋势。

通过测量，科尔沁区方言和普通话的鼻韵母 ueng 的 F1、F2 的共振峰值如表 5-28 所示：

表 5-28 韵母 ueng 的共振峰 F1、F2 的值

	翁（ueng）					
	u		e		ng	
	F1（Hz）	F2（Hz）	F1（Hz）	F2（Hz）	F1（Hz）	F2（Hz）
普通话	444	769	822	1189	444	1389
科尔沁区方言	446	753	640	934	453	941

由上表可以看出，科尔沁区方言鼻韵母 ueng 的鼻韵尾 ng 的 F1 比普通话高，F2 比普通话低。而根据科尔沁区方言和普通话的鼻韵母 ueng 的韵头 u 和韵腹 e 的共振峰数据所画的声学元音图，如图 5-78 所示：

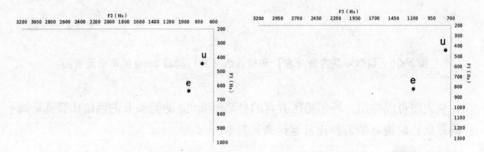

图 5-78 科尔沁区方言（左）和普通话（右）韵母 ueng 的声学元音图

从上图可以看出，科尔沁区方言的鼻韵母 ueng 的韵头 u 的舌位比普通话低且略靠前，韵腹 e 的舌位比普通话靠后，舌位的高低基本一致。

（7）ong

图 5-79 是科尔沁区方言和普通话韵母 ong 的发音语图：

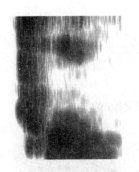

图 5-79 科尔沁区方言（左）和普通话（右）"充"的发音语图

语图上，"充"这个音节前段是声母 ch 的发音，声母之后是韵母 ong 的发音。科尔沁区方言的韵腹 o 的能量较强，韵尾 ng 的能量较弱，普通话的整个韵母段能量都比较强；科尔沁区方言和普通话的 F1 都表现出下降的趋势，科尔沁区方言的 F2 表现出下降的趋势，普通话的 F2 则表现出略有上升的趋势。

通过测量，科尔沁区方言和普通话的鼻韵母 ong 的 F1、F2 的共振峰值如表5-29 所示：

表 5-29 韵母 ong 的共振峰 F1、F2 的值

	充（ong）			
	o		ng	
	F1（Hz）	F2（Hz）	F1（Hz）	F2（Hz）
普通话	647	964	390	1061
科尔沁区方言	703	953	291	705

由上表可以看出，科尔沁区方言鼻韵母 ong 的鼻韵尾 ng 的 F1 和 F2 的值都比普通话低。而根据科尔沁区方言和普通话的鼻韵母 ong 的韵腹 o 的共振峰数据所画的声学元音图，如图 5-80 所示：

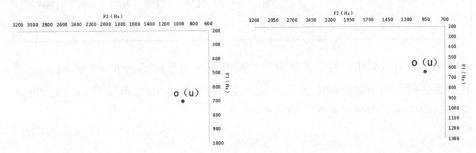

图 5-80 科尔沁区方言（左）和普通话（右）韵母 ong 的声学元音图

从上图可以看出，科尔沁区方言的鼻韵母 ong 的韵腹 o 的舌位比普通话低，舌位的前后基本一致。

（8）iong

图 5-81 是科尔沁区方言和普通话韵母 iong 的发音语图：

图 5-81　科尔沁区方言（左）和普通话（右）"拥"的发音语图

语图上，"拥"这个音节是韵母 iong 的发音。科尔沁区方言的韵腹 io（ü）的能量较强，韵尾 ng 能量较弱，普通话整个韵母段的能量都比较强；科尔沁区方言的 F1 表现出下降的趋势，普通话的 F1 则表现出上升的趋势，科尔沁区方言和普通话的 F2 都表现出明显的下降趋势。

通过测量，科尔沁区方言和普通话的鼻韵母 iong 的 F1、F2 的共振峰值如表 5-30 所示：

表 5-30　韵母 iong 的共振峰 F1、F2 的值

	拥（iong）			
	io（ü）		ng	
	F1（Hz）	F2（Hz）	F1（Hz）	F2（Hz）
普通话	331	2685	607	1305
科尔沁区方言	503	2335	323	704

由上表可以看出，科尔沁区方言鼻韵母 iong 的鼻韵尾 ng 的 F1 和 F2 的值都比普通话低。而根据科尔沁区方言和普通话的鼻韵母 iong 的韵腹 io（ü）的共振峰数据所画的声学元音图，如图 5-82 所示：

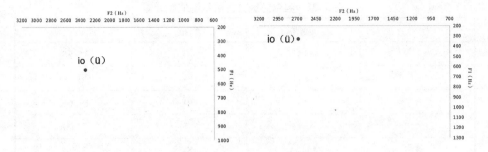

图 5-82 科尔沁区方言（左）和普通话（右）韵母 iong 的声学元音图

从上图可以看出，科尔沁区方言的鼻韵母 iong 的韵腹 io（ü）的舌位比普通话低且靠后。

三、声调系统

关于科尔沁区汉语方言的声调系统，之前的研究多数是在听音、记音的基础上总结的，但听音、记音的方法带有一定的主观性，从一定程度上会影响结论的可信度，因此我们采用了语音实验的方法，通过语音软件提取声调的音高数据，根据音高数据来确定声调调值和调类，以求在更微观、更精确的层面上研究科尔沁区汉语方言的声调系统。

（一）实验步骤

见第四章科尔沁地区开鲁县汉语方言声调的实验步骤。

（二）科尔沁区汉语方言声调的语音实验分析

科尔沁区汉语方言中的声调共有四种，阴平、阳平、上声、去声，在数量、种类上和普通话的声调系统是一致的，但调值上还是存在着一些细微的差别。为了对科尔沁区汉语方言中的声调系统有一个更加深入的探究，以便发现其与普通话声调系统的不同，下面我们采用 praat 语音分析软件对其进行建立在语音实验基础上的对比分析。

1. 阴平调

科尔沁区方言发音人的单字音中，阴平调字有 222 个，普通话发音语料的单字音随机选取 20 个，其调值和数量如表 5-21 和表 5-32 所示：

表 5-31　科尔沁区方言阴平调值统计表

序号	调值	数量	所占比例
1	44	70	31.5%
2	434	59	26.6%
3	43	39	17.6%
4	4343	17	7.7%
5	43434	8	3.6%
6	33	7	3.2%
7	34	7	3.2%
8	343	3	1.4%
9	534	2	0.9%
10	3434	2	0.9%
11	434343	2	0.9%
12	22	1	0.5%
13	42	1	0.5%
14	414	1	0.5%
15	424	1	0.5%
16	34343	1	0.5%
17	343434	1	0.5%

表 5-32　普通话阴平调值统计表

序号	调值	数量	所占比例
1	54	13	65.0%
2	454	4	20.0%
3	44	2	10.0%
4	55	1	5.0%

由表5-31可知，科尔沁区方言的阴平调调值主要有17种，其中所占比例较多的有3种，分别是44、434、43调值，44调值的有70个字，占31.5%，434调值的有59个，占26.6%，43调值的有39个字，占17.6%，这三类调值的字共有168个，占总数的75.7%，可见这三类调值在科尔沁区方言的阴平调中具有代表性。由表5-32可知，普通话的阴平调值主要有4种，其中所占比例较

多的是 54、454 调，54 调值的有 13 个字，占 65.0%，454 调值的有 4 个，占 20.0%，两类调值的字共有 17 个，占总数的 85.0%，可见这两类调值在普通话的阴平调中具有代表性。

为了对科尔沁区方言和普通话阴平调主要调值有一个直观的了解，画出其调型图：

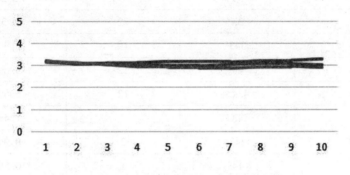

图 5-83　科尔沁区方言阴平调主要调型图

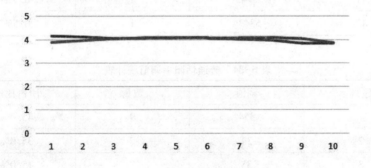

图 5-84　普通话阴平调主要调型图

由图 5-83 可以看出，科尔沁区方言阴平调调型基本呈一条直线，主要分布在 33、44 区域交界处，44 区域的较低段，说明科尔沁区方言的阴平调发音区域略低，也有不少字在读的时候出现了略微的曲折或下降，读成了 434 和 43 调。由图 5-84 可以看出，普通话的阴平调调型基本呈一条直线，发音区域也较高，主要在第 4、第 5 区域之间，绝大多数发音的后半段有略降的趋势，读成了 54 调，还有一部分是发音起点略低，然后升到第 5 区域，在音段的后部又有所下降，读成了 454 调。

2. 阳平调

科尔沁区方言发音人的单字音中，阳平调字有 214 个，普通话发音语料的单字音随机选取 20 个，其调值和数量如表 5-33 所示：

表 5-33　科尔沁区方言阳平调值统计表

序号	阳平调	数量	所占比例
1	434	71	33.2%
2	34	69	32.2%
3	33	22	10.3%
4	343	19	8.9%
5	43	12	5.6%
6	4343	12	5.6%
7	3434	3	1.4%
8	43434	2	0.9%
9	14	1	0.5%
10	314	1	0.5%
11	3143	1	0.5%
12	53434	1	0.5%

表 5-34　普通话阳平调值统计表

序号	调值	数量	所占比例
1	354	9	45.0%
2	34	7	35.0%
3	35	3	15.0%
4	353	1	5.0%

由表 5-33 可知，科尔沁区方言的阳平调调值主要有 12 种，其中所占比例较多的有 3 种，分别是 434、34、33，434 调值的有 71 个字，占 33.2%，34 调值的有 69 个，占 32.2%，33 调值的有 22 个字，占 10.3%，这三类调值的字共有 162 个，占总数的 75.7%，可见这三类调值在科尔沁区方言的阳平调中具有代表性。由表 5-34 可知，普通话的阳平调值主要有 4 种，其中所占比例较多的是 354、34 调，354 调值的有 9 个字，占 45.0%，34 调值的有 7 个，占 35.0%，这两类调值的字共有 16 个，占总数的 80.0%，由此可见，这两类调型在普通话的阳平调中具有代表性。

为了对科尔沁区方言和普通话的阳平调主要调值有一个直观的了解，画出其调型图：

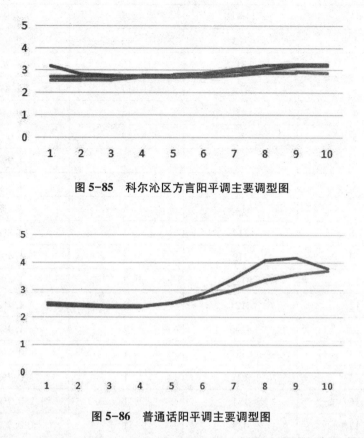

图 5-85　科尔沁区方言阳平调主要调型图

图 5-86　普通话阳平调主要调型图

由图 5-85 可以看出，科尔沁区方言的阳平调调型基本呈上升趋势，主要分布在 33、44 区域之内。调型比例最高的是 434 调，即科尔沁区方言的阳平调发音时首先有一个较高的起点，然后再下降，下降之后在发音的后段又上扬，从而形成一个略带曲折的调型；其次是 34 调，从第 3 区域直接上升到第 4 区域，读成 34 调，还有一部分字由于上升高度不够，读成 33 平调，总之科尔沁区方言阳平调上升的特点没有得到充分的突显。由图 5-86 可以看出，普通话的阳平调调型基本呈一条上升的曲线，从第 3 区域升到第 4 区域，形成了 34 调，或者是从第 3 区域升到第 5 区域，然后在发音的后半段又略有下降，形成了 354 调。

3. 上声调

科尔沁区方言发音人的单字音中，上声调字有 144 个，普通话发音语料的单字音随机选取 20 个，其调值和数量如表 5-35 和表 5-36 所示：

表5-35　科尔沁区方言上声调值统计表

序号	上声调	数量	所占比例
1	313	43	29.9%
2	31	19	13.2%
3	413	17	11.8%
4	43	15	10.4%
5	33	13	9.0%
6	13	7	4.9%
7	41	7	4.9%
8	3143	5	3.5%
9	314	4	2.8%
10	312	2	1.4%
11	3121	2	1.4%
12	4121	2	1.4%
13	4143	2	1.4%
14	11	1	0.7%
15	121	1	0.7%
16	131	1	0.7%
17	434	1	0.7%
18	3243	1	0.7%
19	31214	1	0.7%

表5-36　普通话上声调值统计表

序号	调值	数量	所占比例
1	323	16	80.0%
2	3243	3	15.0%
3	324	1	5.0%

　　由表5-35可知，科尔沁区方言的上声调调值主要有19种，其中所占比例较多的有4种，分别是313、31、413、43，313调值的有43个字，占29.9%，31调值的有19个，占13.2%，413调值的有17个字，占11.8%，43调值的有

15 个字，占 10.4%，读成这四类调值的字共有 94 个，占总数的 65.3%，可见这四类调值在科尔沁区方言的上声调中具有代表性。由表 5-36 可知，普通话的上声调值主要有 3 种，其中所占比例最多的是 323 调，共 16 个字，占 80.0%，其他调值所占比例较少，因此普通话的上声调调值主要是 323。

为了对科尔沁区方言和普通话的上声调主要调值有一个直观的了解，画出其调型图：

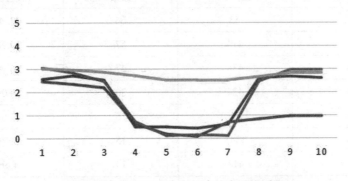

图 5-87　科尔沁区方言上声调主要调型图

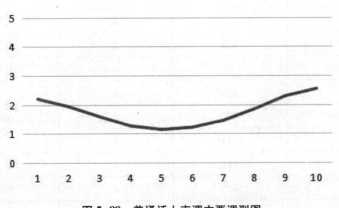

图 5-88　普通话上声调主要调型图

由图 5-87 可以看出，科尔沁区方言的上声调主要是曲折调或降调两种调型，分布在第 1 到第 4 区域之内。313 和 413 两个曲折调，发音的起点较高，从第 3 或第 4 区域开始下降到第 1 区域，再升到第 3 区域；31 和 43 是两个降调，起音也比较高，但只有下降的部分后面没有上升，也就是说科尔沁区方言的上声调，有的时候读得并不完整，只读出了前半部分的下降段，后面的上升段没有读出来，从而将曲折调读成了降调。由图 5-88 可以看出，普通话的上声调主要分布在第 2、第 3 区域，发音的前半段下降，后半段上升，形成曲折调，调值为 323。

4. 去声调

科尔沁区方言发音人的单字音中，去声调字有 286 个，普通话发音语料的单字音随机选取 20 个，其调值和数量如表 5-37 和表 5-38 所示：

表 5-37 科尔沁区方言去声调值统计表

序号	去声调	数量	所占比例
1	43	64	22.4%
2	414	57	19.9%
3	434	47	16.4%
4	424	20	7.0%
5	41	16	5.6%
6	4343	15	5.2%
7	413	14	4.9%
8	4143	11	3.8%
9	412	9	3.1%
10	44	8	2.8%
11	423	5	1.7%
12	42	4	1.4%
13	435	3	1.0%
14	4243	2	0.7%
15	43434	2	0.7%
16	214	1	0.3%
17	415	1	0.3%
18	454	1	0.3%
19	3243	1	0.3%
20	5121	1	0.3%
21	5143	1	0.3%
22	34312	1	0.3%
23	41434	1	0.3%
24	21	1	0.3%

表5-38　普通话去声调值统计表

序号	调值	数量	所占比例
1	51	12	60.0%
2	52	4	20.0%
3	451	2	10.0%
4	452	2	10.0%

由表5-37可知，科尔沁区方言的去声调值主要有24种，其中所占比例较多的有3种，分别是43、414、434，43调值的有64个字，占22.4%，414调值的有57个，占19.9%，434调值的有47个字，占16.4%，读成这三类调值的字共有168个，占总数的58.7%，由此可见这三类调值在科尔沁区方言的去声调中具有代表性。由表5-38可知，普通话的去声调值主要有4种，其中所占比例最多的是51调，共12个字，占60.0%，其次是52调，共4个字，占20.0%，也就是说普通话的去声调调值主要是51、52。

为了对科尔沁区方言和普通话的去声调主要调值有一个直观的了解，画出其调型图：

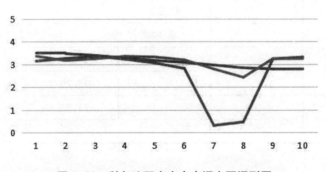

图5-89　科尔沁区方言去声调主要调型图

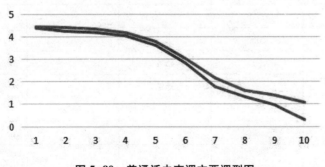

图5-90　普通话去声调主要调型图

由图 5-89 可以看出，科尔沁区方言的去声调基本呈下降趋势，但有不少音节先下降后上升，读成曲折调。去声调中数量最多的是降调，从第 4 区域降到第 3 区域，下降的幅度不大，形成 43 调，其他的两种是曲折调，434 调略降再升，414 调由第 4 区降到第 1 区再升到第 4 区，降的幅度较大，升的幅度也较大。由图 5-90 可以看出，普通话的去声调基本呈一条下降的曲线，跨越的区域较大，大多数音都直接从第 5 区域降到了第 1 区域，形成 51 调，还有一部分音是从第 5 区域降到了第 2 区域，形成 52 调。

（三）科尔沁区方言四种声调的综合分析

根据以上对科尔沁区方言和普通话四种声调的分析，将四种声调的主要调值及其所占比例综合起来进行对比探究，如表 5-39-表 5-40 所示：

表 5-39　科尔沁区方言四种声调主要调值及所占比例统计表

	阴平调	阳平调	上声调	去声调
44	31.5%			
434	26.6%	33.2%		16.4%
43	17.6%		10.4%	22.4%
34		32.2%		
33		10.3%		
313			29.9%	
31			13.2%	
413			11.8%	
414				19.9%

表 5-40　普通话四种声调主要调值及所占比例统计表

	阴平调	阳平调	上声调	去声调
54	65%			
454	20%			
354		45%		
34		35%		
323			80%	
51				60%
52				20%

由表 5-39 可以看出,科尔沁区方言的四声声调调值主要有 9 种,其中 434、43 调有重合现象,434 调在阴平调、阳平调和去声调中都存在,43 调在阴平调、上声调、去声调中都出现了,这种重合现象说明科尔沁区方言的四声声调调值在很多时候区分并不明显,不同的声调出现了相同的调值。由表 5-40 可以看出,普通话的四种声调调值主要有 7 种,调值在四声中没有重合现象,可见普通话的四声特点鲜明,区分明显。

第二节　词汇特点

科尔沁区方言词汇与开鲁县方言词汇一样与普通话词汇总体上保持一致,但在一些具体特点上则表现出较大的差异,体现了科尔沁区方言词汇的独特魅力。

一、单纯词

(一)在普通话中没有对应的词语

科尔沁区方言中有较多词语在普通话中没有对应的词语,但又是不可或缺的存在,成为科尔沁区方言中独有的词汇。如:

> 秋半打子:至深秋尚未长满羽毛的雏鸡。
>
> 排:盘膝而坐。又泛指坐。
>
> 撒达虫:一种红翅的蚂蚱。
>
> 布勒子:小兵,被领导的人。
>
> 合勒话儿:模棱两可的话语,又称"呼噜语儿"。
>
> 行搭呼扇儿:不结实,不坚固。
>
> 七了咕哧:一顿忙活,动作很快。

(二)在普通话中有对应的词语

较多的科尔沁区方言词语在普通话中能找到对应的词语,但构成词语的语素及构词方式都存在较大的差异。

1. 科尔沁区方言和普通话中相对应的单音节单纯词

科尔沁区方言中的单音节单纯词和普通话相对应的单音节单纯词构成的语

素不同。如表5-41所示：

表5-41 科尔沁区方言和普通话单音节单纯词对照表

科尔沁区方言	普通话	科尔沁区方言	普通话
销	打	蹽	跑、走
造	吃	嘎（过去）	超（过去）
馕	软、差	搁	在
该	欠	妥（了）	好（了）
扳	改	膀	壮
屯	土	嗑	话
瞟	盯	勒（lei）	理
潮	傻	撮	吃

2. 科尔沁区方言和普通话中相对应的多音节单纯词

科尔沁区方言中的多音节单纯词和普通话相对应的多音节单纯词，从构词音节情况看，科尔沁区方言和普通话有些词音节数量相同，有些不同，像"刀棱"和"螳螂"音节数目相同，"埋汰"和"脏"音节数目不同；从构词语素情况看，有些词语部分语素相同，这样的词较少，如科尔沁区方言中的"拉拉蛄"，普通话称之为"蝼蛄"；科尔沁区方言中的"嗯哪"，普通话用"嗯"表达等。绝大多数词语构成语素完全不同，如表5-42所示：

表5-42 科尔沁区方言和普通话多音节单纯词对照表

科尔沁区方言	普通话	科尔沁区方言	普通话
刀棱	螳螂	蚂螂	蜻蜓
吹吧（胖）	膀胱	机灵	哆嗦
行大糊茨	马马虎虎	稀得	想
埋汰	脏	肋脦	邋遢
胰子	肥皂	瞎地羊	鼹鼠
哈拉巴	髋骨		

3. 科尔沁区方言中的单纯词在普通话中是合成词

科尔沁区方言中的单纯词大多数时候在普通话中仍然是单纯词，但也有一些词构词类型不同，在科尔沁区方言中是单纯词在普通话中则是合成词，反之亦然。如表5-43所示：

表5-43　科尔沁区方言中的单纯词和普通话中的合成词对照表

科尔沁区方言	普通话	科尔沁区方言	普通话
磕碜	丑陋、丢人	波棱盖儿	膝盖
页灵盖儿（奔儿喽）	额头	疙瘩	地点、位置
哈喇子	口水	眵目糊	眼屎
硌应	讨厌	叽咯	拌嘴
嘎嘎	硬痂	恍惚	大概
左六	反正	花茬儿	经常、偶尔
腾	拖延	扒	仿造
尖	聪明	白唬	瞎说、撒谎
叽咯浪	吵吵嚷嚷	寸	赶巧
绑钉	总是	饽饽	面食、干粮
罗烂（乱）	差错	嘚嘚	唠叨、絮叨
呲哒	斥责，训斥，批评	履胡	在意
丁价	不断、经常	恨得	训斥
嘞嘞	胡说		

二、合成词

（一）在普通话中没有对应的词语

科尔沁区方言中的合成词和单纯词一样，有些在普通话中也没有对应的词语，它们的存在充分体现了独特的地域文化。如：

安席：办酒席时客人落座。

暗山：房屋山墙在屋里的一面。

疤瘌道：坑洼不平的道路。

包了：把剩下的全部处理了。

抱羔：牲畜生崽。

敞亮：说话、办事大方得体。

吃晌：吃午饭。

车轱辘话：翻来覆去总是一样的话。

抽红儿：指在赌博时，由设庄的人按比例收取一定的报酬。引申指利用职权，捞取好处。

打狼：落在最后，排在最后的。

大拿：某种行业或技能水平最高的人。

跌份：丢面子。

疙瘩鬏儿：妇女发式，大多在脑后，也有盘在头上的。

赶粘：毛发或织物黏结在一起。

激头掰脸：十分生气的样子。

空手拉爪：两手空空。

老铁：关系非常好，最密切的人。

落炕：起不来炕了，形容病得很重。

里出外进：不整齐。

两旁世人：无关的人。

麻爪：手收起来，不敢动弹的样子。引申为遇事毫无办法。

冒话：婴儿开始牙牙学语。

舔嘴巴舌：指东西少没吃够的样子，也作甜嘴巴舌。

小来小去：很小，微不足道。

仰壳：脸朝上。

作妖：因为斗气故意所为，干些离谱儿的事。

（二）在普通话中有对应的词语

科尔沁区方言中很多合成词在普通话中都有对应的词语，但其构成却不尽相同。

1. 科尔沁区方言和普通话词语的语素数量相同

有些词语，科尔沁区方言和普通话的语素数量是一样的，但从构成语素本身而言，有些词的构成语素完全不同，有些词的构成语素部分相同。

（1）构词语素完全不同

科尔沁区方言和普通话构词语素完全不同的词语如表5-44所示：

表5-44 科尔沁区方言和普通话构词语素完全不同的词语对照表

科尔沁区方言	方言结构类型	普通话	普通话结构类型
编排	复合式（联合）	议论	复合式（联合）
潮不登	附加式（后加）	傻乎乎	附加式（后加）

科尔沁区方言	方言结构类型	普通话	普通话结构类型
抽搭	附加式（后加）	哭泣	复合式（联合）
呲毛	复合式（动宾）	顶撞	复合式（联合）
得意	复合式（动宾）	喜欢	复合式（联合）
干仗	复合式（动宾）	打架	复合式（动宾）
撩扯	附加式（后加）	挑逗、招惹	复合式（联合）
撕巴	附加式（后加）	拉扯	复合式（联合）
家贼	复合式（定中）	麻雀	复合式（定中）
扒瞎	复合式（动宾）	说谎	复合式（动宾）
抽抽	重叠式	缩水	复合式（动宾）
栽棱	附加式（后加）	歪斜	复合式（联合）
挡黑	复合式（动宾）	遮光	复合式（动宾）
后晌	复合式（定中）	下午	复合式（定中）
露脸	复合式（动宾）	出名	复合式（动宾）
摔脸子	复合式（动宾）	发脾气	复合式（动宾）

　　由表5-44可以看出，以上的科尔沁区方言和普通话词语构词语素完全不同，但有一部分结构类型却是一样的，如"编排"和"议论"都是联合结构，"潮不登"和"傻乎乎"都是附加式，"家贼"和"麻雀"，"后晌"和"下午"都是定中结构，"干仗"和"打架"，"扒瞎"和"说谎"，"挡黑"和"遮光"，"露脸"和"出名"，"摔脸子"和"发脾气"都是动宾结构。

　　结构类型相同的词语从造词方法看，都采用语义关联法中的直指式组合型方法，只不过是不同的人群在认识事物时因其角度以及思维模式的不同而选用了不同的语素而已，如"编排"和"议论"，方言用"编"和"排"两个语素组合表示"议论"的意义，表义比较间接，普通话表义更直接一些。"潮不登"和"傻乎乎"，都是通过附加词缀的方式突出事物的情状，科尔沁区方言运用独具特色的词根"潮"和词缀"不登"，构成了具有方言特色的词语。"家贼"和"麻雀"都采用了语义关联法，但在具体方法上略有不同，"家贼"是喻指式比喻型，"麻雀"是直指式组合型，即"家贼"的表意方法更加含蓄。"扒瞎"和"说谎、造谣"，方言"扒瞎"采用了比较独特的语素组合方式，"扒"这个语素在普通话中没有和"说"相关的意义，"瞎"虽然在普通话中也可以组成

"瞎说"等词，但"瞎"在组词时常常是在前面，构成状中结构的词，一般不会用在后面，构成动宾结构的词语，少有的组合方式使"扒瞎"成为一个特色鲜明的词语。"挡黑"和"遮光"造词方法也相同，但所选用的语素不同，语素"挡"和"遮"语义相通，"黑"和"光"语义基本相反，"黑"是"挡"的一种结果，"光"是"遮"的对象，从结构上说都是宾语，但"黑"是结果宾语，"光"是受事宾语，这充分体现了不同人群对语义表达的不同理解。"露脸"和"出名"，"露"和"出"语义相通，"脸"和"名"的语义差异较大，"脸"比"名"的语义更具体，因此从表意上说，"露脸"更加形象、具体。"摔脸子"和"发脾气"，方言"摔脸子"运用具有方言特色的词语"脸子"表示"生气"，表义更加接地气，普通话"发脾气"表义则更加直截了当。从造词角度来说，在表达相同意义时，由于方言和普通话对事物理解和诠释的角度不同，采用了不同的语素，形成了不同的词语。

在表5-44中还有较多词语差异更大，即结构类型不同，如"抽搭"和"哭泣"，"抽搭"是附加式结构，"哭泣"是联合结构；"呲毛"和"顶撞"，"呲毛"是动宾结构，"顶撞"是联合结构；"得意"和"喜欢"，"得意"是动宾结构，"喜欢"是联合结构；"撩扯"和"挑逗、招惹"，"撩扯"是附加结构，"挑逗、招惹"是联合结构；"撕巴"和"拉扯"，"撕巴"是附加结构，"拉扯"是联合结构；"抽抽"和"缩水"，"抽抽"是重叠式，"缩水"是动宾结构；"栽棱"和"歪斜"，"栽棱"是附加式，"歪斜"是联合结构。

结构类型不同的词语从造词方法看有的相同有的不同，如"抽搭"和"哭泣"，"抽搭"是语音指称法中的双音式附缀型，"哭泣"则是语义关联法中直指式的组合型，"抽"体现了"哭泣"的情态，后加方言中特有的词缀"搭"构成词语。"呲毛"和"顶撞"都采用了语义关联法中直指式组合型方法，方言词"呲毛"体现了"顶撞"的情态，表义更加形象具体。"得意"和"喜欢"都采用了语义关联法中直指式中的组合型方法，"得意"这个词在普通话中也有，但没有"喜欢"的意义。"撩扯"和"挑逗、招惹"，"撩扯"采用了语音指称法中的双音式附缀型，在词中运用了方言中独有的词缀"扯"，"挑逗、招惹"采用了语义关联法中直指式的组合型方法，表义更加直接。"撕巴"和"拉扯"，"撕巴"采用了语音指称法中的双音式附缀型方法，"巴"是词缀，这个词缀普通话中也有，但没有"撕巴"这样的组合方式，"拉扯"采用了语义关联法中直指式中的组合型方法，是两个意义相近语素的组合。"抽抽"和"缩水"都采用了语义关联法中直指式的组合型方法，方言词"抽抽"表示了"缩水"的结果，口语化更突显。"栽棱"和"歪斜"，"栽棱"采用了语音指称法中双音式的附缀型方法，运用了方言中独有的词缀"棱"，比采用语义关联法中直指式组合型方法组成的"歪斜"更生活化，更具画面感。

（2）构词语素部分相同

科尔沁区方言和普通话构词语素部分相同的词，如表5-45所示：

表5-45　科尔沁区方言和普通话构词语素部分相同的词语对照表

科尔沁区方言	方言结构类型	普通话	普通话结构类型
抛费	复合式（联合）	花费	复合式（联合）
别楞	附加式（后加）	别扭	复合式（联合）
抽巴	附加式（后加）	皱巴	附加式（后加）
抽匣	复合式（定中）	抽屉	复合式（定中）
吹乎	附加式（后加）	吹牛	复合式（动宾）
搭边儿	复合式（动宾）	沾边儿	复合式（动宾）
颠达	附加式（后加）	颠簸	复合式（联合）
应承	复合式（联合）	答应	复合式（联合）
管保	复合式（联合）	保证	复合式（联合）
害事	复合式（动宾）	碍事	复合式（动宾）
祸祸	重叠式	祸害	复合式（联合）
空的捞（的）	附加式（后加）	空唠唠（的）	附加式（后加）
毛楞	附加式（后加）	毛躁	复合式（联合）
下生	复合式（联合）	出生	复合式（联合）
揉扯	附加式（后加）	揉搓	复合式（联合）
扒顶	复合式（动宾）	谢顶	复合式（动宾）
比棱	附加式（后加）	比较	复合式（联合）
插空、欻空	复合式（动宾）	抽空	复合式（动宾）
胆突	复合式（主谓）	胆怯	复合式（主谓）
饭口	复合式（定中）	饭点	复合式（定中）
街里	复合式（定中）	市里	复合式（定中）
估摸	复合式（联合）	估计	复合式（联合）
过话	复合式（动宾）	传话	复合式（动宾）
好脸儿	复合式（动宾）	好面子	复合式（动宾）
立事	复合式（动宾）	懂事	复合式（动宾）

科尔沁区方言	方言结构类型	普通话	普通话结构类型
拢共	复合式（联合）	总共	复合式（联合）
拿腔作调	复合式（联合）	装腔作势	复合式（联合）
闹心	复合式（动宾）	心烦	复合式（主谓）

由表5-45可以看出，具有部分相同语素的词语，不同语素的意义大多数也是相通或相近的，如"搭边儿"和"沾边儿"中的"搭"和"沾"，"害事"和"碍事"中的"害"和"碍"，"下生"和"出生"中的"下"和"出"等，而其结构类型大多数是一样的，如"抛费"和"花费"，"管保"和"保证"，"应承"和"答应"都是联合结构，"抽匣"和"抽屉"，"街里"和"市里"，"饭口"和"饭点"都是定中结构，"搭边儿"和"沾边儿"，"害事"和"碍事"，"立事"和"懂事"都是动宾结构，"抽巴"和"皱巴"，"空的捞"和"空唠唠"都是附加式等。

对于结构类型一样的词语，从造词方法看，多数相同少数不同，如"抛费"和"花费"，"搭边儿"和"沾边儿"，"应承"和"答应"，"管保"和"保证"，"害事"和"碍事"，"下生"和"出生"，"扒顶"和"谢顶"，"插空"和"抽空"，"饭口"和"饭点"，"过话"和"传话"，"好脸儿"和"好面子"，"拢共"和"总共"，"拿腔作调"和"装腔作势"都是采用语义关联法中直指式组合型方法构成，而且"抛"和"花"，"搭"和"沾"，"承"和"答"，"管"和"证"，"害"和"碍"，"下"和"出"，"扒"和"谢"，"插"和"抽"，"口"和"点"，"过"和"传"，"脸儿"和"面子"，"拢"和"总"，"拿"和"装"，"调"和"势"都是意义相通的，只不过普通话没有"抛费""搭边儿""应承""管保""害事""下生""扒顶""插空""饭口""过话""好脸儿""拢共""拿腔作调"这样的组合方式而已。"抽巴"和"皱巴"都采用了语音指称法中的双音式附缀型方法，选用相同的词缀"巴"，不同的词根语素"抽"和"皱"，词根语素的意义相通，却是从事物的不同方面表达相同的词义，"抽"更强调事物的动作行为，"皱"更强调事物的情状。"抽匣"和"抽屉"均采用语义关联法中直指式组合型方法，"匣"和"屉"意义相通，普通话中没有"抽匣"这样的组合方式。"空的捞（的）"和"空唠唠（的）"都采用了语义关联法中直指式组合型方法，但它们所用的词缀不同，科尔沁区方言采用的是方言中特有的词缀，极具口语特征，普通话运用了叠音词缀。"街里"和"市里"，"街里"采用了语义关联法中喻指式的借代型方法，表义更加具体，"市里"采用了语义关联法中直指式的组合型方法，表义更加直接。"立事"和"懂事"中的"立"和"懂"，意义差别较大，体现了科尔沁区方言和普通话表达词义的不同角度，"立"既可以指事也可以指人，"懂"则只能指人，范围较小。

表5-45中还有一部分词语结构类型不同，如"别楞"和"别扭"中的"别楞"是附加式，"楞"为后缀，"别扭"是联合结构；"吹乎"和"吹牛"中的"吹乎"是附加式，"吹牛"是动宾结构；"颠达"和"颠簸"中的"颠达"是附加式，"颠簸"是联合结构；"祸祸"和"祸害"中的"祸祸"是重叠式，"祸害"是联合结构；"毛楞"和"毛躁"中的"毛楞"是附加式，"毛躁"是联合结构；"揉扯"和"揉搓"中的"揉扯"是附加式，"揉搓"是联合结构；"比棱"和"比较"中的"比棱"是附加式，"比较"是联合结构；"闹心"和"心烦"中的"闹心"是动宾结构，"心烦"是主谓结构。

从造词方法上说，结构类型不同的词语造词方法差异一般也较大。如"别楞""吹乎""颠达""毛楞""揉扯""比棱"等方言词，与普通话不同，都采用了语音指称法中的双音式附缀型方法，所用词缀大都是方言中特有的词缀，如"楞""扯"等，有的和普通话共用相同的词缀，如"乎"，但普通话中没有"吹乎"这样的组合方式。像"别扭""吹牛""颠簸""毛躁""揉搓""比较"等普通话词语，采用的是语义关联法中直指式中的组合型方法，与方言完全不同。再如"祸祸"和"祸害"，方言词"祸祸"，重叠相同的语素以加深意义，普通话"祸害"用两个语义相近的语素构成双音节词，直指意义本身，"闹心"和"心烦"中的"闹"侧重表达词义的动作性，"烦"则更侧重表达词义的情状。词语中的不同语素既体现了表达词义的不同角度，也充分显示出构词时思维模式上的差异。

2. 科尔沁区方言和普通话词语的语素数量不同

（1）科尔沁区方言词语的语素数量比普通话多

科尔沁区方言词语的语素数量比普通话多，又有构词语素完全不同与构词语素部分相同两种情况。

其一，构词语素完全不同的词语，如表5-46所示：

表5-46　科尔沁区方言和普通话构词语素完全不同的词语对照表

科尔沁区方言	方言结构类型	普通话	普通话结构类型
花大姐	复合式（定中）	瓢虫	复合式（定中）
扒眼儿	复合式（动宾）	偷窥	复合式（状中）

续表

科尔沁区方言	方言结构类型	普通话	普通话结构类型
寸劲儿	复合式（定中）	赶巧	复合式（动宾）
顶天儿	复合式（动宾）	最多	复合式（状中）
眉眼高低	复合式（定中）	脸色	复合式（定中）
秃老亮	复合式（联合）	光头	复合式（定中）
托底儿	复合式（动宾）	可靠	复合式（状中）
巴巴楼子	复合式（定中）	厕所	复合式（定中）
把家虎	复合式（定中）	勤俭	复合式（联合）
上赶子	附加式（后加）	主动	复合式（状中）
头半晌	复合式（定中）	上午	复合式（定中）
脸儿小	复合式（主谓）	害羞	复合式（动宾）

由表5-46可以看出，用不同数量的语素构成的科尔沁区方言和普通话意义相对应的词语，只有一小部分结构类型是一致的，如"花大姐"和"瓢虫"，"眉眼高低"和"脸色"，"头半晌"和"上午"，"巴巴楼子"和"厕所"等都是定中结构，而绝大多数结构类型不同。

结构类型相同的词语，从造词方法看有的相同有的不同。"花大姐"和"瓢虫"都采用了语义关联法中喻指式的比喻型方法，方言词中的"花"主要体现了昆虫背部的颜色特征，普通话中的"瓢"主要体现了昆虫的形态。"眉眼高低"采用了语义关联法中喻指式的借代型方法，"脸色"采用了语义关联法中直指式组合型方法，"眉眼高低"用眉眼的特点代指人的面部表情，"脸色"表义则比较直接。"头半晌"和"上午"都采用了语义关联法中直指式组合型方法，运用语义相通的不同语素表达词义，"头半晌"贴近生活，"上午"更严谨，更书面。"巴巴楼子"和"厕所"都采用了语义关联法中直指式的组合型方法，"巴巴楼子"比较口语化，且运用了具有方言特色的语素"巴巴"，"厕所"书面语色彩较浓。

表5-46中大多数词语的结构类型不同，如"扒眼儿"是动宾结构，"偷窥"是状中结构；"寸劲儿"是定中结构，"赶巧"是动宾结构；"顶天儿"是动宾结构，"最多"是状中结构；"秃老亮"是联合结构，"光头"是定中结构；"托底儿"是动宾结构，"可靠"是状中结构；"把家虎"是定中结构，"勤俭"是联合结构；"上赶子"是附加式，"主动"是状中结构；"脸儿小"是主谓结构，"害羞"是动宾结构。

结构类型不同的词语，从造词方法看大多是通过语义关联法中直指式组合型方法构成的，只是在表达词义的角度方面存在较大的差异。如"扒眼儿"和"偷窥"，"扒眼儿"突出了词义的动作性以及动作所关联的器官，表义比"偷窥"具体、形象。"寸劲儿"和"赶巧"，"寸"在普通话中也有"凑巧"的意义，但没有"寸劲儿"这样的组合方式，"寸劲儿"指事情发生得很巧合，有时也直接用"寸"表示，就是"赶巧"的意思。"顶天儿"和"最多"，"顶天儿"是用"顶到天了"来表示最大的极限，表义虽没有"最多"一目了然，但更生动、鲜活。"秃老亮"和"光头"，都突出了事物的性质，"秃老亮"通过突出事物的两个鲜明特征"秃"和"亮"反映本体器官，"光头"是通过事物的一个特征"光"加本体器官呈现的，"秃老亮"比"光头"表义更幽默生动。"托底儿"和"可靠"，"托底儿"表示承重，进而表示"可以托付"的意义，表义具体、含蓄，没有"可靠"表义直接。

其二，构词语素部分相同的词语，如表5-47所示：

表5-47 科尔沁区方言和普通话构词语素部分相同的词语对照表

科尔沁区方言	方言结构类型	普通话	普通话结构类型
拔豪横	复合式（动宾）	蛮横	复合式（联合）
傍黑儿	复合式（动宾）	傍晚	复合式（动宾）
打晃儿	复合式（动宾）	摇晃	复合式（联合）
滚犊子	复合式（动宾）	滚蛋	复合式（动宾）
鸡子儿	复合式（定中）	鸡蛋	复合式（定中）
扑了蛾子	复合式（定中）	飞蛾	复合式（定中）
悄没声（的）	复合式（联合）	悄悄（的）	重叠式
手指盖儿	复合式（定中）	手指甲	复合式（定中）
雪窠子 （雪窝子，雪蹲子）	复合式（定中）	雪坑	复合式（定中）
生暗火	复合式（动宾）	生气	复合式（动宾）
掉身儿	复合式（动宾）	转身	复合式（动宾）
胯骨轴子	复合式（定中）	胯骨	复合式（定中）
让份儿	复合式（动宾）	谦让	复合式（状中）
身板儿	复合式（定中）	身体	复合式（定中）
水舀子	复合式（定中）	水瓢	复合式（定中）

由表5-47可以看出，其中的词语绝大多数结构类型是一致的，如"胯骨轴子"和"胯骨"，"鸡子儿"和"鸡蛋"，"扑了蛾子"和"飞蛾"，"手指盖儿"和"手指甲"，"雪窠子"和"雪坑"，"身板儿"和"身体"等都是定中结构，"生暗火"和"生气"，"滚犊子"和"滚蛋"，"掉身儿"和"转身"等都是动宾结构。

结构类型相同的词语，从造词方法上说，都采用了语义关联法中直指式的组合型方法，只是在所使用的语素以及具体的组合方式上存在差异。如"傍黑儿"和"傍晚"，"黑"和"晚"意义相通，"黑"是以"晚"的状态来表达词义的，"晚"直接从时间上表达词义。"滚犊子"和"滚蛋"，"犊子"指较大动物的幼崽，是一个具有方言特色的语素，比普通话语义丰富。"鸡子儿"和"鸡蛋"，"子儿"和"蛋"语义相通，但普通话没有"鸡子儿"这样的组合方式。"扑了蛾子"和"飞蛾"，科尔沁区方言在表达词义时运用了拟声的方法表现"飞蛾"的特点，比较形象、生动，普通话中的"飞"则直接表现了事物的特点。"手指盖儿"和"手指甲"，"盖儿"和"甲"语义相通，"甲"在普通话中有"动物身上有保护功用的硬壳"义，"盖儿"在普通话中没有这样的意义，因此在普通话中没有"手指盖儿"这样的组合方式。"雪窠子"和"雪坑"，"窠"这个语素在普通话中也有，是指"鸟兽昆虫的窝"，一般不与"雪"类事物组合，科尔沁区方言中"窠"的意义比较宽泛。"生暗火"和"生气"，"暗火"和"气"语义相通，在普通话中没有"暗火"这样的词语，是方言中独有的词语。"掉身儿"和"转身"，"掉"和"转"语义相通，普通话中有"掉头"，没有"掉身儿"，"掉"在方言中的语义更丰富。"胯骨轴子"和"胯骨"，一般认为胯骨处在全身骨骼的中心位置，有勾连上下的作用，科尔沁区方言词"胯骨轴子"点明"胯骨"重要性的同时，还附加后缀以示词语的性质。"身板儿"和"身体"，"板儿"和"体"意义相通，但普通话中"板儿"没有"体"的意义，也没有"身板儿"这样的组合方式。科尔沁区汉语方言在组成词语时运用了更多的语素，表义更加细微、形象、有趣。

表5-47中也有一部分结构类型不同的词语，如"拔豪横"是动宾结构，相对应的"蛮横"是联合结构；"打晃儿"是动宾结构，相对应的"摇晃"是联合结构；"悄没声（的）"是联合结构，相对应的"悄悄（的）"是重叠式；"让份儿"是动宾结构，相对应的"谦让"是状中结构。从造词方法上来说，它们大多数采用的是语义关联法中直指式组合型方法构词。"拔豪横"和"蛮横"，"拔"突出了与事物性质相关联的动作行为，语素"豪"与"横"在普通话中都有，但没有与"拔"组合的方式，"蛮横"是语义关联法中直指式的组

合型方法，这样的组合仅突出了事物的性质。"打晃儿"和"摇晃"，科尔沁区方言运用了语义丰富的语素"打"与"晃"组合来表达词义，并在其后附上词缀，普通话中没有这样的组合，"摇晃"则运用两个近义语素的联合来表达词义，属于语义关联法中直指式组合型方法。"悄没声（的）"和"悄悄"，"悄没声（的）"通过肯定和否定两个方面来表达词义，"没声"即是"悄"，普通话中的"悄悄"是采用相同语素的重叠来表达词义。"让份儿"和"谦让"都表达了"让"的意义，"让份儿"采用动宾结构，突出了"让"的对象，"谦让"采用状中结构，突出了"让"的情态，表达词义的侧重点有所不同。

（2）科尔沁区方言词语的语素数量比普通话少

科尔沁区方言词语的语素数量比普通话少，这种类型的词语比较少。

其一，构词语素完全不同的，如：

> 方言 ——普通话
> 溜溜（的）—— 老老实实（的）
> 赛脸 —— 得寸进尺
> 又一路 —— 与众不同

从造词方法上说，它们的差异较大，如"溜溜（的）"和"老老实实（的）"都是语音指称法中的双音式重叠型，"溜"是一个具有方言特色的语素，普通话中也有这个语素，但没有"老实"这样的意义，"老老实实（的）"是"老实"词形变化的结果。"赛脸"和"得寸进尺"都采用了语义关联法中直指式的组合型方法，但它们表达词义的角度也有所不同，"赛脸"主要体现了词义中"脸皮厚"的特点，"得寸进尺"则表义比较直接。"又一路"和"与众不同"都采用了语义关联法中直指式组合型方法，"又一路"主要从不同的"路数"角度间接表达词义，而"与众不同"则表义比较直接。

其二，构词语素部分不同的，如：

> 方言 —— 普通话
> 调方儿 —— 想方设法
> 电棒 —— 手电筒
> 鳖犊子 —— 王八羔子

从造词方法来说，以上的例子都采用了语义关联法中直指式组合型方法，但在表达词义的角度方面仍然存在一定的差别，如"调方儿"和"想方设法"，方言词"调方儿"运用了语素"调"来说明"反复想办法"的意义，"想方设法"则是通过相同意义的语素联合表达"反复想办法"的意义。"电棒"和"手电筒"都是从突出事物特征的角度来表达词义的，但它们在表现事物特征方面仍然存在差别，"棒"和"筒"语义相通，另外普通话还通过语素"手"突出了与事物相关联的人体器官。"鳖犊子"和"王八羔子"都用动物来贬低别人，科尔沁区方言还进一步突出了动物的性质"瘪"，惟妙惟肖，普通话没有体现出这一点，也没有"鳖犊子"这样的组合方式。

3. 科尔沁区方言中的合成词在普通话中是单纯词

科尔沁区方言中的合成词有些在普通话中是单纯词，如表 5-48 所示：

表 5-48　科尔沁区方言中的合成词和普通话单纯词对照表

科尔沁区方言	普通话	科尔沁区方言	普通话
张三儿	狼	狗蹦子	跳蚤
量天尺	尺蠖	淘登	淘
憋挺	憋	累挺	累
撑挺	撑	拱扯	拱
抠扯	抠	蹽杆子	跑、逃
直溜	直		

由表 5-48 可以看出，除了个别词语在表达词义方面存在不同的角度之外，如"张三儿"和"狼"，"量天尺"和"尺蠖"，多数词语科尔沁区方言和普通的词根语素是一样的，只不过在方言中词根语素的后面又加上了方言中特有的词缀，构成了附加式合成词，如"憋挺""撑挺""累挺"后加上了词缀"挺"，"抠扯""拱扯"后面加上了词缀"扯"，"直溜"后面加上了词缀"溜"等。

第三节　语法特点

科尔沁区方言和普通话的语法特点总体来说，共性较多，个性的差异也是存在的。科尔沁区方言作为汉语的一种地域变体，从语法层面来说，多数构词语素和普通话是一样的，但也有一部分是方言中特有的，从而形成了方言词法的鲜明特色。

一、词法

（一）词根

根据音节数量的不同，把科尔沁区方言特有的语素分为单音节词根和多音节词根。

1. 单音节词根

科尔沁区方言中特有的单音节词根有：

板：控制，约束。

膀：身体很魁梧，健壮。

棒：乳房或膀胱内液体增多，引起鼓胀。

毕：技艺精湛，绝好。也指超过、压倒对方。

醭：液体表面长的白色的毛。一般有真菌的作用。

差：因为。

柴：指肉质不细嫩，纤维粗，吃起来口感不好。

焯：指把热的食物用凉水过一下，以降低温度。也指把蔬菜用开水略烫一下的过程。

沉：耳朵聋，听力不好。

趁：拥有。

堆：瘫倒、坍塌，也指不行。

刚：用话激人。

嗑：①打；②要钱，一般指超过价格多要钱，有讹人的意思；③指一层层地装东西。

尖：聪明。指视觉、听觉、嗅觉灵敏。

�煏：用锅加热使肉里的油分离出来。也指烹调中用火慢慢炼，使食物变干。

扒：舀、挖。也指搭、钩（像筐一类的物品）。

娄：指瓜类，过熟而变质。

码：接近、靠近。指沿着、顺着。

欺：挤，因相互拥挤遮光而影响生长。

凊：皮肤遇湿冷而开裂。

捎：倒着走。

绤：指布纹不密实，有空隙，不结实。

煹：把熟的食物蒸热，也指因温度升高使湿的物体发潮发热，使人不舒服。

2. 多音节词根

除了以上独有的单音节词根之外，科尔沁区方言中还有较多特有的多音节词根，如：

绑钉：一直，死死地。

奔儿楼：指前额很高，突起的样子。

哧棱：非常、很。也是象声词。

眵目糊：眼屎。

丑鹄鹄：布谷鸟。

黜黜：乱说。引申指背后说坏话。

吹脬：膀胱。

呲溜：脚下一滑的动作。

地蜊蛄：一种害虫，也叫蜊蜊蛄。

颠仙：不顾身份和能力，到处表现自己。

膈应：招人烦，使人讨厌。

菇娘儿：一种小浆果，野生的，色红，味酸甜。

哈喇：指油变质有异味。

恨得：大声斥责。

花茬子：不定时，偶尔。

叽咯浪：吵吵嚷嚷。

肋赐：指衣着不整洁，不修边幅。

罗烂：差错，问题。

蚂涕：蚂蟥。

埋汰：脏，不卫生。

闷头：皮肤上长的一种多发性疖肿。

捏铁：老实。

七了咕哧：一顿忙活，动作很快。

嘬了：吸吮。

(二) 词缀

科尔沁区方言中除了与普通话共有的词缀，如“子”“头”“老”“儿”等外，也有较多独有的词缀，根据音节数量可分为单音节词缀和多音节词缀。

1. 单音节词缀

科尔沁区方言中的单音节词缀有：

咕：别咕、嘎咕、假咕、架咕、捏咕、扎咕

扯：大扯、捣扯、拱扯、拐扯、抠扯、爬扯、揉扯、歪扯

楞：比棱、彪愣、咯愣、瓢棱、歪棱、栽棱（也写作“棱”或“愣”等）

乎：潮乎、黑乎、囊乎、邪乎、虚乎、悬乎、匀乎

登：猜登、蒙登、淘登、闹登

巴：扯巴、撑巴、抽巴、踹巴、垫巴、糊巴、挤巴、卷巴、拉巴、拿巴、拼巴、钳巴、撕巴、瘫巴、脱巴、捂巴、扬巴、咂巴、摘巴、凿巴、支巴

达：抽达、呲达、蹬达、颠达、抡达、拧达、数达、耷达、踱达（也写作“哒”或“搭”等）

挺：累挺、撑挺、冻挺、齁挺、闹挺、噎挺

溜：细溜、秀溜、直溜、光溜、平溜

由以上词缀可以看出，科尔沁区方言中有些单音节词缀，构词能力较强，同一个词缀可以跟不同的词根语素组合，构成不同的词语。

2. 多音节词缀

科尔沁区方言中的多音节词缀较多，根据它们的音节是否相同，可分为叠音词缀和其他词缀两种。

(1) 叠音词缀

科尔沁区方言中的叠音词缀有：刺儿烘烘、架烘烘、醋烘烘、冤烘烘、大咧咧、骂咧咧、哭咧咧、绒嘟嘟、肉嘟嘟、嫩莹莹、蓝莹莹、大汪汪、呆呵呵、黑黢黢、急唠唠、凉哇哇、穷嗖嗖、贼溜溜等。这些叠音词缀构词能力大多数都较低，一般每一个叠音词缀只能跟特定的词根组合，少数词缀可以和不同的词根组合，构成不同的词语，如“烘烘”“咧咧”等。

（2）其他词缀

科尔沁区方言中非叠音的多音节词缀有：泥泞巴嚓、强巴火、一心巴火、恶心巴拉、揪心巴拉、难受巴拉、闹心巴拉、瘆人巴拉、直巴棱登、紫巴溜丢、扁巴拉叽、二虎巴叽、平不搭、臊不搭、潮不登、蔫不登、憨不愣登、稀不棱登、白不拉叽、淡不拉叽、花不拉叽、贼不拉叽、颠不出（的）、闷不出（的）、蔫不唧儿、甜不叽、酸不溜丢、甜不唆（的）、软的哈（的）、怔的喝（的）、潮的乎（的）、干的糊（的）、温的乎（的）、悬的乎（的）、晕的乎（的）、馋的哄（的）、齐得哄儿、干的噜（的）、松得噜（的）、湿的涝（的）、腥的嚷（的）、稀的溜（的）、小的溜（的）、悬的喽（的）、灰嘟噜（的）、酸个呀（的）、乌个嘟（的）、面个兜（的）、腥咕耐（的）、咸咕乃（的）、咸个滋儿、油渍咯奈、白脸儿克张、胖咕囵墩、圆咕仑墩、半咕隆通、疤瘌喀叽、红眼枯瞎、球了咣叽、秃了光叽、抽了巴叽、艮了巴叽、灰了吧唧、糠了巴叽、抠了巴叽、颠了巴叽、囊了巴叽、贫了巴叽、瘸了巴唧、软了巴叽、肉了巴叽、傻了吧唧、湿了呱唧、水了巴叽、酸了巴叽、损了巴叽、土了巴叽、臭气拉哄、大舌头嘟叽、咯了巴生、稀里哈搭、稀里忽噜、便宜搂嗖、破衣搂搋、疙瘩溜秋、毛了三光、迷了马哈、黏了乎唏、傻了呼唏、瞎摸乎唏、血了呼唏、酸叽溜（的）、乌了巴突、圆了咕咚、扎波约（的）、醉嘛哈等。科尔沁区方言中的非叠音的多音节词缀一般构词能力较低，特定的词缀只能跟特定的词根语素组合构成词语，但也有一些词缀构词能力较强，可以和不同的词根语素组合，构成不同的词语，如"了巴叽""巴拉""的乎"等。

（三）程度副词

科尔沁区方言中常用的独具特色的程度副词比较多。如"老"："老好了""老难受了""老冷了"等，"老"能和大多数形容词或心理动词搭配使用。再如"齁"常和"咸"或"甜"搭配。"熏"常和"甜"搭配。"讷"常和"苦""臭""腥"搭配。"精"常和"瘦""湿""稀""薄"等词搭配。"嘎"常和"香""脆""甜""新"等词搭配，可以单用，也可以重叠使用，即"嘎嘎"，表示的意义基本一样，但重叠后所表示的程度会更深。程度副词"帮"经常和"硬"搭配使用，和"嘎"一样，可以单用，也可以重叠："帮帮硬"。"贼""贼拉"两个词也表示程度加深，可以和大多数形容词或心理动词搭配使用，但没有"老"这个词常用。另外还有一些表示颜色加深的程度副词，如"却""焦"等，"却"常用来修饰黑色和紫色，表达为"却黑""却紫"等，"焦"常用来修饰黄色、绿色，表达为"焦黄""焦绿"等。

科尔沁区方言中的程度副词主要作状语，修饰形容词和部分心理动词，不能像普通话那样还能作补语。除此之外，还有一些特殊的用法，如科尔沁区方言的程度副词"老"，从意义上来说，相当于普通话的"很""非常""十分"等，但它们的用法实际并不相同，"老"一般是按"老……了"的格式使用的，如"这姑娘老漂亮了"。"老"在形容词或动词的前面作状语，而后面的"了"是必不可少的，但普通话的"很""十分""非常"等后面则不用"了"。这一点与普通话表示强调意义的副词"可"的用法是一致的，即科尔沁区方言的"老……了"的格式相当于普通话的"可……了"的格式，在普通话中，如果用"可"来表示程度加深的话，后面也需要带"了"，是不能省略的，即"这姑娘老漂亮了"可以表示为"这姑娘可漂亮了。"

科尔沁区方言的程度副词有些可以连用修饰形容词，但普通话的程度副词一般是不能连用的，如"这儿离北京还挺老远呢"，"挺"和"老"连用，修饰"远"，普通话没有这种用法。

（四）代词

疑问代词"什么"在科尔沁区方言中常用"啥"来表达，如"什么时候""什么地方"都用"啥时候""啥地方"来表达。科尔沁区方言中的"什么时候"还可以用"多咱"和"啥前儿"来表达。

科尔沁区方言中的"怎的"和"咋的（咋）"意义基本相同，都相当于普通话中的"怎么"或"怎么样"，但在一些具体的用法上仍存在着一些细微的差别，如"你怎么了？"科尔沁区方言用"怎的""咋的（咋）"都可以，即表达为"你怎的了？""你咋的了？""你咋了？"而在表达"你到底想怎么样"时，科尔沁区方言可表达为"你到底想怎的？""你到底想咋的？"一般不能说成"你到底想咋？"在表达"你怎么能这么对待孩子"时，科尔沁区方言则只能用"咋"，表达为"你咋能这么对待孩子？"

在有的语境中，普通话中的"这么"和"那么"，在科尔沁区方言中常用"这样儿"和"那样儿"表达。如："不是那么做，是要这么做的。"科尔沁区方言表达为："不是那样儿做的，是这样儿做的。"

（五）形容词

形容词是科尔沁区方言中非常有特色的一类词语，科尔沁区方言中的形容词常常有各种重叠式或习惯加各种词缀。

在科尔沁区方言中，有些性质形容词，通过将语素的声音延长，再带上儿化缀，构成"AB+（儿）+的"结构，表示程度加深，有些词语相当于普通话中的 AABB 式，如"老实儿（的）"表示"老老实实"，"亮堂儿（的）"表示"亮亮堂堂"，"稳当儿（的）"表示"稳稳当当"等。这种结构的形容词在科尔沁区方言中非常普遍，再如"把握儿的""板正儿的""带拉儿的""齐刷儿的"等，结构中的"儿"缀，有的时候也可以没有，如"拔凉的""埋汰的""彪乎的""抠搜的""青豪的"等。

科尔沁区方言中的形容词还有"AA 的"式，如"杠杠的"，表示"非常好"的意义，在句中常作谓语。这样的词还有"嗷嗷的""哇哇的""巴巴的""蹭蹭的"等。

科尔沁区方言中的许多形容词是"AABB"式，如"比比画画""病病歪歪""扒扒查查""巴巴叽叽""半半拉拉""拌拌咔咔""笨笨咔咔""抽抽巴巴""粗粗拉拉""粗粗赖赖""带带拉拉""捣捣鼓鼓""疯疯扯扯""够够巴巴""鼓鼓溜溜""鼓鼓囊囊""憨憨乎乎""叽叽歪歪""挤挤插插""坑坑包包""抠抠嗖嗖""赖赖巴巴""漓漓拉拉""满满登登""忙忙叨叨""舞舞扎扎"等。

从用法上来说，科尔沁区方言中的形容词在句中常作谓语，或作状语和补语，作定语的情况较少。

（六）带"子"缀的词语

科尔沁区方言词汇中"子"缀构词能力比较强，它可以和许多词根语素组合，构成众多不同的词语，这些词在普通话中一般不用"子"缀，或者这些带"子"缀的词在普通话中没有对应的词语，如：扒撸子、笆篱子、巴篙子、犟眼子、白漂子、瘪子、冰溜子、冰楼子、冰坨子、肩膀头子、草爬子、茬子、扯绺子、瞅空子、脚丫子、臭筒子、臭氧层子、矬巴子、大饼子、大布衫子、大脑瓜子、大腰杆子、大嘴叉子、蛋茬子、地蹦子、甸子、电驴子、电匣子、掉腰子、吊膀子、吊眼梢子、腚沟子、陡棱子、逗闷子、肚囊子、儿马子、二巴颤子、二巴愣子、二串子、房框子、房檐子、飞子、坟圈子、街边子、街溜子、格棱子、胳膊肘子、沟塘子、哈喇子、黑瞎子、后脑勺子、嘴唇子、豁子、火疖子、肩膀头子、脚底板子、借由子、金镏子、金钳子、进门子、口溜子、扣斗子、胯骨轴子、老鸹子、脸子、摆挑子、炝蹶子、门槛子、面剂子、面起子、气嗓子、前趴子、腔子、秋头子、山包子、晌午头子、生不郎子、手捧子、树趟子、树栽子、甩剂子、碎嘴子、土棱子、屯溜子、袜装子、完犊子、五凤楼子、戏匣子、下巴颏子、下茬子、咸菜蒌子、雪窠子、雪窝子、牙花子、由子、屁股蛋子、偏心眼子、斜巴掺子等。

（七）部分词语的特殊用法

1. 动词"整"的特殊用法。

在科尔沁区汉语方言中，"整"作为动词时，几乎可以替换所有的及物动词。例如：

①他去整头发。（他去理发。）

②他在整自行车。（他在修理自行车。）

③他整了套房子。（他买了套房子。）

④我整不动了。（我干不动了。）

⑤把它整坏了。（把它弄坏了。）

⑥咱俩先整一杯。（咱俩先干一杯。）

⑦这次考试没整好。（这次考试没考好。）

⑧你多整点儿饭。（你多吃点儿饭；你多做点儿饭。）

⑨然后再整整容，做个拉皮儿。

例子中的"整"分别是"修剪""修理""买""干活""弄""干""考""做或吃"的意义，最后一个例子是其重叠形式。可见，"整"在科尔沁区汉语方言中是个"万能"的动词。

2. 代词"咱们"的特殊用法

科尔沁区方言"我们"和"咱们"的区别与普通话不一样，在普通话里"咱们—我们"形成"包括—排除"对立，在科尔沁区方言里，"咱们"的用法比较特殊。例如：

①你在工厂干活儿，我在农村劳动，咱们都为社会主义建设出力。

②咱们是个直性子，说话不会曲里拐弯。

③乖，咱们不哭。

④（对售货员说）同志，咱们这儿有红旗牌收音机吗？

普通话中"咱们"是典型的包括式人称代词，在人称上包括说话者和听话者双方，但科尔沁区方言中有时还用来指称"我""你"或"你们"，范围宽，用法广。例①"咱们"指称听说双方，例②"咱们"指称说话者，例③"咱们"指称听话者，例④"咱们"指称听话者。

另外还有："哎呀妈/哎呀妈亲"是科尔沁区方言中常用的叹词,表示吃惊、惊讶的意思。这两个叹词在普通话中较少使用,而在普通话中,这两个叹词经常是分开使用的,而较少组合在一起使用,如有叹词"哎呀"和"妈呀"。

语气词"呢"和"啊"都可以用在疑问句中,表示疑问语气,但在科尔沁区方言中常用语气词"啊"代替语气词"呢",如"我们用什么车从南京往这里运家具呢?"表达为"我们用什么车从南京往这里运家具啊?""这个东西有多重呢?"表达为"这个东西多重啊?"

介词"按"和"照"都有"依照"的意义,但在科尔沁区方言中常用介词"照",而较少用"按"这个介词。介词"向",在科尔沁区方言中常用"管"来表示相同的意义,如"向他借一本书",表达为"管他借一本书"。介词"同",在科尔沁区方言中常用介词"和"来表示相同的意义,如:"老张呢?他正在同一个朋友说着话呢。"表达为:"老张呢?他正在和一个朋友说话呢。"

二、句法

(一) 带有"V +不/没+ VO"或"VP 不的/没有"型的反复问句

在科尔沁区汉语方言中,反复问句通常有两种主要形式。

1. 带有"V +不/没+ VO"型的反复问句。例如:

①你们吃不吃饭?
②爸爸理不理发?
③你喜不喜欢?
④老师高不高兴?
⑤昨儿个你们发生没发生什么事情?

普通话和科尔沁区方言都有"VO 不/没 VO"肯定和否定相叠形式的反复问句,但普通话除了采用"VO 不/没 VO"式之外,多采用"VO 不/没 V"这种后删略式,科尔沁区方言则一直采用"V 不/没 VO"这种前删略式。例①句中用"不",询问对方想不想吃饭,要不要吃饭儿,若换成"没"则是询问对方是否已经吃过饭。例③句中用"不",询问对方现在喜欢还是不喜欢,若换成"没"句尾要加"过",则是询问对方是否曾经有过这种情绪。例⑤中的"没"不能调换为"不",这说明"不"和"没"的适用对象不尽相同。

2. 带有"不的""没有"型的反复问句。例如:

①大人要开水不的？（大人要开水不要？）

②你会抽烟不的？（你会抽烟不会？）

③你们吃中国菜不的？（你们吃中国菜不吃？）

④她俩拿伞没有？（她俩拿伞没有拿？）

⑤你们发生了什么事没有？（你们发生了什么事没有发生？）

⑥昨儿个你出门了没有？（昨儿个你出门了没出？）

在科尔沁区方言中，这种类型的反复问句出现的频率比"VO+不（没）+ VO"和"V +不/没+ VO"型要高得多，因为它更具口语色彩，更经济简洁。

（二）带有"的"的省略否定句式

"的"在普通话中是个助词，在科尔沁汉语方言中有时能够代替动词或形容词，读作 di，构成否定句式。例如：

①你喂喂牛。

我不的（我不喂）。

那你去割捆草。

我不的（我不割）。

求求你快去吧！

我就不的（我不去）。

②进来坐坐吧。

不的了（不坐），我还有事。

③你还经常头疼吗？

现在不的了（现在不疼了）。

④你还骂不骂人了？

我以后不的了（以后不骂了）。

⑤这些破东西我帮你扔吧。

别的（别扔），我还有用呢。

⑥我把饭给你热一热。

别的了（别热了），我愿意吃凉的。

⑦我的脸还红吗？

现在不的了。

⑧你那屋子还潮吗？

现在不的了，去年可潮呢。

例①-⑥，"的"用在否定的"不"或"别"后面代替动词，例①对提出的要求表示坚决否定，例②"的"后带了语气词"了"，对提出的要求否定意味减弱，较委婉，例③④是对询问的否定，表示某种情况已不再延续或将不再延续，例⑤⑥用在"别"的后面表示制止，例⑦⑧代替形容词，对过去的某种情况是否延续到现在给予否定回答。

（三）带有"咋的"的反问句式

科尔沁区方言中有一种比较有方言特色的反问句，即将疑问代词"咋的"置于句末构成，例如：

①你感冒了咋的？
②你放假了咋的？
③你怕我不给钱咋的？
④行了，别在那儿演戏了！谁不知道谁咋的？

"咋的"有时用在特指型反问句末尾，有时用在是非型反问句末尾，不充当具体成分，作话语标记强化反问语气。删掉"咋的"可能会减弱反问语气，但不影响命题内容的表达。

（四）特殊语序的句式

普通话中句子成分的常规语序是：主语＋谓语＋宾语（SVO 型），带上附加成分一般情况为：（定语）主语＋［状语］谓语＜补语＞＋（定语）宾语＜补语＞，也会有变式句，出现主语谓语倒置，状语、定语倒置等情况，但由于科尔沁区汉语方言深受蒙语的影响，句法顺序的变化较多。例如：

①你名字叫什么？
②他干什么上那边儿去了？
③我害怕啊，吓得。
④小红哭了，疼得。
⑤都讲完了吧，课。
⑥打球了吗，你？
⑦你看房子了吗，昨天？

⑧我栽花了，都。

　　例①②宾语提前，是个"主＋宾＋谓"型语序的句式。例③④补语提前，是个"主＋补语＋谓语"型语序的句式。例⑤⑥谓语提前，是个"谓＋宾＋主"型语序的句式。例⑦⑧状语后置，是个"主＋谓＋宾＋状"型语序的句式，这类句子在方言中使用的频率比较高。

第六章

科尔沁地区汉语方言与各民族的语言接触

语言接触是指不同的语言或方言在一定的环境中，经过长期或短期的频繁交际而互相影响、互相渗透的一种语言现象。① 美国著名语言学家萨丕尔说："语言，像文化一样，很少是自给自足的。交际的需要使说一种语言的人和说临近语言的或文化上占优势的语言的人发生直接或间接接触。"② 这种接触势必涉及语言的三要素：语音、词汇和语法，其中影响最为显著的是词汇，"一种语言对另一种语言最简单的影响是词的'借贷'"③，词汇的多寡、词语的有无、词义表达得是否精准是衡量一个民族文明程度、价值观念、认知范围的标准，"文明包括人类创造的客观物质和精神产品，生活习惯、经济地位、科技水平等因素；价值观念包括审美观、宗教观、道德伦理观、世界观和人生观；认知方式包括人类观察和解释世界的认知模式，它随着人类心智的进化而发展，发展方向带有一定程度的选择性"④。而任何民族在发展形成的过程中，一定不是故步自封的，同其他民族肯定有着或多或少或深或浅的接触和交往，吸收其精华，发扬其长处，这样才能推动历史车轮更快地向前发展，所以任何一种语言的词汇里一定包含着数量不等的外来词。尤其是现在随着时代的发展，社会的进步，各民族之间在政治、经济、文化等方面的联系越来越密切，外来词已经成为民族语言中必不可少的重要元素。杨锡彭教授在《汉语外来词研究》中说："外来词是在吸收外语词的过程中产生的表达源自外语词的意义的词语，亦可以称为外来语、借词。由音译产生的与外语词在语音形式上相似的词语以及音译成分与汉语结合而成的词语是狭义的外来词，通过形译或意译的方式产生的词语是广义的外来词。"⑤ 本文中的外来词即杨锡彭先生所说的狭义外来词。

① 雷雨，高霞. 内蒙古西部方言语言接触研究述评 [J]. 内蒙古民族大学学报，2014（3）.

② ［美］爱德华·萨丕尔著，陆卓元译. 语言论 [M]. 北京：商务印书馆，1985：173.

③ ［美］爱德华·萨丕尔著，陆卓元译. 语言论 [M]. 北京：商务印书馆，1985：174.

④ 天峰，王玉霞. 浅谈蒙古语词的文化涵义 [J]. 内蒙古民族大学学报，2005（6）.

⑤ 杨锡彭. 汉语外来词研究 [M]. 上海：上海人民出版社，2007：37.

第一节　科尔沁地区汉语方言中的外来词及原因

内蒙古自治区科尔沁地区是一个多民族杂居的地区，古有东胡族和山戎族，后来匈奴族、鲜卑族、乌桓族、契丹族、蒙古族、满族、朝鲜族、回族、汉族等均在此居住过。在漫长的历史进程中，各民族杂居的相处模式，使得人们频繁交往、相互影响，从物质层面到精神领域和谐共生。民族的接触势必带来语言的接触，因此在科尔沁地区汉语方言中充斥着诸多的异文化使者——外来词。

一、科尔沁地区汉语方言中的蒙古语外来词及原因

内蒙古科尔沁地区是蒙古族的聚居地，清朝前期占有绝对优势的是蒙古语，但在清朝统治的二百多年间，邻近的东北、华北、华东等地区的内地汉人大量流入，逐渐增多，蒙汉两种语言由后来的齐头并进演变成现在的以汉语为主体的语言，这与使用语言的人口有关，与政治、经济、文化的发展有关，与国家制度也有关。不可否认的是蒙古语的传承与发展，给同时长期并存的汉语带来极大的影响。

（一）科尔沁地区汉语方言中的蒙古语外来词

蒙古语属于阿尔泰语系，在历史上对不少民族的语言产生过重大影响，汉语属于汉藏语系，然而蒙古语却是汉语向"他族语言"借词的主要源泉之一。蒙古语词语进入汉语历史悠久，早在13世纪末，蒙古族进入中原时就开启了和汉族的深度交融，而语言的相互碰撞，首先表现在对对方词语的吸收。汉语吸收的蒙古语词语"大都见于元人杂剧和元代史书里，尤其是元代杂剧，反映了以大都为中心的元代北方人民的口语，也反映了汉语和北方各民族语言特别是和蒙古语融合的事实，其中杂有不少蒙语借词"①。像"可罕""哈敦""那颜""铁里温""台吉""土实""库鲁干""扎撒""把都儿""曲律""窝脱""把势"等是用来表示官职、身份的，"抹邻""贴各""哈叭""合里乌""打刺不花""哈孩"等是用来表示动物名称的，"撒敦""阿近堆""孤答""米讷""赤""必"是用来表示称谓的，"罟罟""答纳""搭护""火里赤""茶迭儿""搭连""擦褶儿"是用来表示衣着服饰的，"五速""米罕""悟""酷累""首思""倒刺""虎儿赤"等是用来表示饮食、娱乐的，"站（站赤）""胡同"

---

① 向熹. 简明汉语史（上册）［M］. 北京：高等教育出版社，1993：616.

"阿妈萨""兀堵儿""怯烈思""额多额"等是用来表示时间、地点的,"爪""一来""约儿只""扫兀""牙不""哈哩""撒叭赤""五者""亏图""沙八赤"等是用来表示动作、行为的,"失剌温""卯兀""茶合""阿可赤""额薛""把撒""兀该"等是用来表示性质、状态以及频率、否定等的,"民安""都麻""按弹""蒙古儿""火牙儿"等是用来表示金银、数量的,还有表示其他意义的词语,如"五裂蔑迭""伏以""慕古""哈撒儿""阿的""把酥"等,是当时社会现象的直接体现。但随着朝代的更替,社会的演变,绝大多数蒙古语词语随着时代的变迁已经被淘汰,不再使用,如"窝脱""罟罟""阿可赤"等,少数存在于方言之中,如"巴巴""天灵盖""把势"等,个别的演变成了国家通用语言文字的一员,如"站""胡同""褡裢"等。在元蒙统治时期,出于表达新事物的需要,汉语不断地向蒙语吸收,借用新词。① 在科尔沁地区汉语方言词汇中,有的蒙古语词语是历史遗留下来的古语词,有的是在后来共同生活中借用的汉语中没有的事物、现象或具有特殊意义的词语。现如今,科尔沁地区汉语方言中借用的蒙古语词语还很丰富,卢芸生、道尔吉1995年发表在《内蒙古大学学报》上的《内蒙古西部地区汉语方言里的蒙语借词》,列举了很多蒙古语外来词,其中有一部分也是科尔沁地区汉语方言中的词汇,有的意义完全相同,有的意义略有差别。常见的有:

(1) 巴巴:也写作"屄屄",蒙古语 ᠪᠠ ᠪᠠ 的音译,始见于元代。元《雁门关存孝打虎》:"我若杀得过,则管杀,我若杀不过,我便走了,看你怎生拉巴巴。"明《西游记·第四十回》:"也罢,我驮着你;若要尿尿巴巴,须和我说。"其意义为"脏物",也用来指称"粪便";还有动词的用法,意为"小孩儿拉屎"。在科尔沁地区方言里,意思没有发生变化,如"妞妞在屙巴巴",指粪便;"把那东西扔了,巴巴",对脏东西的泛称(与小孩儿交流,也说"巴儿");"你巴巴孩子,看他尿尿吧",动词用法。

(2) 扎:也写作"札""喳",蒙古语 ᠵᠠ 的音译词,表示应诺,有"是""对""好吧"的意义。例如:"扎!就这么办吧。""早有两三个家人答应了一声喳,走进来垂手伺候。"(《宦海》)

(3) 天灵盖:蒙古语 ᠣᠷᠣᠢ 的音译词,指头盖骨的上部,即头顶、脑壳。元·马致远《黄粱梦》:"则恁的东倒西歪,推一交险擤破天灵盖。"《醒世恒言》:"这一响,只道是打碎天灵盖。"

(4) 撒活:也写作"撒货""撒和",蒙古语 ᠰᠠᠭᠣ 的音译,指"泼、播

---

① 崔瑾. 借词背后的认同——从蒙语借词说起 [J]. 剑南文学, 2012 (12).

撒"等意义。方言的意义主要有：①分配，例如："我把礼品撒活了就走。"②播撒，例如："你把面撒活开，别伤热了。"③喂养牲口。元·王实甫《西厢记》："头房里下，先撒和那马者!"《西游记》："我们且进这驿里去。一则问他地方，二则撒和马匹，三则天晚投宿。"

（5）蝲蝲蛄：或作"拉拉蛄""喇喇蛄"，蒙古语 [蒙古文] 音译的重叠，原指"蝼蛄"。方言借入后仍指"蝼蛄"，是一种中药材，一种杂食昆虫，危害各种蔬菜。例如："科尔沁地区有句谚语叫'听蝲蝲蛄叫，还不种地了?'"

（6）哈拉哈：或作"屹拉哈""嘎拉哈"，蒙古 [蒙古文] 音译的讹省。本义指猪、羊后腿膝盖处一块小巧的骨头，后来演变成一种儿童玩具，滋生出很多玩法，用入方言后意义没有发生变化，例如："几个小女孩经常在一起玩哈拉哈。"

（7）毛：蒙古语 [蒙古文] 音译的省略，指"坏""恶劣"。方言用作引申意义：①指干活快而不顾质量。例如："这雪扫得太毛了。"②指货币贬值。例如："现在的钱都变毛了，十元钱什么都买不到。"③指牲畜受惊而狂奔或人突然发脾气。例如："小黑马一听鞭炮声就毛了。""看妹妹哭了，哥哥可毛了，瞪着眼睛跟我喊。"

（8）脓带："脓"是蒙古语 [蒙古文] 音译的省略，意义是"黏糊状的"；"带"是汉语语素，"脓带"一词属于音译加汉语语素构成的词，就是"鼻涕"。例如："这天真冷，你看他脓带都流出来了。"

（9）划拉：蒙古语 [蒙古文] 音译的省略，原来有"收拾、搜罗"等意义，用到方言后意义扩大到多个，①搂取："他把有用的东西都划拉走了。"②打扫："小丽拿起扫帚就划拉炕。"③潦草、快速："我也写不好，而且很划拉。""他在家划拉了两口饭就跑了。"④奸污："咱们村原来的书记作风不好，年轻姑娘没少让他划拉了，后来被公安局带走了。"⑤聚拢："把家里钱划拉划拉，看看够不够。"

（10）哈喇：或作"哈拉""哈辣"，蒙古语 [蒙古文]，是个音译词，指"陈旧的牲畜等物"，用入方言后，①指油、肉变质或变质后的味儿："小盆里的猪油哈喇了，扔了吧!""刚刚吃的毛嗑一股哈喇味，快别嗑了!"②因食物过咸或过甜引起的嗓子嘶哑："你嗓子怎么哈喇了，吃糖吃多了吧。"

（11）叨拉：蒙古语 [蒙古文] 的音译，原意是"唱歌""说唱""演唱"。方言借入后有两个义项：一是指"说书""讲故事"，例如："你老再给叨拉一段古今。"另一个义项是"谈""谈话""随便闲谈"，例如："他已经跟我叨拉过这事了。我夜来跟他叨拉了半天，他才想通了。"用作"随便闲谈"义时，常需重叠，例如："你坐下，咱俩好好叨拉叨拉。"据《元明戏曲中的蒙古语》载，此词又作"倒刺""倒喇"。明清两代亦有写作"捣喇"的。

（12）哨：或作"捎"，蒙古语 ᠲᠣᠭᠣᠷᠢ 的音译，本指"坐"，引申为"后坐""辕马后坐"。方言借入后，①用来吆喝牲口使之向后退。例如："他推着车辕大声吼：'哨！哨！哨！'"②指向后退车。不只限于畜力车，使机动车向后退也称为"哨"。例如："你把汽车往后哨一哨。"有时，还可叠用为"哨哨"，意义相同。

（13）召：蒙古语 ᠵᠤ 的音译，原是佛像名，又指供有佛像的庙。方言借来后指"庙"。例如："我们要去大召啊！"有时"召""庙"连用："召庙"仍然是"庙"。

（14）达坂：或作"达巴""大板"，蒙古语 ᠳᠠᠪᠠᠭ᠎ᠠ 的音译，原意为"岭""山口""关口"。方言借入后用于地名。

（15）安代舞："安代"是蒙古语 ᠠᠨᠳᠠᠢ 的音译，传说它是一种能歌善舞的精灵；"舞"是汉语成分。安代舞是蒙古族民间的一种歌舞名称。例如："今年国庆节，科尔沁的安代舞的确火了。"

（16）苏木：蒙古语 ᠰᠤᠮᠤ 的音译，原指牧区的旗（县）辖的区级行政单位。方言借来仍表原意。有时把"区政府"也用蒙汉两种语言成分说成"苏木政府"。

（17）嘎查：蒙古语 ᠭᠠᠴᠠᠭ᠎ᠠ 的音译，原指牧区相当于乡一级的行政单位；又指"乡村""村庄"。方言借入后意义不变。例如："昨天嘎查通知要注意防火。""你去哪个嘎查？"

从蒙古语借来的词多数是名词。像这样的词语还有很多，如："戈壁"（大范围的沙漠地区）、"哈巴狗"（一种家犬）、"蘑菇"（指一种可供食用的菌类）、"哈达"（蒙、藏族人民作为礼仪用的丝织品）、"那达慕"（是蒙古族历史悠久的传统节日，人们为了庆祝丰收而举行的文体娱乐集会）、"勒勒车"（为适应北方草原的自然环境和蒙古族生活习惯而制造的以牛拉动的交通工具）、"敖包"（又称"鄂博"，"高地"之意，是萨满教神灵所居和祭享之地）、"苏木达"（乡级行政区单位的一把手）、"嘎查达"（行政村一把手）、"草库伦"（草场围栏的一种形式）、"乌兰牧骑"（蒙古语原意为"红色的嫩芽"，现为红色文化工作队）、"饸饹"（原指做好的饭，现指一种面食）、"额吉"（"妈妈"之意）、"搏克"（"摔跤手"之意）、"好来宝"（蒙古族的一种说唱艺术形式）、"乌力格尔"（蒙古族的一种说唱艺术形式）、"奔拉板"（动物的肩胛骨）、"昭乌达"（有众多柳树的地方）、"达拉孙"（原指甜酒，今指比孙子还小的辈分）、"毕力格"（"智慧、知识"之意，多用于人名）、"娜仁花"（"向日葵"之意，多用于人名）、"老嘎达"（"幼子"之意）、"喇叭"（一种吹奏的乐器）等等，仅刘正埮、高名凯等四位先生编写的《汉语外来词词典》中收集的源于蒙古语的古今借词就达370多条（包括异形词）。而在这些词语中，有些像"哈拉哈""哈喇""划拉""蝲蝲蛄""胡同"等有人认为是蒙古语借词，有的学者则认为是满语借词。这正如语言学家王力所说："各地汉语方言里来历不明或无字可表的词语，都可能是来自他族语言。不过，因为它们很早就进入了汉语词汇里，已经和汉语水乳交融，不容易考证出来就是了。"① 刘正埮在《汉语外来词词典·序言》中也有相同的观点。丹麦语言学家叶斯丕森在他的《语言及其本质、发展和起源》一书的第十一章第十一节"借词的类别"的末尾谈道："在许多语言混杂当中各种各样的成分仍然是很清楚的，并且可以分开，就好像把一副扑克牌洗好后还能挑出红桃、黑桃等一样；但在英语和斯堪的纳维亚语的情况下，我们却有一种更微妙的、更密切的混杂，就像把一块糖放在一杯水中，几分钟以后，就很难说哪是茶，哪是糖了。"②

（二）蒙古语影响科尔沁地区汉语方言的原因

蒙古语影响科尔沁地区汉语方言的原因主要有以下三点：

1. 历史原因：语言的自然发展

科尔沁地区在历史上是一个多民族相互交流、接触较频繁的特殊地区，大约在3000年前，就曾居住过东胡族和山戎族，后来匈奴族、鲜卑族、乌桓族、契丹族、蒙古族、满族、朝鲜族、回族、汉族等民族都在此定居过。该地区的汉族与蒙古族有着实质性接触始于清朝，"汉语对蒙古语强烈而直接的影响，始于200多年前清朝康熙、雍正、乾隆年间。当时的屯垦和私垦等官方和民间行为导致了汉族民众的到来和蒙古地区的农业化及蒙古人的汉化"③，尤其是"从光绪二十八年清廷放垦蒙旗到清末，清廷不仅取消了限制蒙旗开垦的政策，而且还强制蒙旗实行全面放垦，并且改变了过去由蒙旗自招自垦的做法，改由官为办理，从而使清代内蒙古东部地区的农垦进入了官为放垦阶段。在内蒙古东

---

① 王力. 王力文集（第十一卷）[M]. 济南：山东教育出版社，1985：674.
② 刘正埮、高名凯等. 汉语外来词词典 [M]. 上海：上海辞书出版社，1984：序言（3）.
③ 曹道巴特尔. 蒙汉历史接触与蒙古语言文化变迁 [M]. 沈阳：辽宁民族出版社，2010：20.

部地区，最先实行官为放垦的是哲里木盟"，① 到"1912年，哲里木盟析蒙地置三府一州三厅十二县，占地面积288149平方公里，流民和移民编入民籍的户口达2203170人口"，而"哲盟蒙古族人口，总人口193000"。② 受研究资料的限制，内蒙古科尔沁地区的具体移民数字不是很精准，但有一点是不争的事实，从清朝初期尤其是乾隆以后到民国末年由山东、直隶等地迁入东北的汉族人口，形成了一个巨大而持久的迁移流，致使内蒙古东部地区的汉族人口由清朝初期相较于蒙古族人口的绝对少数，发展到清朝中后期的蒙汉人口持平，再到清朝末年汉族人口以绝对多数反超，最后到民国时期汉族人口的进一步发展壮大，这是汉族移民进入到此地的高峰期。"大量的汉族人口来到北方草原，首次以主动迁移的方式改变了延续几千年的经济文化和民族交往的隔阂状态。"③ 自此，科尔沁地区进入了长达200年的蒙汉民族接触的历史时期。汉族移民的大量迁入使科尔沁大地发生了翻天覆地的变化，单纯的牧业生产经营方式被打破，取而代之的是半农半牧乃至于全部的农业生产经营方式，单纯的思维模式得到了拓展，向多维立体推进，单纯的血缘关系被打破，蒙汉通婚，使得生活在牧区的少数汉人学会了蒙古语，生活使汉族中的少数蒙古族学会了汉语，生活在杂居地区的掌握了蒙汉两种语言。蒙汉民族的接触导致了两种语言的接触，于是汉语中有了"巴特尔""库伦""盟""旗""苏木""嘎查""站""胡同""褡裢""蘑菇""戈壁""哈巴狗""歹""哈达""那达慕""勒勒车""敖包""苏木达""嘎查达""草库伦""乌兰牧骑""饸饹""额吉""搏克""好来宝""乌力格尔""奤拉板""昭乌达""半拉忽赤""达拉孙"等词语，蒙古语中有了"整地""剥玉米""犁杖""锄头""玉米""荞麦""白菜""架子""铜壶""里屋""葫芦""大门""大车""灶火""窗台""炕""挂面""包子""月饼""茶""军""老爷""皇太后""木匠""板凳""大清""满洲"等词语，有的表示名称，有的表示动作行为，有的表示性质状态，有的表示数量，有的表示指代，渗透到生活中的每个角落。"使语言不受任何外来影响而不断发展的理想几乎从来没有实现过。相反，相邻语言的影响在语言的发展中常常起重大的作用。这是因为

---

① 王玉海. 发展与变革——清代内蒙古东部由牧向农的转型［M］. 呼和浩特：内蒙古大学出版社，2000：25.

② 孛儿只斤·吉尔格勒. 游牧文明史论［M］. 呼和浩特：内蒙古人民出版社，2002.154-155.

③ 曹道巴特尔. 蒙汉历史接触与蒙古语言文化变迁［M］. 沈阳：辽宁民族出版社，2010：19-20.

语言的接触是历史的必然，而接触必然会引起渗透。"① 在日复一日、年复一年的渗透中，汉族人精耕细作的劳作特点、委婉的处事方式、细腻的思想情感深深地影响着蒙古族人，而蒙古族人的粗犷、豪爽、热情的特点也潜移默化地被汉族人吸收，描绘出蒙汉两个民族从最初的接触碰撞，到后来融合并存的发展轨迹。根据国际跨文化心理学会创始人约翰·贝利的跨文化适应理论，跨文化族群穿行于两种文化中，在保持传统文化和身份的倾向性，以及和其他民族文化群体交流的倾向性的前提下，受双重文化的影响，由此会引发一系列深刻的变化，宏观变化如经济变化、社会变化、文化变化，微观变化如个体的语言变化、宗教转移、价值转变等。蒙古语作为一种强势介入汉语的语言，其词汇进入汉语词汇系统后使用汉语的人并不陌生，因为蒙古语产生的社会影响已经把这些词汇融入当时的社会生活中。

　　2. 社会原因：人为的语言干预

　　我国是一个多民族、多语言、多文字的国家。"除汉语外，在 55 个少数民族中，53 个民族有自己的语言；在我国的一亿多少数民族人口中，使用民族语言的人口为 6000 多万，约占少数民族总人口的 60%；有 22 个少数民族使用着 28 种本民族文字（不包含民间局部使用的约 40 种未规范文字），使用人口近 3000 万，约占少数民族总人口的 30%。"②中华人民共和国成立以后，国家和民族高度统一，政治、经济和文化发展迅速，各地人民对学习民族共同语也有了迫切需要，20 世纪 50 年代召开了"全国文字改革会议"和"现代汉语规范问题学术会议"，不仅明确了普通话的含义与标准：以北京语音为标准音，以北方话为基础方言，以典范的现代白话文著作为语法规范，还发出关于推广普通话的指示，确定了推广普通话的工作方针："大力提倡，重点推行，逐步普及"，改革开放以来，为了适应社会发展，加强语言文字工作，重新调整了推广普通话的方针，即"大力推广，积极普及，逐步提高"，《中华人民共和国宪法》第 19 条规定"国家推广全国通用的普通话"。学习和推广普通话是我国每个公民的义务，"不同方言区及国内不同民族的人员交往时使用普通话，使普通话成为全国的通用语言"。经过几十年的努力，我们已经取得了显著的成绩，据 2015 年 9 月第 18 届普通话宣传周公布的数据，普通话在全国的普及率为 70%，其中

---

① ［法］约瑟夫·房德里耶斯. 语言［M］. 岑麒祥，叶蜚声，译. 北京：商务印书馆，1992：310.

② 国家民委主任等参观少数民族语言文字工作成就展［EB/OL］.［2007-11-28］. http：/www. gov. cn/gzdt/2007-11/28/content-818035htm.

城镇普及率较高, 在文化教育领域中普及率可达到80%以上。①

　　根据2010年第六次全国人口普查, 通辽市常住人口为3139153人, 其中汉族人口为1592279人, 占50.72%；蒙古族人口为1441275人, 占45.91%；其他少数民族人口为105599人, 占3.36%,② 这一典型的蒙汉杂居地在中华人民共和国成立后的几十年的时间里, 在保证各少数民族有权使用本民族语言的基础上, 不遗余力地加强普通话的推广, 汉语学习已经覆盖了各个教育阶段。全市现有各级各类民族学校263所, 其中幼儿园113所, 小学111所, 初中26所, 高中9所, 职业高中4所。这些学校均开设相应程度的汉语课程, 学生的汉语成绩得到了明显提升。③ "蒙古族中小学义务教育阶段通过实施双语教学, 使学生在初中毕业时初步达到蒙汉兼通、学好英语, 这个目标是合适而可行的。"④ 科尔沁地区民族院校的在校生及毕业生, 汉语口语和书面语均能满足交际需要, 很多学生做到了蒙汉兼通。以内蒙古民族大学（驻通辽）蒙古族学生2008年—2009年的普通话过级情况为例, 调查试卷为1462人, 二级甲等为423人, 二级乙等为657人, 三级甲等为305人, 三级乙等51人, 不入级26人。⑤ 2001年1月1日起施行的《中华人民共和国国家通用语言文字法》规定："国家通用语言文字就是普通话和规范汉字（第二条）", "国家推广普通话, 推行规范汉字（第三条）", "学校及其他教育机构以普通话和规范汉字为基本教学用语用字（第十条）"。2019年国家教材委员会印发《全国大中小学教材建设规划》, 教育部教材局印发《中小学三科统编教材"铸魂工程"推进实施方案》, 提出民族地区义务教育学校到2023年初中毕业生中考时, 《道德与法治》《语文》《历史》三科全部使用国家通用语言文字答卷, 2025年高中毕业生高考时, 《道德与法治》《语文》《历史》三科全部使用国家通用语言文字答卷。这是因为, 当前世界科学技术尤其是信息处理技术突飞猛进, 人工智能的研究已经开展起来, 生产建设、经营管理、科学研究等正朝着信息化方向发展。科学技术的现代化要求人们必须有一个共同遵循的标准, 有了这个统一的标准, 语言文字所附带的信息才能成为人们所共同认知的交流信息, 否则必将给社会的信息化造

①　黄伯荣, 廖序东. 现代汉语（增订六版）[M]. 北京: 高等教育出版社, 2017: 12.

②　通辽市统计局. 2010年第六次全国人口普查主要数据公报 [N]. 通辽日报, 2011-05-30 (2).

③　包晓华. 内蒙古通辽地区蒙汉语言接触的社会动因及发展趋势 [J]. 前沿, 2015 (9).

④　苏德. 多维视野下的双语教学发展观——内蒙古地区蒙古族中小学个案 [D]. 北京: 中央民族大学研究生院, 2005.

⑤　贾晓玲. 影响蒙汉双语生普通话成绩的原因与对策 [J]. 内蒙古民族大学学报, 2012 (5).

成种种障碍。因此，进行人为的语言干预，有计划有步骤地学习汉语，普及率会更广，学习效率会更高，规范化程度也更能得到提升。

3. 个人原因：寻求发展的需要

随着城市现代化的发展，科尔沁地区的各方面都发生了巨大的改变。2000年第五次人口普查，通辽市的少数民族人口为 150.47 万人，占总人口比重的 48.80%，其中蒙古族人口为 138.40 万人，占总人口比重的 44.88%。同 1990 年第四次人口普查时相比，各少数民族人口增加了 24.38 万人，增长 19.34%，年均增长 1.73%。其中蒙古族人口增加了 22.30 万人，增长 19.20%，年平均增长速度 1.72%，比全市总人口年平均增长速度分别高出 6.3 个千分点和 6.2 个千分点。① 在全市人口中，居住在城镇的人口为 87.72 万人，占总人口的 28.45%。同 1990 年第四次人口普查时相比，居住在城镇的人口增加 33.26 万人，增长了 61.07%，年平均增长 4.72%，城镇人口比重上升 8.67 个百分点。② 根据 2010 年第六次全国人口普查，通辽市常住人口为 3139153 人，同第五次全国人口普查 2000 年 11 月 1 日零时的 3083461 人相比，十年共增加 55692 人，增长 1.81%，年平均增长率为 0.18%。③ 其中汉族人口为 1592279 人，占 50.72%；蒙古族人口为 1441275 人，占 45.91%；其他少数民族人口为 105599 人，占 3.36%。同 2000 年第五次全国人口普查相比，汉族人口增加 13471 人，增长 0.85%；蒙古族人口增加 57326 人，增长 4.14%；其他少数民族人口减少 15105 人，减少 12.51%。④ 2016 年，通辽市总人口为 312.48 万人，城市常住人口为 148.55 万人，乡村常住人口为 163.93%。⑤ 上面的数据说明了两个问题，其一，通辽市蒙古族人口保持着较高的增长速度。主要原因是少数民族有较优越的生育政策：少数民族人口允许生两个孩子，个别可以生第三个；少数民族人口与汉族人口的通婚行为较为普遍，其所生子女基本上都申报了少数民族成分。其二，为了寻求个人的更好发展，城镇常住人口规模不断扩张，蒙古族人口数量明显增长。首先是一批批接受过良好教育，拥有较高学历的蒙古族人进入城市，充实到行政、文化教育、卫生等诸多领域，除此之外还有大量的学生来到城市

① 梁黎明，刘宪友. 对通辽市人口发展变化的分析 [J]. 内蒙古统计，2001 (6).
② 梁黎明，刘宪友. 对通辽市人口发展变化的分析 [J]. 内蒙古统计，2001 (6).
③ 通辽市统计局. 2010 年第六次全国人口普查主要数据公报 [J]. 通辽日报，2011-05-30.
④ 通辽市统计局. 2010 年第六次全国人口普查主要数据公报 [J]. 通辽日报，2011-05-30.
⑤ 程志峰主编. 通辽年鉴（2016 卷）[M]. 海拉尔：内蒙古文化出版社，2016：100-105.

里接受教育，他们的背后有大批的家长出入于城市和农牧区之间；其次是由于城市的发展，就业机会的增加，使大批的农牧民涌入城市从事工业、商业和服务业。语言接触中人口的数量对语言的使用往往起着决定性的作用。城市里蒙古族人口数量的大量增长，使得蒙汉语言接触规模和相互间的影响速度明显加快，从而导致语言使用功能上的变化。① 蒙古语作为一种强势介入汉语的语言，其词汇进入汉语词汇系统后使用汉语的人并不陌生，因为蒙古语产生的社会影响已经把这些词汇融入当时的社会语言。早在辽代的诗歌中就出现了汉语和契丹语混合使用的现象，在元代的官文、文学作品中，也大量使用了一种汉语词汇加蒙古语法的书写方式，蒙古语词汇的大量出现不仅体现了元代蒙古草原游牧文化对汉语的影响，同时，也反映了蒙古游牧文化与中原农耕文化的差异性在语言体系中的影响。②

二、科尔沁地区汉语方言中的满语外来词及原因

内蒙古科尔沁地区是蒙古族的聚居地，"科尔沁蒙古是最早归附清政权并与努尔哈赤家族建立通婚关系的部落，此后至入关前的整个时期，与清政权的交往也最频繁，联姻人次最多，因而该部是当时与清政权关系最为密近的蒙古部落"③，可见，科尔沁地区也是满族生活居住的重要地区。当汉族移民强势迁入后，与满族密切接触，生产生活方式、婚姻习俗、语言文字等相互交流，碰撞出一种独特的自成体系的地域文化。

（一）科尔沁地区汉语方言中的满语外来词

汉语介入科尔沁地区后，除了自身的融合与重构，与土著语言蒙古语接触至关重要，而与满语的交流也不容忽视，大量的满语外来词充斥于汉语之中，成为本地区汉语方言词汇中的重要组成部分，对科尔沁汉语方言词汇的丰富与发展作出了积极的贡献，在其方言词汇特质的形成中扮演着重要角色，而满族文化也在汉民族中得到了传承和发扬。"有清一代，满汉两族人民长期杂居，满语和汉语也因此发生碰撞，并在碰撞中互相融合渗透，汉语中的满语借词便是这种民族融合之下语言传承的具体体现。"④

科尔沁地区汉语方言中的满语词汇按词性分类，主要有以下几种：

---

① 包晓华. 内蒙古通辽地区蒙汉语言接触的社会动因及发展趋势 [J]. 前沿, 2015 (9).
② 郝青云. 元明戏剧中蒙古语词的文化解析 [J]. 内蒙古民族大学学报, 2010 (5).
③ 杜家骥. 清朝满蒙联姻研究 [M]. 北京：人民出版社, 2003：4.
④ 张淼, 高淼淼.《奉天通志》中东北方言的满语借词考证 [J]. 满语研究, 2011 (2).

1. 名词

（1）哈肋巴：一般特指牛的肩胛骨，后指一切动物的肩胛骨。例如：我哈肋巴有点疼，得上医院瞧瞧。

（2）波棱盖：又作"波罗盖儿""波楞盖儿""波利盖儿""波棱盖儿"等，指膝盖。例如：砍掉咱的腿，咱用波棱盖爬，也不能停！（刘亚舟《男婚女嫁》）

（3）今儿个：即今日，今天。像这样的词还有"前儿个""明儿个""后儿个""昨儿个"等。例如：一早晨乌云就遮满了天，也许今儿个会下一场大雨。（曹禺《雷雨》）

（4）胳肢窝：又作"胳肌窝"，指腋窝。例如：胳肢窝老出汗是怎么回事？

（5）嘎拉哈：又叫"嘎什哈"，本系猪、羊等动物髌骨。例如：这玩意儿叫嘎拉哈，小号的是羊嘎拉哈，中号的是猪嘎拉哈，一颗大的是牛嘎拉哈。（玄工、小回、延廷《李兆麟将军遇害记》）

（6）藏猫儿：又叫"藏猫猫儿"，即捉迷藏。例如：怪难堪的！我可得抽个冷子藏猫猫儿。（徐维志《大哥和大嫂》）

（7）鹅涎：也作"额吝""河涎"，满语本为汤水，进入汉语中，词义被引申了，指被液体弄脏后的衣物、被子等上留下的渍痕。例如：你看被子上都是鹅涎圈儿。

（8）靰鞡：又作"乌拉""兀剌"，东北特有的一种棉鞋，是满族最先发明和穿着的。《鸡林旧闻录》中记载："用方尺牛皮，屈曲成之，不加缘缀，覆及足背。"此鞋中因垫有乌拉草而得名。例如：后来走累了，便脱下靰鞡，躺在一棵小樱树尖上睡着了。（谈今《绣花姑娘的故事》）

（9）旮旯儿：指角落。例如：不用我，把我放到墙旮旯里，我也不埋怨。（魏巍《东方》）

（10）壳郎：尚未长大的公猪。例如：你的壳郎呢？（周立波《暴风骤雨》）

（11）老嘎达：指最后或最小的，科尔沁地区称一家中最末的男孩为"老嘎达"。例如：你家老嘎达太娇性。

（12）饽饽：本指黏米面制品，被借入汉语后引申为用面粉或杂粮面制成的块状食物。例如：大姨做的饽饽真好吃。

（13）疙瘩：又叫"疙儿""嘎哒"，指某个地方。例如：这疙瘩儿吃喝都不便，凳子也缺，赶明儿搬到我们院子里去。（周立波《暴风骤雨》）

（14）萨其玛：也作"沙琪玛""萨其马""沙其马""沙琪玛""萨齐马"

等，是满族的一种风味糕点，用油炸短面条和糖等黏合而成。例如：一会儿去超市别忘记买几包萨其玛。

（15）马虎子：是传说中的怪物，红眼睛大鼻子，常用来吓唬小孩儿。例如：赶快睡觉，要不马虎子来了！

（16）妞：在满语中原指"眼珠儿"和"对小儿的爱称"，有"小""爱"的语义，被借到汉语常指小女孩，也称"妞妞"，附加儿化为"妞儿"后不仅仅指小女孩，还泛指漂亮姑娘。例如：这小妞儿长得真不赖。

（17）屯：指村庄，引申为"土气"之意。例如：这种打扮一点都不时髦，屯了吧唧的。

（18）馇子：满族风味面食，或称"臭米子""汤子""酸汤子""酸浆子"等，即"咯咯豆子"或曰"咯豆子"，一种粗面发酵条样的主食，主要流行于农村。例如：今天给你们吃点特殊的——馇子。

（19）马勺：又叫"大马勺"，满语指器具大，借入汉语后词义有所变化，将带把柄的炒菜锅都称"马勺"。例如：你把马勺好好刷一下，菜我来做。

（20）色：指"样儿"，贬义，常与"熊"字相连，以贬斥人。例如：哭什么哭，看你那熊色！

（21）格格：是满族人对女性的一种称谓，一般来说身份地位较高。在词义上也有两种含义：一是作为非正式称号时，满族贵族上自亲王下至辅国对未出嫁女儿的尊称；二是清朝皇族女儿的封号。现在指家中的女儿。例如：我们家的两个格格，都没定亲。

（22）马虎眼："马虎"在满语中是"鬼脸""假面具"的意思。"马虎眼"就是鬼脸上加颜色，实际上是耍鬼脸使眼色来替人掩护。例如：你不用给他们打马虎眼，我知道怎么回事。

（23）卡布裆，也作"卡巴裆""胯巴裆"，指裤裆，即两腿根之间。例如：臊得她恨不得把脑袋夹进卡布裆。

（24）蚂蛉：也作"蚂螂"，指蜻蜓。例如：孩子们在抓蚂蛉。

2. 形容词

（1）喇忽：在清代满语中，"喇忽"是指渔猎采集方面技术不怎么样的人，借入汉语后，指马虎、疏忽、粗心。例如：他太喇忽，这个任务不能交给他。

（2）肋脦：指衣冠不整，邋遢。例如：打扮利整点儿，别老这么肋脦着。

（3）磨叽：也作"磨即"，两个义项，①磨蹭，拖沓，办事拖泥带水。例如：老李办事真磨叽。②磨叨，说话啰唆，指说话反反复复没完没了。例如：别磨叽了，赶快走吧！再迟一会儿，赶不上火车了。

（4）乌拉巴秃：也作"乌秃""兀突""兀秃"等。有三个义项，①水不凉不热，即"兀吞"，同"温拉巴秃""温得乎儿"。例如：我不喝这乌拉巴秃的水。②表示模模糊糊，不明亮。例如：这屋的玻璃咋都乌拉巴秃的呢？③说话不清楚。例如：我去问过他了，他乌拉巴秃的，半天我也没听明白。

（5）支棱：也作"支楞"，有时后面加儿化，意为"竖起、翘起"，"奔拉"的反义词。例如：那盆花支棱起来了。

（6）故懂：也作"故道""顾动"，满语义为"心眼儿多""说人坏话"，汉语则引申为（性格）怪癖，好出坏主意。例如：胡伦这小子"尖嘎故道"坏，阴损毒辣狠。（陈谷音《白楼锄奸》）①

（7）叮当响：也作"丁当响"，形容贫困至极。在科尔沁地区方言中，类似的说法还有"叮当响儿""叮当（的）"。例如：咱们家穷得叮当的，哪里还有什么值钱的东西。

（8）埋汰：指"脏"。除了"埋汰"之外，另有"埋拉咕汰""埋拉巴汰"等表示特别脏的说法。例如：苍蝇脚上带病毒，埋汰地方扎老营。（李庆溪《赵大嫂转变》）

（9）砢碜：也作"砢蠢""磕碜""硌碜"，此词在科尔沁地区方言中有两个义项：①指难看，丑，例如：这人长得真砢碜！②指令人鄙视的、丢人的、没有面子的，例如：干这种见不得人的事情真砢碜。

（10）个色：也作"各色""格色""格路"，性格特殊、与众不同，多用于贬义。例如：帽子也个色，脖子后头像吊着个屁帘儿。

（11）态歪：也为"态"，有两个义项：①指面和得太软，例如：这面和得太态歪了。②指身体特别虚弱，例如："这几年他病得不轻，身体太态歪了。"

（12）虎势：共有两个词义：①敢闯敢干，什么都不怕。例如：大家都管我叫虎嫂……我看这个名字倒挺好，学大寨就得有点虎势劲儿。（邹春瑞《拣麦记》）②形容健壮、威武的样子。例如：这个小男孩长得真虎势。

（13）煞楞：也作"沙楞""沙楞儿""沙冷"等，满语语义是"物多而整齐，东西多而有条不紊"，借为汉语引申为"做事、干活利落、快捷"。例如：干活煞楞，他在村里都有名。

（14）骨溜：也作"骨力"，"饱满"的意思。例如：新买的珍珠很骨溜。

（15）邋遢：在清代满文中"邋遢"解释为"迟钝"，被借到汉语后形容"穿戴不整齐、不利索"。例如：看你邋遢的样子，真让人上火。

---

① 刘国石，刘金德. 东北地区汉语中的满语因素［J］. 东北史地，2009（3）.

（16）噶古：也作"噶钮"。在满语中是泛指各种"怪"，用于汉语词义有所缩小，专指人的脾气性格怪。例如：这人挺噶古的，不大好交往。

（17）急齿掰脸：性子急、脾气坏。例如：有话好好说，干什么急齿掰脸的啊？

（18）碴拉：也作"茬拉"。此词被借入到汉语中，有两个义项，①表言辞厉害，行为泼辣。例如：这人可真碴拉，敢说敢干。②形容人做事爽快、利索。例如：那娘儿们干活可碴拉了，转眼工夫饭做好了。

（19）磨搓：即"磨蹭"，意为"动作缓慢，效率低下"。例如：十点了，别磨搓了，快走。

（20）面乎：①形容性格软弱；②形容食物等不脆。例如：他老面乎了，一吓唬就行。

（21）撇拉：圆周不圆有歪斜状的圆口器皿。例如：这个碗口有点撇拉。

（22）虎：意为"傻"。例如：他不是虎，是大智若愚。

（23）稀罕巴嚓：意为"喜欢的、合意的"。例如：她用右手拍了拍他的头，又趁机稀罕巴嚓地摩挲着他。

（24）喤喤（的）：意为记得牢且表述熟练，对所要表述的能一气呵成。例如：我父亲把《本草纲目》背得喤喤的。

（25）突突：由于恐惧、劳累导致的身体虚弱。例如：刚才搬东西把我累得都突突了。

3. 动词

（1）巴不得：是指非常愿意，急切盼望。例如：他巴不得换个地方。

（2）恨不得：语义为"极想人或事受到惩罚或出现不好的结果"。例如：气死我了，我真恨不得给他两个嘴巴子。

（3）和弄：在满语中为"联络、匹配"，借入汉语后，引申为专指一种液体和固体的联系并使其混合，即"搅拌"语义有所缩小。例如：煮饺子可不能使劲儿和弄。有时也指"拨弄是非，离间"，例如：他们挺好的，你别在里边和弄。

（4）数搭：也作"数达"，义为"征收"，借入汉语后词义引申为"列举过失、指责"的意义。例如：你就别数搭他了，他也不容易。

（5）咋呼：指吆喝呼喊、虚张声势，例如：他一个劲儿地咋呼，就是不动地方。除了此义另引申为"炫耀"的意思，例如：凳子面都不平乎，还瞎咋呼呢。现在科尔沁地区常重叠为 AABB 式，作状态词用，例如：这小姑娘咋咋呼呼的，我不喜欢。

（6）搡：有两个义项：①为用力推、扯。例如：被丁言志搡了一跤。（《儒林外史》）②甩，把东西急促而重重地放下。例如：她盛上一碗饭，搡在我的面前。在科尔沁地区方言中还有由"搡"组成的其他动词，例如"搡搭""攮搡"等。"搡搭"也作"搡达"，也有两个义项：①表猛推，例如：金坠儿大娘脸发木了，目光直直的，心里很不好受，仿佛被谁搡达了似的。（王育才《金坠儿和玉坠儿》）②指没好气地咒骂、指责。例如：在托儿所里，孩子妈妈们摔摔打打，使劲搡达孩子。（金鲤《骑自行车的女人》）而"攮搡"也与"搡"词义有关联，义为"说话顶撞人或使人受窘无法接着说下去"。例如：不行，得攮搡她几句！

（7）埋汰：此词除了形容词词性外，还有动词的用法，指败坏别人的名声。例如：你给钱就等于埋汰我……（王润生、任顺《送鹅》）

（8）砢碜：也作"砢蠢""磕碜""硌碜"，此词兼形容词和动词，作动词用时，义为"羞辱，使出丑、难为情"。例如：这些"杨排风"可能要让我光屁股推磨——砢碜一圈儿！（李惠文《八出戏》）

（9）胳肢：又作"胳肌"，指搔腋下使发痒。例如：别胳肢我，太痒痒了。

（10）扎古：也作"扎裹"，有两个词义：①打扮、装束的意思。例如：这个小媳妇，平时也就那么回事，一扎古起来还真是漂亮。②医治、治病。例如：到了三更天，女萨满为他扎古了一番，就一觉睡到天亮。（刘恩铭《努尔哈赤传奇》）

（11）撒目：也作"撒么"，词义指"目光频繁转动，四处看，到处找"。例如：他一迈进市场门口，两只眼睛就不住地往四处撒目。（崔岚《在马市上》）

（12）哏叨：词义为"厉声训斥"。例如：高德刚心情烦躁地哏叨它两声。（蔡天心《大地的青春》）

（13）嘞嘞：指无休止地议论，说、唠叨。例如：你说话要给话做主，可不兴望风捕影乱嘞嘞。（张胆《马笼头》）

（14）瞎诌巴咧：也说"胡诌巴咧"，意思是"信口胡说，瞎编"。例如：我看你洋葱没瓣愣装独头蒜，胡诌巴咧唬大爷。（陈庆恕《"横大爷"赴约》）

（15）抹擦：也作"摩挲"，①用手平展某物。例如：你喷点水，把这块布儿摩挲平了。②比喻溜须拍马。例如：人家把领导摩挲好了，啥好事都少不了他的。

（16）抖搂：为"揭露、披露"之意。例如：小孟，你上来，把贾英才贼心不死，给崔立新烧火，破坏大架加工和播弄是非的事，好好抖搂抖搂。（陈冠华

《评模》）

（17）磕打：有两个义项，①指"训斥"之意，例如：妈妈心疼儿子，爱人心疼丈夫，免不了语重心长地要磕打他两句。②指"言论上的讥讽"，例如：她婆婆老用小话磕打她。

（18）掰扯：有两个义项：①剖析，分析。例如：可你往细里一掰扯，刘有根还是个有心思的人。②辩论，说理。例如：哪个造的谣？敢埋汰我家媳妇！你告诉我，我找他掰扯掰扯去。

（19）摘歪：意为"歪、斜、斜靠"。例如：你看那幅画摘歪了。

（20）尅：意为"狠狠批评"。例如：小虎又挨老师尅了。

（21）嘚瑟：也作"的瑟""得瑟"，意为"喜欢卖弄"。例如：别嘚瑟了，赶紧去办正事儿。

（22）勒额勒：意为"不停地说"。例如：你勒额勒的，还有完没完？

（23）瘆：意为"害怕、恐惧"。例如：屋子这么黑，怪瘆人的。

（24）秃噜：也作"秃鲁"。①指松、脱掉，例如：这绳子秃噜扣了。②事情没办成，例如：这门婚事秃鲁了。③带声音地吸入食物，例如：一碗粥他转着圈秃噜。④速度快，例如：他一会儿就把这本书秃噜完了。

（25）得济：满语原意为"先把酒敬给老人"，或"把所得的东西先送给上年纪的人"。汉语引申为老年人从晚辈那里得到了回报。例如：老太太流着眼泪说："我这是得济于我孙子啊！"

（26）央叽：意为"说好话使其做某事"，即"央求"。例如：宝宝央叽了半天，妈妈也没有同意。

（27）打撒：也作"达撒""打拾"，有两个义项：①"吃"，例如：你把剩饭打撒了。②"收拾"，例如：房间够脏的了，打撒打撒吧。

（28）卡哧：意为"剔、挖、削"，例如：你把锅底卡哧卡哧。

（29）个应：也做"各应"。有两个义项：①讨厌、使反感，例如：你这样做真让人个应。②恶心，例如：这道菜坏了，吃了后个应死了。

4. 其他

（1）伍的：是列数的省略词，相当于"等等""之类""什么的"。例如：您就是不生病，吃呀、喝呀伍的，也都是王大妈、丁四嫂他们照应呢。（老舍《龙须沟》）

（2）拇们：表示第一人称复数，即"我们"。例如：拇们娘俩今天要去集市上赶集。

（3）嗯哪：叹词中的应允词，表示"对""是""行"等答应、赞同的意

义。例如：老伴儿来啦？嗯哪，来了！（王天君《争灯泡》）

（4）鄂呦呦：叹词，表示"讥笑""轻蔑"，同"喔唷唷"。例如：鄂呦呦，你还知道干净呢！

（5）敞开儿：副词，意义为"尽量、任意、随意"。例如：你有什么意见就敞开儿说吧。①

（二）满语影响科尔沁地区汉语方言的原因

科尔沁地区的汉语方言受到满语的极大渗透和冲击，存在着大量的满语词汇，即使在满语退出历史舞台的今天，其语言和文化还深深地影响着一代代科尔沁人，究其原因主要源于以下几个方面：

1. 清朝公主的下嫁

为了巩固清朝对蒙古部落的统治，加强朝廷与蒙古王公之间的联系，促进政治、经济、文化等方面的广泛交流，清朝政府采取了历史上常见且非常实用的政策之一，即亲情政策——满蒙联姻。清朝的满族皇家与蒙古各部领主王公贵族的联姻具有长期的持续性，总计入关前后的整个清朝，联姻多达586次，入关前联姻的32年间，为84次，入关后的268年间，为502次，满族皇家出嫁给蒙古的女子（包括皇女公主及其他宗女格格）多达430名，其中入关前27名，入关后403名。满族皇帝及宗室王公子弟娶蒙古王公之女156名，入关前57名，入关后99名。② 现在科尔沁地区所属的八个旗县，真正属于哲里木盟十旗的就是科尔沁右翼中旗、科尔沁左翼后旗，以及科尔沁左翼前旗的一部分（后来并入了后旗），这两个旗与清廷联姻最频繁、人数最多，入关前后，清皇室共有8位公主出嫁这两旗，③ 即历任的达尔罕亲王因娶了皇家的固伦公主、和硕公主而成为清皇家固伦或和硕额驸的有四位；娶清皇室亲王、郡王之女的有四位。④ 从滕德永的《清代公主的妆奁》一文中可以看到，清代和硕公主、固伦公主下嫁蒙古时，为了保障其婚后物质生活，维持其生计，其妆奁应有尽有，非常丰厚，至乾隆时期已成定例。公主妆奁中既有冠服、饰品、家具以及瓷器等生活用具，还有随从、府第、当铺及出租所用之房产等，充满了满族特色，体现了皇家气派。就其中的陪嫁人员而言数量多、身份杂。乾隆五十一年（1786年），乾隆皇帝就此发布上谕，具体的标准如下：固伦公主分内设三品翎

---

① 高杨. 东北方言中的满语借词 [D]. 广西师范学院硕士学位论文，2010.

② 杜家骥. 清朝的满蒙联姻 [J]. 历史教学，2001（6）.

③ 杜家骥. 清朝的满蒙联姻 [J]. 历史教学，2001（6）.

④ 札萨克和硕达尔罕亲王世家. http：//www. tongliaowang. com/zhuanti/content/2012-08/19/content_ 289022. htm.

顶长史一员，头等护卫1员，二等护卫1员，三等护卫1员，六品典仪2员；和硕公主分内设四品翎顶长史1员，二等护卫1员，三等护卫1员，六七品典仪各1员。至于其陪嫁人户则听从公主随便拣放。① "《东三省政略》记载，顺治年间，就有高、董、杨、周、梁、刘六姓随和硕格格下嫁扎萨克图郡王，流寓秀水河等处，在宾图王旗境垦种，'日久子孙繁衍，辟地日广，竟成村落'。"② 满蒙联姻，在完成政治军事联盟的同时，也在广袤的蒙古族大草原植入了满族的礼仪和习俗，渗入了满族的语言与文化，使得满蒙、满汉的语言与文化有了接触、碰撞、融合，形成了科尔沁这一特殊地域下汉语方言的特殊性，汉语方言词汇中蕴含着丰富的满语词汇。

2. 老移民的迁入

科尔沁地区汉族移民的时间较晚，但速度却相当快。这中间除了良好的自然条件等因素外，东北移民的"溢出效应"是一个重要背景。当东北移民大潮进入中后期时，出现了一种特殊的现象"再移民"，即"移民的移民"，原来迁居东北各省的内地人口复向蒙旗移居。塞外开辟初期，地质肥沃，土地产出率高，但随着对土地的过度使用及人口增长，又重复了内地同样的问题：地少人多，人地关系十分紧张。雨水调和，丰收年景，每患不足，一遇荒歉，则饥寒立至，经济极艰。迫于生存压力，人们继续向未开垦的蒙地迁移。而巴林左右两翼、阿鲁科尔沁旗、扎鲁特旗、开鲁等地，土质腴美，河流纵横，气候和暖，当清末科尔沁地区放垦时，在塞外已住有年月，家中多有积蓄的东北老移民便趋之若鹜，纷纷前往，老移民的再移民甚至超过从内地来的移民，原因就是新放垦的蒙地土地报酬率高。"他们把地价抬高，卖去他们先前已经开发的土地，筹得资金，以向前迁移……他们的父或祖在蒙人区域的边境上所得的土地，因后来移民的增多，交通和市场的发展，价值更增高两三倍，而他们自己则又有未开发的土地，为个人或家庭的后步。"③ 从再移民的形式上看，有的是个人分散进行的，有的是整村集体搬迁的。"辽宁西部四平街与洮南之间，有很长的一带土地，满布着荒芜的村落，那些村落中的人们，则都已移到洮南以西，或西南行移向开鲁去了。"④

东北三省是满族的聚集地，是满语使用时间最长的地方。最初清王朝为了保护这块"龙兴之地"，要求"国语骑射"，维护本民族原有特征，但随着大量

---

① 滕德永. 清代公主的妆奁 [J]. 宁夏社会科学, 2016 (4).
② 闫天灵. 汉族移民与近代内蒙古社会变迁研究 [M]. 北京：民族出版社, 2004：28.
③ 兰特模. 汉人移植东北之研究 [J]. 新亚细亚, 1932 (5).
④ 兰特模. 汉人移植东北之研究 [J]. 新亚细亚, 1932 (5).

关内汉族人口闯入东三省，主体人口由满族演变为汉族，而满族则变成了少数民族。人口比例的反转，满语的固有地位被动摇，"东三省满语的衰微，大致始于乾隆期，此后如同江河日下，日见明显"①。在多民族杂居区，为了交际的便利，"除了自己的民族语言以外，还必须有民族间的一种共同语言"②，于是，使用人数众多的汉语堂而皇之地登上了东三省的历史舞台，取代了满语。在满汉人民长期和睦相处、共同发展的历史进程中，汉语言中尚有许多满语的遗存，汉语在吸收满语词汇中，无论是数量上还是范围上都是十分可观的，作为方言地名，满语的一部分词语被保留了下来，被东北各族人民所接受，成为东北各族人民日常交际中不可缺少的基本词语。③ 而当这些深受满语影响的老移民二度迁徙到科尔沁地区时，语言词汇随之跟进，影响着当地的语言，至今在科尔沁汉语方言中，还活跃着许多满语词汇，在小品、小说、相声、戏剧和影视等文学作品中、在人们的日常交流中常常能够见到、听到，但由于习以为常，已被忽略抑或忘记其真实面貌。

3. 行政区划的影响

现在的行政区划与历史上的划分多有不同。像清朝哲里木盟十旗的科尔沁左翼后旗，1650 年设置后，属于清朝廷外藩蒙古内札萨克，直隶于理藩院，政务上受盛京将军节制。中华民国期间，归属奉天省。1931 年到 1945 年为沦陷区。伪满洲国成立后，先后辖于伪兴安南分省、兴安省和兴安总省。1946 年归属内蒙古东蒙人民自治政府兴安南地区行署，后又归属辽西区行政行署，再后隶属于辽吉区行政公署。1948 年又归辽北省。1949 年归属内蒙古自治区。1969 年归于吉林省，1979 年重新划归内蒙古自治区通辽市。清代科尔沁左翼后旗总土地面积为 35156 平方公里，包括法库、昌图、康平等广大地区，现在行政区划的科尔沁左翼后旗，总面积仅 11535 平方公里，南与辽宁省彰武、康平为邻，东与辽宁省昌图、吉林省双辽县搭界。④ 再如，清朝哲里木盟十旗的科尔沁左翼中旗也经历了大致相同的情况，最初直属朝廷蒙古衙门管辖，受哲里木盟监督，盛京将军节制。1932 年伪满洲国成立，科尔沁左翼中旗改称东科中旗，隶属于伪兴安南分省管辖。1946 年设立哲里木盟，归属辽吉省。1947 年，内蒙古自治政府成立，隶属内蒙古自治区哲里木盟，1969 年，隶属吉林省哲里木盟，1979 年重归内蒙古自治区通辽市。科尔沁左翼中旗在建旗设置初期，所辖境域

---

① 范立君. "闯关东"与东北区域语言文字的变迁 [J]. 北方文物，2007（3）.
② 斯大林全集（第 11 卷）[M]. 北京：人民出版社，1955：300.
③ 范立君. "闯关东"与东北区域语言文字的变迁 [J]. 北方文物，2007（3）.
④ 乔子良，薛彦田. 科尔沁史话 [M]. 呼市：内蒙古人民出版，2009：142-148.

总土地面积 33676 平方公里，现在行政区划的科尔沁左翼中旗的大部分土地已经划归到了吉林省等地区，其南部、东部和北部今天分别与吉林省的双辽县、长岭县和通榆县交界，东西长 191 公里，南北宽 116 公里，总面积仅有 9811 平方公里。① 科尔沁地区的行政区划虽几经变更，但大片土地一直与现今的辽宁省和吉林省连在一起，毗邻而居，在漫长的历史发展过程中，政治、经济、文化趋同或趋近。辽宁、吉林两省满族人口众多，满族风俗习惯最浓，在物质生活和精神生活日渐融合的驱动下，代表其上层建筑的满语词汇被科尔沁人接受、保留和使用，填补了汉语方言词汇中的匮乏部分或使之更具表现力。

在过去三百多年里，满语经历了从兴盛到衰落的过程，现在的满语虽然已经退出了历史舞台，但她却以活态形式存在于科尔沁地区，为各族人民所运用，这不仅极大地丰富了科尔沁地区汉语方言词汇，更使东北方言、普通话以及世界语言宝库绚丽多姿、异彩纷呈。黄锡惠强调：满语词汇的"价值不仅在于满语濒临消逝的形势下，保存了丰富的满族历史语言资料，还因为它积淀、蕴藏的独特文化内涵而成为今天深入研究满族社会历史文化的'活化石'"②。

三、科尔沁地区汉语方言中的俄语外来词及原因

受东北方言的影响，科尔沁汉语方言中有一部分是源于俄语的外来词，弥足珍贵。

（一）科尔沁地区汉语方言中的俄语外来词

在科尔沁地区汉语方言中，有一些很有特色的俄源汉语词。例如：马神、布拉吉、列巴、孬木儿、沙一克、维大罗儿、八杂市儿、玛达姆儿、笆篱子、苏波汤、毕威、格瓦斯、戈栏、斜么子儿、布留克、马林果儿、戈必旦、骚达子、茶杜、拔脚木、哈拉少、老薄待、谷瘪子、沙曼屯、苏合力、毡疙瘩、瓦罐、壁里砌、木什斗克、杜拉克、马神克、里道斯等，追本溯源，都是洋泾浜俄语词。下面就一些较常见的进行解释：

（1）马神：**машина**，音译词，在俄语中是机器的统称，表示各种机器，通过词义缩小的方式专指"缝纫机"。由此衍生出"马神针"，即缝纫机针。

（2）布拉吉：**платье**，音译词，"连衣裙"的意思。普通话读作 bùlājí，东北官话读作 bǔlǎji，后者更有俄语味儿。

（3）列巴：**хлеб**，音译词"面包"的意思。"列巴"的读音不能照字面

---

① 乔子良，薛彦田. 科尔沁史话 [M]. 呼市：内蒙古人民出版社，2009：142-148.
② 黄锡惠. 满语地名与满族文化 [J]. 满语研究，2000（2）.

读成 lièba，必须说成 lièba。有时使用俄汉合璧词"列巴面包""列巴大面包"。哈尔滨的秋林公司几十年如一日，至今仍在沿用俄国人的面包技术，生产一种 2.5 公斤重的"大列巴"。现在列巴不但是一个名词，而且是一个概念，是哈尔滨的象征。

（4）为大罗儿：也写作"喂得罗""维德罗""喂得罗""喂大罗儿"等，原词是 **ведро**，原义为容量单位，相当于 12.3 公升，方言中指上大下小的圆形桶。

（5）笆篱子：意思是"监狱"，源自名词 **полиция**，指警察局、监狱。

（6）格瓦斯：其他的写法还有"克瓦斯""格瓦奇""卡瓦斯"，原词是 **квас**，是指一种用麦芽或面包屑制成的俄式清凉饮料。

（7）里道斯：源自俄语词组 **литовская колбаса**，指的是哈尔滨市秋林公司卖的一种俄式香肠。"里道斯"只是该词组中第一个词的音译，该词组进入汉语后，中心词 **колбаса**（香肠）的意思被省略了。现代东北人一听到"里道斯"就知道这是香肠的一种。"里道斯"有时也与"香肠""红肠"搭配使用，如："里道斯香肠""里道斯红肠"。

（8）布留克：**брюква**，音译词，一种植物，即洋大头菜、芜菁甘蓝。

（9）谷瘩子：源自俄语词 **купец**，意思是商人、买卖人。

（10）毡疙瘩：**катанки**，意思是高筒毡靴，用羊毛擀压而成，防寒作用很好。

（11）瓦罐：**вагон**，意思是车厢。本词有时加上义类标记"车"说成"瓦罐车"，专指能够密封的运货列车车厢。

（12）壁里砌：也翻译为"瘪勒搭"，源自俄语词 **печь**，"炉子""壁炉"的意思。

（13）马林果：也写作"马林果儿"，原词是 **малина**，指覆盆子、悬钩子果实、马林浆果。

（14）斜么子儿：**семечки**，也作"斜目子儿"，指葵花子儿。

（15）戈栏：**кран**，指水管等的龙头、开关、阀门。

（16）八杂市儿：**базар**，意思是"集市""市场"，特指露天菜市场。

（17）沙一克：**сайка**，也写作"塞一克""塞克""赛伊克"，指一种呈橄榄型的俄式白面包。有时用作俄汉合璧词"沙一克面包"。

（18）伏特加：**водка**，是指口味凶烈、劲大冲鼻的一种白酒。

（19）马嘎嘎：**макака**，意思是"猴子"。

（20）哈啦嗦：хорошо，"好"的意思。

（21）苏泊汤：суп，用西红柿和卷心菜做成的汤，口味微酸辛辣。

（22）马合烟：махорка，一种香烟。

刘正埮、高名凯先生的《汉语外来词词典》中，收录了 405 个源于俄语的汉语外来词，但有的已经退出了汉语的历史舞台，有的仍然在使用，且大多出现在方言中。

（二）俄语影响科尔沁地区汉语方言的原因

我国和俄罗斯是最大的邻国，边境线长达 4200 余公里，而汉族和俄罗斯民族都是各自国家的主体民族，这种自然条件为两个民族之间政治、经济、语言和文化的交流、接触提供了可能。中俄两国的交流始于元朝，《元史·文宗本纪三》中记载："辛末，置宣忠扈卫亲军都万户府，秩正三品，总斡罗思军士，隶枢密院"；"宣忠扈卫斡罗思屯田，给牛、种、农具"。① 《元史》中的"斡罗思"指的就是俄罗斯，在元代还有"斡罗斯""兀罗思""兀鲁思""阿罗思"等不同译法。1472 年俄罗斯著名商人阿法纳西·尼基京在他的作品《三海航行记》中提到了能制造瓷器的"中国"。纵观历史俄语影响科尔沁地区汉语方言的原因如下：

1. 俄罗斯侨民的入住

历史上俄罗斯人移居东北尤其是哈尔滨大致有三次浪潮，第一次：19 世纪末 20 世纪初由于中东铁路的修建大批俄国人涌入，截至 1903 年 7 月中东铁路全线通车时，旅哈俄侨已经超过 2 万人。第二次：1905 年日俄战争爆发后，当时的哈尔滨是俄军的军用品供应基地。旅哈俄侨人数因此激增，一度超过 10 万，远远多于当地的中国人。第三次：1917 年十月革命后，大批不满苏维埃政权的沙俄贵族、资产阶级、地主、军官以及一些百姓纷纷逃亡到中国东北，并在哈尔滨等城市定居，哈尔滨的俄侨人数迅速剧增。据统计，1918–1920 年间，约有 5 万多俄侨在哈尔滨定居。② 数量庞大的俄罗斯人投资办厂、建设银行、修建教堂和学校，在为东北地区创造物质财富的同时，也促进了中俄语言文化的交流。

2. 马列主义思想的引进

俄国十月革命后，中国先进的知识分子将大量马列著作、苏联科技文献、苏联教科书等由俄语翻译成汉语，传入中国，一大批有关政治、经济、科技教

---

① 阎国栋. 俄国汉学史［M］. 北京：人民出版社，2006：20.

② 李德滨，石方. 黑龙江移民概要［M］. 哈尔滨：黑龙江人民出版社，1987.

育的俄语词汇被我国所使用，带动了俄汉语言的全面接触和交流。20 世纪 50 年代，由于政治上"以俄为师"的指导思想，大批苏联专家来华和大批留学生赴苏联留学，使大量包括政治、经济、科技、军事、文化等方面的俄语词汇进入我国，新中国掀起了大规模学习俄语的热潮，当时人人都能说上两句"达瓦里西"（俄语"同志"）、"哈拉哨"（俄语"好"），许多人苦练"打嘟噜的大舌音"，俄语仿佛成了与世界沟通的唯一渠道。我国人民对于俄国文化的兴趣达到了历史上的一个峰值，有力地促进了俄语对汉语的渗透和影响。

3. 俄罗斯文学的传播

俄罗斯文学的传播和深远影响成为俄语词汇借入的另一重要途径。19 世纪俄罗斯文学及十月革命后无产阶级文学的优秀作品大量被译成汉语，引入中国，据中央人民政府出版总署统计，仅中华人民共和国成立后的前 3 年里，中国出版的苏联书籍中译本就多达 3131 种，印刷数千万册，像《奥斯特洛夫斯基传》《钢铁是怎样炼成的》《青年近卫军》等都是当年的畅销书，于是一大批生动感人的文学形象，如保尔·柯察金、卓娅和舒拉、泼留希金等耳熟能详，一些脍炙人口的典故，如"马尼洛夫精神""奥勃洛摩夫性格""巴拉莱金之流"更是深入人心，相应的语汇也已成为汉语语言中的一部分，有些一直沿用至今。①

4. "中俄边贸"的新契机

20 世纪 80 年代我国实行改革开放政策，1989 年，苏联总统戈尔巴乔夫访华，标志着中俄关系正常化，两国在各个领域的交流开始全面展开，大批中国人再次进入高校和"速成班"学习俄语，路边小贩兜售的简易俄语会话手册、汉语会话手册风靡一时。人们学习的动力从政治因素过渡到经济因素，再一次带来中俄语言文化交流的复兴。尤其是现在，在我国倡导的"一带一路"经济战略发展的背景下，中俄两国双边的贸易交往更是非常活跃。为了方便商贸方面的往来，促使自身的利益最大化，两国人民都非常主动地使用对方国家的主要语言。这在客观方面促进了中俄两国语言的交流与互动，进一步加大了俄语对汉语发展的影响力度。②

在语言的接触和碰撞上，关系越密切，彼此的融合越深入。据调查，绝大多数俄式洋泾浜语已不再使用，像上面提到的"斜么子儿""沙一克"等，如果不查找辞书就不能明白其意义。消亡的原因很多，譬如：失去了赖以存活的交际环境，无以依附；外来词本身以及使用的区域狭窄，对周边地区的辐射不

---

① 姜雅明. 源于俄语的汉语外来词研究 [J]. 天津外国语大学学报, 2011 (2).
② 王尧. 源于俄语的汉语外来词在汉语中的发展变化探讨 [J]. 语文建设, 2016 (12).

大。王玮琦曾以"布拉吉、列巴、康拜因、巴扬、布尔什维克、笆篱子、格瓦斯特、马林果、维得罗、伏特加"10个生活常用俄语借词为例进行过数据统计，结论是：年龄越大知道的俄语借词越多，45岁以上年龄组能认出8个或更多，比例达到39.3%，25-45岁年龄组，10-25岁年龄组分别为21%和3.3%。①"会说几句俄式洋泾浜语的人大都年事已高或者已经故去，加之所操的俄式洋泾浜本来就是未完全习得的带有混合倾向的驳杂体，与接受现代化俄语教育的年轻人的俄语口语交流，当然不可同日而语。"② 被保留下来的俄语借词有一些是俄罗斯风格的专属词语，如"列巴""喂得罗""布拉吉"等，是科尔沁百姓生活中的日常用语，并且已经融入了科尔沁汉语方言的基本词汇。在经济全球化的背景下，英美文化作为强势文化影响辐射全球，使得大部分年轻人只识得英语、多元的网络用语、流行语和普通用语，T恤、克隆、冰激凌等词广泛使用，一些俄语外来词不再使用，退出了历史舞台，这是历史的选择，也是语言接触在相互竞争下的自主选择，但语言是历史文化的记录，它会像非物质文化遗产一样永留在历史档案中。

除此之外，科尔沁汉语方言中还有很多其他民族的词语，如韩语词拌饭、辣白菜、紫菜包饭、唧个唧等；日语词果子、抠搜、人气、便当、日本料理、精品屋等，回族词阿訇、安拉、古兰经、古尔邦节、穆斯林、开斋、斋月、真主、清真无常、先知等。正像王瑛、玛丽娅在《俄源汉语外来词的构词模式和特点》中说的那样："外来词是汉语词汇的重要组成部分，它体现着一种语言同别族语言接触的历史，也见证着一个民族与其他民族的文化交流。"③

第二节　科尔沁地区汉语方言中外来词的
借入方式及词义演变

一、科尔沁地区汉语方言中外来词的借入方式

科尔沁地区的汉语方言是个大家族，从古至今吸纳了各个不同民族语言的词汇，有国内少数民族的，像蒙古语、满语、朝鲜语等，也有国外其他民族的，

---

① 王玮琦. 哈尔滨方言中的俄语借词接触调查分析［J］. 林区教学，2016（5）.
② 王玮琦. 哈尔滨方言中的俄语借词接触调查分析［J］. 林区教学，2016（5）.
③ 王瑛，玛丽娅（LUKYANENKAM）. 俄源汉语外来词的构词模式和特点——以《汉语外来词词典》405个俄源汉语外来词为例［J］. 沧州师范学院学报，2018（4）.

如俄语、日语、韩语等，但不管是哪一种，其借入途径主要有以下几种。

（一）音译的外来词

按照外语词的发音形式用汉语同音字直接对译的，一般称为音译外来词。例如：

靰鞡：满语语音为"ula"，是满族最先发明和穿着的棉鞋。

胳肢：满语语音为"kət xə ə（mpi）"，是通过声音翻译过来的，指搔腋下或肋骨处的一种动作。

哈喇：满语语音为"xɑr（səmə）"，（油质或油质食品）放置时间过长而变质，产生异味。东北人发不出颤音 r，于是就以同部位的边音 l 代替。

再如，蒙古语词"巴巴""天灵盖""撒活""叨拉""哨""脓带"，日语词"榻榻米""欧巴桑"，俄语词"布拉吉""列巴""伏加特""乌拉"，韩国词"欧巴""思密达"，朝鲜语的"阿妈尼""阿爸基"等，都是通过音译借入到汉语阵营，成为汉语词汇系统中的一分子。音译的外来词在外来词中所占比例最大，生命力最持久，虽然有一些被意译词替代，但绝大多数都没有相应的意译词，因此大量的音译外来词活跃在汉语词汇系统中，成为汉语词语中不可替代的重要成员。

（二）音译加意译的外来词

音译加意译的外来词是将外语词转换成汉语时，一部分是通过声音翻译的，一部分是通过意义翻译的，两个部分合在一起构成的新词。例如：

卡巴裆：满语词"gabtan"，意义为"步射"，即步下射箭。步射时，人必须两腿分开，呈骑马蹲裆式下蹲，于是步下射箭与裆有了直接联系，这是通过转注而形成的满汉合璧的词。

牡丹江：满文发音为"mudanula"，是"穆丹乌拉"或"牡丹乌拉"，"穆丹"汉译为"弯"，"乌拉"汉译为"江"，引入汉语时"穆丹"为音译，"乌拉"为意译，因而有了"牡丹江"这一名称。在东北，很多地区山脉、河流的名字就是这种组合。如"松花江""章京河"等，分别为音译的"松花""章京"加意译的"江""河"构成，"完达山""兴安岭"等，分别由音译的"完达""兴安"加意译的"山"和"岭"组成。①

再如：圣索菲亚教堂、波克罗夫斯克教堂、嘎斯管道、拖洛茨基派等，也都是通过音译加意译的方法，借入到汉语词汇之中的。

---

① 范立君. 东北地区满语兴衰及其文化走向［J］. 溥仪研究，2015（4）.

(三) 音译加注汉语语素的外来词

音译加注汉语语素的外来词是将外语词按照声音进行翻译，然后在其前面或后面加上一个汉语语素进行解释说明。可分为两种类型，一为所加汉语语素为其义类，一为所加汉语语素为同义或修饰限制类。例如：

笨笨拉拉："拉拉"［lɑlɑ］满语的意义是"最后、落在后面"，"笨"在汉语中表示"能力低"，在［lɑlɑ］没借到汉语之前，"笨"通常不重叠使用。两种语言重叠音节组合成新词"笨笨拉拉"，用来表示动作不灵活、说话不利落。

大大咧咧："咧咧"［lələ］在满语中是"议论、说"的意思，口语读音常常变为［lie］或［li］。被借到汉语后，可以直接使用，但更多的时候与"大大"组合，"大大咧咧"貌似并列结构，实则"大大"对"咧咧"有修饰的作用，起着一种方式状语的功能。"大大咧咧"就是粗声大气、大声聊天的意思，后用来形容一个人的性格特点，即随随便便、毫不在意的样子。

拇们："拇"满语音为［mu］，表示第一人称复数，音译后加汉语表示"人"的复数"们"，组合成"拇们"一词。"们"有解释说明的意思。

再如，蒙古语词"哈巴狗""安代舞""脓带"等，日语词"芭啦芭啦舞""乌冬面"等，俄语词"马合烟""博克式头""切斯特干酪""苏泊汤""马林果"等，都是此类词。

(四) 返借词

返借词，亦称"回流词"。"所谓返借词，简单地说，是指被借出去的词成为对方的一个新符号后，又从对方语言中借回来。这种词我们把它叫作返借词。"① 返借词有两种形式。

1. 一般返借词

一般返借词在相互借用中，其书写形式、读音、意义或用法都会发生一些变化。如"把式"是汉语"博士"从蒙古语中借来的返借词。古代汉语中有"博士"一词，它最少含有两个义项：一为官名。早在秦朝即有，汉、晋、唐、明、清等亦有，主要是指从事研究与讲授经学的官员。其二，是对有高超技艺或专门从事某种职业人的尊称。蒙古语将"博士"借入后，读作"伯克西"（bagxi），词义逐渐引申发展为"内行""老师"之意，并且在蒙古语中形成了表示这一词义的主导词。由于蒙古文化在元代的影响，后来汉语又把它从蒙古语中借回来，读作"把式"，成为汉语中的外来语。在内蒙古汉语方言中，有时

---

① 李作南，李仁孝. 内蒙古汉语方言中的返借词［J］. 内蒙古大学学报，2007（4）.

也直接借用蒙古语的"伯克西",意指"老师""先生"等,如张伯克西、李伯克西。"把式"亦写作"巴格西"。位于通辽市科尔沁左翼中旗的一个嘎查村,名字就叫"巴格西",大约在 1862 年有位老师在此教书定居,立屯时以"巴格西"取名。再如"台吉",原本是来自汉语中的"太子",但是在蒙古语中,词义从"太子"引申扩展到"贵族",并凝固在蒙古语中,表示皇族、贵族的身份。在元代蒙古族的皇族掌握着国家政权,其身份和地位在社会上产生了广泛的影响,"台吉"这个词在汉语中的使用频率也比较高,因而,本是来自汉语的词汇,反过来成了汉语中的外来语。①"福晋"也是个返借词。在汉语里有"夫人"一词,古代是对特定已婚女性的尊称,一般指上层社会中诸侯的妻子,是汉民族宗法等级制度的反映,后来也尊称他人的妻子,满语借入后,词义缩小,专指王、贝勒及诸侯的妻子,读作"fújìn"。汉语从满语中依据声音借回后,意义没变,写作"福晋"。"福晋"一词常作为历史词运用于书面语,但在科尔沁地区普通百姓插科打诨时也常常使用。

2. 特殊返借词

有一些返借词,意义和用法已与原词有很大不同,但书写形式与读音却没有发生变化,这种返借词,称之为"特殊返借词"。例如:"旗"是一个古已有之的汉语词,许慎《说文解字》对"旗"的解释是:"熊旗五游,以象罚星,士卒以为期。从㫃其声。"满语借用后,获得了许多新的意义:①满族军队和户口的一种编制或组织单位;②属于八旗的,特指属于满族的;③八旗兵驻防地;④内蒙古自治区的行政区划单位,相当于县。借回汉语后,成为内蒙古自治区的行政区划单位专有名称。再如"盟",满族借用汉语"盟"的时间及词义变化的社会文化背景同"旗"大体相同。"盟"在古代汉语里指诸侯立誓缔约,借入满语后指清朝时蒙古民族几个部落的联合体,借回后则指内蒙古自治区中相当于"地区"的管理区域,属于专有名称,意义已经发生了变化。

返借词的出现是因为汉族与其他民族长期生活在一起,或频繁交往的结果,认知相似,思维趋同,文化适应,语言交融,形成了谁也离不开谁的亲密关系,正是这种独特的民族关系和语言关系,在科尔沁汉语方言中,才会出现汉语词语借入到蒙古语、满语、日语等语言中,在词义、语音、书写、语法等某个方面发生变化后,适应并凝固在其词汇系统中,而后其所表达的意义又是汉语的词汇空缺,于是获得了汉语的认同,通过音译的形式回归到汉语词汇中,但这时它已经变成了一个外来词,"这些返借词的存在,在世界各民族语言的接触中

---

① 郝青云. 元明戏剧中蒙古语词的文化解析 [J]. 内蒙古民族大学学报, 2010 (5).

是一种比较罕见的现象。它是民族语言和民族文化长期频繁接触与交融的结果"①。

二、科尔沁地区汉语方言中外来词的词义演变

非汉语词语被吸收到汉语后，有的词义没有发生变化，例如：巴巴、唐土、波棱盖、嘎拉哈、壳郎、疙瘩、蝲蝲蛄、马虎子、哈喇、顾动、个色、急齿掰脸、磨搓、面乎、稀罕巴嚓、巴不得、恨不得、胳肢、哏叨、嘞嘞、瞎诌巴咧等；有的随着社会的发展，交际的需要，人们认识的改变，词的意义发生了改变，例如：把势、毛、哨、叨拉、划拉、掰扯、摩挲、鹅涟、啰唆、屯、噶钮、肋赋、数搭、和弄、秃噜、邋遢、松、煞楞等，其变化形式主要有三种：

（一）词义扩大

指扩大词所概括的对象范围。例如：

秃噜：在清代满文和汉语中都有"松、脱掉"的意义，例如：这衣服扣子又秃噜了。借入汉语后义项增多了：①指松、脱掉，例如，这绳子秃噜扣了；②事情没办成，例如，这门婚事秃鲁了；③带声音地吸入食物，例如，一碗粥他转着圈秃噜；④速度快，例如，他一会儿就把这本书秃噜完了。

掰扯：从清代满语到现代的汉语方言语音基本没变，词义却有所拓展。"掰扯"在满语中为"验查"，而汉语方言中却有三个义项：①剖析，分析，例如，可你往细里一掰扯，刘能真是个心思缜密的人；②辩论，说理，例如，你别跟他掰扯了，清官难断家务事啊。另外还可以指狡辩，例如，你还敢掰扯，你做的见不得人的事情大家都知道。

毛：原意为"坏""不良""恶劣"。方言借入后引申有三个义项：①指人的脾气突然变坏、发怒，例如，这一下，他可毛了，跟我瞪起了眼；②指货币贬值，例如，天天涨价，钱都变毛了；③指干活快而不顾质量，例如："写字毛了。"

哈喇：蒙古语原意是"放陈的积蓄物"。方言借入后，①指放得过久而发霉的食物。例如：这些荤油已哈喇了，不能吃了；②指油脂或油炸食品因放得过久而产生的怪味。例如：我闻见一股哈喇味。

葛瓦斯：源于俄语 квас，指一种用面包发酵制成的清凉饮料，但在哈尔滨方言中扩大了所表的意义，有时泛指其他清凉饮料。

---

① 李作南，李仁孝. 内蒙古汉语方言中的返借词 [J]. 内蒙古大学学报，2007 (4).

（二）词义缩小

指缩小词所概括的对象范围。例如：

噶钮：在满语中泛指各种"怪"，被借到汉语之后，语音基本没有变，但是词义有所缩小，专指人的脾气性格"怪"。例如：那个小胖子性格挺噶钮的，与他交往时多留点心。

肋赋：清代满文为"累赘，行李奚颓"的意思，被借用到汉语方言中，只取清代满文的前一词义，指"衣冠不整，拖拖拉拉"。例如：他穿衣服打扮一贯肋赋，大家都见怪不怪了。

和弄：在满语中义为各种事情的"联络、匹配"，范围宽泛，借入汉语后，专指一种液体和固体的联系并使其混合，语义有所缩小。例如：饺子馅要按照一个方向搅拌，不能乱和弄，否则就会出水。

布拉吉：源于俄语词 платье，有两个义项：①外面穿的各种衣服；②连衣裙。借入到汉语后，第一个意义消失，只有第二个意义了，即上衣和裙子连在一起的女式服装。

（三）词义的转移

指表示甲类对象的词转用指称与之有关的乙类对象。如：

鹅涎：满语意义为"汤水"，进入科尔沁地区汉语方言中，词义被转移为"被液体弄脏后留下的痕迹"。例如：晾干后的羽绒服上留下了很多鹅涎圈，一定要重洗。

煞楞：满语语义为"物多而整齐，东西多而有条不紊"，借到汉语之后，转移为"做事、干活利落快捷"。例如：新进门的媳妇真煞楞，不到半个小时饭菜都做好了。

数搭：在满语中为"征收"的意思，吸收到汉语后，转移为"列举过失、指责"的意义。例如：你别老数搭孩子，有话好好说。

壁里搭：源于俄语 плита，也为"普利塔"。原指厨房里做饭用的炉灶与房间里取暖用的火墙、火炕连砌在一起的一种炉灶，现在词义已经发生了变化，在老百姓日常生活中专指镶嵌在墙中的火炉。

第七章

科尔沁地区汉语方言与地域文化

中华文化不仅底蕴深厚而且多元一体，草原文化与黄河文化、长江文化一样是中华文化的主要源泉之一。草原文化研究学者乌恩曾精彩地论述道：草原文化和黄河文化的碰撞与交融，主导了中国古代历史发展的进程。① 科尔沁地区是草原文化的重要分布区域，是蒙古族传统文化独具特色的地理区系之一，因此科尔沁地区的文化以蒙古族文化为主体，吸收汉族、满族、朝鲜族等其他民族文化发展形成了区域性文化，即是由以游牧为主、狩猎为辅的草原文化逐渐转变为畜牧和农耕相结合的具有复合型多元特征的地域文化。

文化的载体是语言，地域文化的载体是方言，地域文化和方言在形成和发展的过程中相辅相成，就一般情况而言，在一定的地域内形成了文化，同时也形成了方言。任何文化都是通过语言固化下来的，因此科尔沁地区的汉语方言也如实地记载了本地区灿烂的传统文化。

第一节 从"打袼褙"看传统手工做鞋技艺

鞋，古时称为"屦""履""屝""屩""屐""舄""鞮"等，正如许慎《说文解字》描述的那样："屦，履也。""履，足所依也。"朱骏声《说文通训定声》说："古曰屦，汉以后曰履，今曰鞵（鞋）。"古代的"屦"，是用麻、葛、皮、丝等材料制成，本为动词，是"踩""践""着鞋"的意思，后用作名词，是鞋子最早的总名。《诗经·魏风·葛屦》："纠纠葛屦，可以履霜"，"屦"为名词"鞋"，"履"为动词"践踏"。《庄子·山木》："庄子衣大布而补之，正緳

① 弘扬草原文化 构建和谐社会——"草原文化研究高层论坛"发言摘要［N/OL］. 中国文明网，（2005-08-09）. http：//www. godpp. gov. cn/ssbgt_ /2005-08/09/content_ 6020403. htm.

系履而过魏王","履"为"鞋"。古代诗文中不乏关于"鞋"的记载,如"足下蹑丝履,头上玳瑁光""揽裙脱丝履,举身赴清池"(《孔雀东南飞》),"绡巾薄露顶,草屦轻乖足"(白居易《香山寺石楼潭夜浴》)等。1972—1974年考古发现的湖南长沙马王堆一号汉墓,出土的女尸脚上穿着一双丝履。

鞋在我国已有几千年的历史,称呼、材质、式样都在随着社会的进步和发展而不断发展变化,从实用价值到审美取向都受到人们的极大关注,而且不同地区在大致相同的形式下力求特色,勇于创新,丰富着我们的生活。一般情况下,东北秋收之后,天气渐凉,户外活动逐渐减少,大姑娘小媳妇便开启了一项巨大的工程——做鞋。在过去经济条件低下的年代,自己做鞋成本低、结实耐用、透气养脚,人们穿的鞋都是自己手工缝纫的。做鞋,不仅要做一家人过年穿的新鞋,还要把新的一年要穿的所有鞋都要做出来,冬天穿的棉鞋,春秋两季穿的五眼鞋、松紧鞋、掐脸鞋,夏天穿的方口鞋、偏口鞋,小孩子穿的虎头鞋等等,款式多数量大,因此就一个家庭而言做鞋就成了一项意义重大的事情。在科尔沁地区,像开鲁、奈曼等以农业为主的地方,做鞋的方法、使用的材料、工具等与其他地方不同,千百年来形成了独具特色的手工做鞋技艺。

打袼褙。袼褙(gēbei,科尔沁地区读为 gēbē 或 gēbe)是做鞋必备的原材料,鞋底和鞋帮都是用它做成的。袼褙都是自己手工制成的:先把铺衬(由不能穿的用的各种棉布旧衣服、旧被褥拆洗而成)一块一块洗净晾干捋好压平,取适量白面打成较稀的糨糊,找一块平整、无裂缝的木板,或直接利用桌子或面板,先在桌面上刷一层糨糊,把铺衬均匀平整地贴在上面,再刷糨糊粘铺衬,不断循环,需要注意的是层与层之间的拼接缝要错开,以防止断裂或凹凸不平。之后在表面上刷上糨糊贴在通风的墙上,阴干后取下来就成了一张一张的袼褙,科尔沁地区将这一过程称之为"打袼褙",所打袼褙按需要有两层的、三层的、最多为四层。通常情况下鞋底多用3层的,鞋帮多为2层的。

纳鞋底。做鞋需要先开鞋底,也就是按照鞋底样儿剪下所用的袼褙,一双鞋一般情况下3层袼褙的要剪下大小相同的8片,左右脚各4片;再把纯棉平纹白布按照鞋底样儿剪出2片大出鞋底样儿1厘米的底面,将2片袼褙包上,中间悬空,四周用糨糊粘合,这叫包底,其他的6片用大约2厘米的纯棉平纹白布条包边。掩边用的白布条比较特殊,为了布条不脱线且容易拐弯,一定要和布纹成45°角斜着剪裁,不要顺着布料的纹理剪裁;掩边时将糨糊均匀地涂抹在鞋底边缘处,再用布条包在鞋底的袼褙四周,两侧布条宽窄一致;最后分左右脚,每只4片粘合在一起,放在热炕头,上压重物以防变形,这就是鞋底的雏形,阴干后就可以纳鞋底了。纳鞋底需要使用麻绳,麻绳搓得要细而均匀,尤其要处理好接头的地方，不要粗细不均。纳鞋底时看着包底的一面先用倒针在不到 1 厘米处圈边，就是围绕着鞋底先纳上一圈，一是固定住几层袼褙合起来的鞋底，二是美观，以防纳鞋底的针脚参差不齐。别看鞋底被踩在脚下，只有走路抬脚的那一瞬间才能露一下脸，但也要讲究好看、舒服。由于鞋底比较厚，纳鞋底时必须用锥子，锥子扎孔，大针引麻绳、拉绳、将麻绳缠绕在锥子把和手上紧绳，动作一气呵成，纳底子讲究锥孔要正，针脚要匀，勒得要紧。纳鞋底的针脚有各种形状，斜排列的、十字花的、菱形的、九针的、错针的等，大人的鞋要穿着做各种劳动，为了结实耐磨防滑，一般都是脚掌和脚跟用密实的十字针，脚心用稀疏一点的水平针，小孩子的鞋底针脚变化较多，心思精巧的妇女，总会纳出与众不同、惹人羡慕的各种图案来。

做鞋帮。有的鞋的鞋帮比较简单，是完整的一块，如偏口鞋，有的复杂些，由两块组成，如掐脸鞋。在科尔沁地区由于受满族的影响最初做得比较多的鞋是"掐脸鞋"，也叫"挤脸鞋""开脸鞋""双脸鞋""夹脸鞋"，这种鞋男女通用、老少皆宜。鞋帮由两块袼褙组成，鞋脸从鞋尖到鞋口缝有两条或一条皮条子，鞋尖突出于鞋底之外，侧面形似小船，既耐穿又好看。缝制时按照鞋帮样儿剪裁出形状大小相同、前后宽于鞋样儿 1 厘米的 4 片袼褙以及鞋面、鞋里，宽于鞋样儿 1 厘米是为了便于缝合。大人的鞋面多为结实的条绒布或黑色的棉布，女孩子、小孩子的或红或绿，颜色鲜艳；鞋里则选择颜色淡雅、舒适柔软的棉布。将剪好的袼褙、面儿、里子粘合在一起，位置对准，粘得平整，压好阴干即可，再剪裁出 2 厘米宽的皮条待用。夹一条皮条的鞋缝制时是将皮条面朝外，皮条内裹一根线绳置于缝合缝中与两半鞋面缝合在一起，针脚在里面；夹两条皮条的鞋先分别将皮条反缝在两片鞋面前面的接口处，再分别向里裹住一根线绳及布的毛边缝合而成。有的为了结实美观还要纳鞋帮，即在粘合好的鞋帮上用细密的针脚缝出各种图案。然后是掩鞋口、缉鞋口：剪 2 厘米宽的斜纹纯棉黑布条子（小孩子缉鞋口用的布料颜色可与鞋面的颜色一致，为了好看也可不一致）掩住鞋口的毛边，外面窝边后用 4-6 股的线倒针缉上，缉鞋口是针线活好坏的标志，也是一双鞋的亮点。最后把鞋帮后跟用粗线缝合上，为了便于缩鞋，使之略有收缩，用细麻绳把鞋尖和鞋底抽上一些，这样一双鞋的鞋帮就算做好了。

绱鞋。把鞋帮缝合在鞋底上称之为绱鞋，绱鞋分为明绱、暗绱、翻绱。明绱是鞋帮底边在外，暗绱是鞋帮底边在内，翻绱适用于软底软帮的鞋，即将鞋帮翻过来，套在里面朝上的鞋底上，掐着鞋帮和鞋底，将其缝合在一起。在科尔沁地区一般的鞋都是暗绱，也称窝帮绱。绱鞋时，先把鞋底和鞋帮摆正，前后正中间用细麻绳临时固定住，再穿针引线，从一头开始用带针整圈缝合。暗绱鞋尖的地方看不见，只能根据手感和经验完成，难度相对大，这也是做鞋的一大难关，鞋绱得正不正与美观、舒适度有直接的关系，因此是对一个人针线活的考验。

楦鞋。鞋上完了，针线活就完成了，但这样的鞋并不能穿，否则会磨脚、硌脚，因此还有最后一道程序——楦鞋。楦鞋，即为鞋整理定型，大体分为两种形式，一是用鞋楦头，一是用湿沙子。鞋楦头为木制，大小若干个型号，均分前后两节，前节为鞋尖形状，后节为鞋跟形状，将绱好鞋的鞋帮喷水洇湿装入鞋楦头，前后两节中间夹入木楔撑紧，阳光下晾晒干。另一种办法，是将用手能攥成团的湿沙子装入鞋中，边装边用木棍填塞，使鞋帮尽量撑起，装满后放在阳光下晒至沙子干透清出即可，这时的鞋饱满、挺脱、漂亮。

科尔沁地区的汉族多数以从事农业为主，春、夏、秋三季人们都要在田地里劳作，土坷垃、苞米茬子等非常费鞋，传统手工制作的布鞋底硬，不易被锐物穿透，鞋面透气柔软不伤脚，内部空间宽敞，防寒保暖，可以脚踏实地稳步前进，因此实用价值是不言而喻的。漫长的冬季，大姑娘小媳妇，三三两两凑到一起，拉着家常，纳着鞋底，赞叹着谁的手巧，谁的针线活技能高，互帮互学，一代一代传承着这项技艺，而与做鞋相关的大量词语也不断传播：打袼褙、开底子、缉鞋口、沿鞋边、纳鞋底、搓麻绳、替鞋样、挂鞋面、挂鞋里、掐鞋脸、打鞋条、粘鞋条、圈底子、绱鞋、楦鞋等等。但随着经济的发展，做鞋方式、工艺、材料、款式不断更新，现在已经鲜少有人再费时间和精力自己做鞋了，这项传统的手工技艺正在淡出人们的生活。文化不在，语言何存？为了传统手工技艺的传承、为了汉语的繁荣，我们一定要保护、创新这项非物质文化遗产，并使之延绵不绝。

第二节　从"撒切糕"看冬季饮食文化

切糕，也称黏糕、年糕，自古以来就是人们喜爱的食品之一，也是春节的一大年俗美食。追溯其历史，年糕最迟在周代便已产生，所谓"羞边之食，糗饵粉餈"，指的就是年糕，到汉代扬雄《方言》中已明确有"糕"的说法，魏晋南北朝时，年糕已在民间广为流行。① 明朝的《帝京景物略》记载：北京人

---

① 春节该吃饺子还是该吃年糕［N/OL］. 人民网，（2017-01-31）http：//gz. people. com. cn/GB/n2/2017/0131/c370110-29655342. html.

每于"正月元旦，啖黍糕，曰年年糕"。"年年糕"就是北方的"黏黏糕"的谐音，由此可见年糕不仅是一种节日美食，而且寓意万事如意、年年高升之意，正所谓"年糕寓意稍云深，白色如银黄色金。年岁盼高时时利，虔诚默祝望财临"。到了清代，切糕不仅是满族的小吃，而且是满族拜神用的祭品。清代沈兆诗中写道："糕名飞石黑阿峰，味腻如脂色若琼。香洁定知神受饷，珍同金菊与芙蓉。"在民间关于年糕的俗语佳句非常多，如："过小年，到大年，户户家家年糕甜，欢迎喜庆天。""人心多好高，谐声制食品。义取年胜年，藉以祈岁稔。""瑞雪纷飞梅含笑，家家户户打年糕。香甜软嫩添喜气，前程远大步步高！""年糕年糕年年高！"

现如今各地切糕的做法不同，科尔沁地区更是别具一格。在科尔沁切糕这一食品常见于开鲁、奈曼、库伦等地，将做切糕称之为"撒切糕"，"切"读成 qié，一个"撒"准确地彰显出切糕的做法。撒切糕的基本原料是黄米面和江豆。先将江豆洗后冷水下锅煮至伸腰即八分熟，捞出备用；黄米面放在簸箕中，撒上多少有一点温度的水，搅拌后，感觉面是潮乎的，用手攥一下又不粘在一起即可。把锅刷洗干净放入冷水，放进细高粱秸秆做成的笼屉，上面撒上一层煮熟的江豆（约一厘米厚），盖上锅盖，生火烧至水翻开，打开锅盖，依次在冒气之处撒黄米面，由于覆盖黄米面的地方一时不能喷气，热气就会从其他地方喷射出来，这样江豆上就会均匀地撒上一层黄米面（约一厘米厚），这个过程称之为顶气撒面，盖上锅盖烧至开锅；再打开锅盖时锅内的黄米面已变成浅黄色，连成一片，然后再撒黄米面盖锅烧开，如此反复4或5次，最上面一层是江豆，盖上锅盖，并用抹布、围裙等把锅盖漏气的地方捂严，大火烧10分钟左右停火，半个小时后将笼屉与切糕一起取出，放到准备好的装有冷水的盆上，切糕遇到冷气后收缩，与笼屉分离，将其扣到面板上冷却，到了第二天，上下为红色中间为金黄色的切糕就完美地呈现在我们面前。为了储存和食用方便将其切成几块，每块再切成薄片，装入口袋或置于筐中放到冷屋子里边冷冻，以待食用。在当地，年关的美食黏豆包做得较多，切糕较少，这是因为切糕用面量比较大，蒸一锅切糕的面可以蒸三锅豆包，而且切糕中不允许掺杂任何其他面粉；另外撒切糕的技术难于掌握，控制不好火候和面的潮湿度做出来的中间会有死心，出现夹生现象。切糕本身劲道，性甘甜，美味可口，抗饿，易储存，深受百姓的喜爱，是比豆包高一级的食品。然而，这一传统的民间手工技艺正在悄然淡出历史舞台，年轻人会做的少之又少，已经面临失传的地步。

科尔沁地区由于受寒冷、干燥等自然条件的限制，年俗食物厚重而别具一格，主要有三大类：一是以蒸为主的主食饽饽，饽饽范围较为广泛，早些年主要指用黏米做成的豆包、年糕、年糕饼子等，现在还有用白面、荞面做成的馒头、糖三角、花卷、豆沙包等。民俗中有"腊月二十八把面发，二十九蒸馒头"的说法，其实在科尔沁地区会准备得更早，大约在春节前半个月人们就开始发面蒸饽饽，陆陆续续地把腊月和正月吃的主食都蒸出来，放在冷屋子里冻上，想吃的时候放到锅里馏馏即可，储存方便，食用便捷。二是以炖为主的腌制类副食，科尔沁冬天温度低，早年没有新鲜的蔬菜，为了满足生存的需要，先民们发明了腌制蔬菜的各种方法以保证冬天有足够的副食，可以腌制的菜类很多：白菜、芥菜、萝卜、雪里红（雪里蕻）、鸡蛋、鸭蛋、鹅蛋等，由这些腌制的菜类衍生出来的菜品异彩纷呈：炖酸菜、炒酸菜、杀猪菜、酸菜炖粉条、柴骨肉炖酸菜、酸菜炖排骨、肉皮黄豆芥菜、炒芥菜、芥菜咸菜、萝卜咸菜、雪里红炖豆腐、咸鹅蛋、咸鸭蛋、咸鸡蛋等，腌制好的菜像芥菜、萝卜、鸡蛋、鸭蛋等可以直接食用，但多数都是以炖的形式料理，非常适合寒冷地区。三是以冻为主的水果及其他。科尔沁的冬天就是个天然大冰窖，根本不用使用冰箱，很多食品均可放到冷屋子里冷冻，既易保存，又不会让营养成分流失，水果类的有冻梨、冻柿子等，冻梨也称冻秋梨，是改革开放以前春节必备的一道奢侈零食，用凉水缓好后的梨多汁、甘甜，特别爽口；冻子鸡、冻豆腐、冻咸菜、冻饺子、冻白菜等也是年俗的主要食品。蒸饽饽、腌菜、冷冻的食品"这三类饮食无论从温饱还是从营养学角度都是相当经济实惠的，既能让人们在冬季摄入足够的维生素，还能保证体内足够的热量抵抗严寒。同时我们会发现，在东北饮食文化中很多东西都是满族等少数民族首创，汉族人学会其制作方法，延续至今。这些词汇和饮食文化的存在也是我国多民族文化融合的见证"[1]。

第三节　从"歘嘎拉哈"看民间儿童游戏

嘎拉哈是满语音译借词，亦称"拐骨""羊拐""羊拐骨""髀骨""髀石"等，学名为"距骨"，是羊、猪、牛、鹿、狍、獐、麋、骆驼等动物膝盖处一枚小巧玲珑的骨头。清人徐兰《塞上杂记》云："喀赤哈者，羊膝骨也。"清代纪晓岚《槐西杂志》载："作喀什哈，云塞上六歌之一，以羊膝骨为之。"羊、猪、牛等动物被人类驯服并饲养的历史悠久，嘎拉哈这一形态多样、娇小精致且作用重大的骨头早就受到青睐。据王晶、李照和研究"嘎拉哈是握娄、勿吉

---

① 杨惠栋. 从东北方言词看东北饮食文化［J］. 语文学刊，2011（9）.

等先民财富的象征，具有原始宗教的'灵骨'意味，先后成为鲜卑、契丹、女真、蒙古、满族等民族民俗文化的载体。明清之后，作为一种游戏风靡于满、蒙等族"①。作为游戏的道具，在《辽史·游幸表》中就有记载："与群臣冰上击髀石为戏。"《元史·本纪第一·太祖》曰："复前行，至一山下，有马数百，牧者唯童子数人，方击髀石为戏。纳真熟视之，亦兄家物也。始问童子，亦如之。"明代《永平府志》载："清明展墓，连日倾城踏青、看花、挑菜、簪柳、斗百草……家家树秋千为戏，闺人挝子儿赌胜负，童子团纸为风鸢，引绳放之。"清代杨宾的《柳边纪略》中有：满族"童子相戏，多剔獐、狍、麋、鹿前腿前骨，以锡灌其窍，名噶什哈，或三或五，堆地上，击之中者，尽取所堆，不中者与堆者一枚。多者千，少者十百，各盛于囊，岁时闲暇，虽壮者亦为之。"《五体清文鉴》中，将"嘎拉哈"列入"戏具类"，《清文汇》更是将"嘎拉哈"直接定位于一种儿童玩具。明清两代，玩嘎拉哈又叫"抓子""挝子""抓羊拐""抓嘎拉哈""欻嘎拉哈"等，虽然叫法有别，玩法大同小异。文学作品中也经常出现这一游戏，《金瓶梅》第二十四回："宋惠莲正和玉箫、小玉在后边院子里挝子儿，赌打瓜子，玩成一块。"《红楼梦》第六十四回："宝玉遂一手拉了晴雯，一手携了芳官，进入屋内。看时，只见西边炕上麝月、秋纹、碧痕、紫绡等正在那里抓子儿赢瓜子儿呢。"金庸《射雕英雄传》第三回："札木合送给铁木真一个狍子髀石，铁木真送给札木合一个铜灌髀石。髀石是蒙古人射打兔之物，儿童常用以抛掷玩耍。两人结义后，就在结了冰的斡难河上抛掷髀石游戏。"蒙古族英雄史诗《江格尔》就记录了此游戏："小秃子将羊踝骨掷出，/——蹦出老远没有立住。/那孩子掷出一个羊踝骨。/不偏不倚端端立住。/小秃子拣起一个羊踝骨，/放在耳边倾听，/拿在眼前细看，/看着看着，/将其弹出，/——从上面飞过，/没有命中。/那孩子，/也拣起一个羊踝骨，/放在耳边倾听，/拿在眼前细睄，/看着看着，/将其弹出，/——击中了半边羊踝骨，/一齐弹倒全都拿走。"

科尔沁地区的嘎拉哈主要指猪、羊等后腿膝盖处一块小骨头。嘎拉哈有四个面，四个面凸凹不平，各地都有特定的名称，科尔沁地区称为"珍儿"（窄且凹面）、"轮儿"（或称之"驴儿"，窄且平面）、"坑儿"（或称之"壳儿"，宽且凹面）、"肚儿"（或称之"背儿"，宽且凸面）。清人徐兰《塞上杂记》云："骨分四面，有棱起如云者，为珍儿，珍儿背为鬼儿，俯者为背儿，仰者为梢

---

① 王晶，李照和. 我国北方少数民族智力体育项目嘎拉哈游戏考辨［J］. 广州体育学院学报，2020（4）.

儿。"根据嘎拉哈四面不同的形态衍生出许多玩法，清《满洲源流考》载："或两手捧多枚星散炕上，以一手持石球高掷空中，当球未落之际，急以其手抓炕上嘎拉哈成对者二枚，还接其球，以子、球在握，不动别余者为欻。"《柳边纪略》云："手握四枚，同时掷之，各得一面者，曰撂四样。"到了现代，科尔沁地区嘎拉哈的游戏对古代的玩法有传承有发展有创新，花样更为繁多，男孩女孩均以此为道具游戏，不同的是男孩以击打为主，女孩以抓子为主。玩击打游戏时猪、羊的嘎拉哈均可，玩抓子时主要以羊嘎拉哈为最佳，因为羊嘎拉哈小而美观，猪嘎拉哈大而丑陋，女孩手小，猪嘎拉哈太大，一次不能多抓，珍儿、驴儿两面又不是很稳固，不便于游戏，因此羊嘎拉哈是小女孩抓子时的最爱。主要有欻嘎拉哈、弹嘎拉哈等玩法。

　　欻嘎拉哈。欻（歘），《说文解字》："歘，有所吹起。从欠炎声。""歘之言忽也。"《现代汉语词典》有两种读音：chuā，拟声，形容短促迅速的声音：欻的一下把信撕开了；xū，副词，忽然：风雨欻至。欻嘎拉哈中的"欻"应为《现代汉语词典》中的第一个意义的引申，表示动作快、迅速，欻嘎拉哈即是快速地抓起嘎拉哈，本应读作"chuā"，却被误读为"chuǎ"。欻嘎拉哈主要有两种玩法，其一，用4个或更多的嘎拉哈，将嘎拉哈抓在手里撒在炕上或平坦的地面上，把自己缝制的拳头大小的口袋或一枚嘎拉哈用一只手抛向空中，利用口袋停留在空中的瞬间，快而准地抓起凸凹面一样的嘎拉哈并接住从空中落下的口袋，成功抓起一次后，再接着抓，何时未接住口袋，或没有将凸凹面一样的嘎拉哈一次性地欻起，或触碰到其他嘎拉哈均为失败，游戏转入下家。最后获得嘎拉哈多者为赢家。其二，玩法比较复杂，通常用4枚嘎拉哈，当拳头大的布口袋或一枚嘎拉哈一次次抛起时，先把4枚嘎拉哈全部摆成珍儿，再扶成驴儿按倒为坑儿翻转为肚儿，最后再把4个嘎拉哈分别摆成珍儿、驴儿、坑儿、肚儿，按顺序一次欻起，所用次数最少者为赢家，所用次数多者以及接不着口袋或没按规则顺序完成的都为输家。这种玩法较之上面的玩法难度相对大，既是对技术的考验，也是对耐心的考验，因此善于这种玩法的女孩子都是心灵手巧、性格坚韧的。后来有了小皮球，允许皮球有一次接触地面的机会，翻摆嘎拉哈的时间加长，使游戏变得简单了些。欻嘎拉哈，讲究的是眼疾手快，可以锻炼手脑的灵巧性和应变能力，是蒙、汉、满等各族女孩子最喜爱的游戏之一。

　　弹嘎拉哈。如果说欻嘎拉哈是女孩的专利的话，弹嘎拉哈则有男孩子的参与。游戏时，猪、羊嘎拉哈不限，越多越好，将嘎拉哈散在炕上或地面上，以其中一子为母子儿，将食指（中指）向里弯曲，用大指紧紧压住，食指（中指）突然挣脱大指，爆发的力弹向母子儿，母子向外射出，击打既定目标，被击中的要移除并被视为战胜品。如果珍儿为母子儿的话，击打的对象一定是珍儿，击打不到或目标出现错误均为失败，换成下家。同一种凸凹面的嘎拉哈击打完毕也要换下家，待下一次上场时再选择其中一种凸凹面的嘎拉哈进行击打，最后得到嘎拉哈多者为赢家。弹嘎拉哈与弹球有异曲同工之妙，在玩儿的过程中锻炼了儿童的手力、眼力等。

科尔沁地区的民间儿童游戏还有很多，如：五虎、五道、跳绳、踢房子、打鸡蛋黄、踢口袋、踢毽子、骑木马、"骑马"打仗、撞拐、挤香油、编花篮、跳皮筋、打棋撂、丢手绢、打手背、丢鞋、好人坏人、背人、猜中指、拍手歌、滚铁环、木头人、捉迷藏、过家家、画小鸡、手影、跳山羊、丢纸飞机、打弹弓、老鹰抓小鸡、升级降级、石头剪子布、坐轿、翻绳、拉大锯、蒙瞎胡、打陀螺、击鼓传花、盲人摸象、盲人画鼻子、弹球儿、打雪仗、压压油、顶牛儿等等，有古代传承下来的有现代新出现的，有简单的有复杂的，有文的有武的，有单人的有多人的，有锻炼体力的有考验技巧的，有一局定胜负的残酷出局有多局见分晓的坚持忍耐，形式多样、不一而足，孩子们在游戏中得到了快乐，于无意识中锻炼了身体、启迪了心智。

第四节　从"跳大神"看萨满教的传播

萨满教作为人类最古老的宗教文化形态，具有世界性。就我国而言曾流行于北方阿尔泰语系各民族，如通古斯语族的满族、鄂温克族、鄂伦春族、赫哲族、锡伯族，突厥语族的维吾尔族、哈萨克族、柯尔克孜族，以及蒙古语族的蒙古族和达斡尔族等。在我国古文献中有关萨满教的资料比较丰富。《多桑蒙古史》中记载："珊蛮者，其幼稚宗教之教师也。兼幻人、解梦人、卜人、星者、医生于一身，此辈自以各有其亲狎之神灵，告彼以过去现在未来之秘密，击鼓诵咒，逐渐激昂，以至迷罔，及神灵之附身也，则舞跃瞑眩，妄言吉凶，人生大事皆询此辈巫师，信之甚切。"① 姚元之撰《竹叶亭杂记》载："满洲跳神，有一等人专习跳舞、讽诵祝文者，名曰'萨吗'（亦满洲人）。跳神之家先期具简邀之。及至，摘帽向主家神座前叩首。主家设供献黑豕毕，萨吗乃头戴神帽，身系腰铃，手击皮鼓，即太平鼓，摇首摆腰，跳舞击鼓，铃声鼓声，一时间俱起。鼓每抑扬击之，三击为一节，其节似街上童儿之戏者。萨吗诵祝文，旋诵

---

① ［瑞典］多桑. 多桑蒙古史［M］. 北京：中华书局，1662：30.

旋跳。其三位神座前文之首句曰'伊兰梭林端机'，译言三位听著也。五位前文之首句曰'孙扎梭林端机'，译言五位听著也。下文乃'某某今择某某吉日'云云。其鼓别有手鼓、架鼓，俱系主家自击，紧缓一以萨吗鼓声为应。萨吗诵祝至紧处，则若颠若狂，若以为神之将来也。诵愈疾，跳愈甚，铃鼓愈急，众鼓轰然矣。少顷祝将毕，萨吗复若昏若醉，若神之已至，凭其体也，却行作后仆状。"① 文中的"珊蛮"和"萨吗"，就是蒙古族的"博"（蒙古族的女萨满为"巫都干"），满族的"萨满"，雅库特的"奥云"，达斡尔族的"雅德根"，塔塔尔族、哈萨克族的"喀木"，国际学术界统称为萨满，是萨满教的指定神职人员，也就是神与人之间信息沟通的中介者。J. A. 马卡洛克认为：①萨满的职能主要是治病和占卜；②萨满是通过与超自然界直接接触的方式发挥作用的；③若干精灵帮助他，同时又听从他的指挥；④能够进入忘我失神状态。

　　生活在科尔沁地区的汉族人受蒙古族和满族的影响，称"萨满跳神"为"跳大神"，并将萨满跳神与迷信乌合起来，再混入一些魔术技巧，装神弄鬼，游走民间，以专治外病为名骗取钱财，扭曲了古老的萨满神教的本来面目。外病是与实病相对而言的，实病是日常生活中能被医生确诊并进行治疗的疾病，而外病是在不明病因的情况下突然发病且无法医治的，或久治不愈而对医生的诊断产生怀疑的疾病，比如突然头疼难忍、胡里八涂不明事理、半疯半癫打人杀人、哭嚎上吊不停折腾、小孩半夜啼哭不断等，民间流行的说法是这些疾病源于外灾，由于自身孽缘遭到超自然外力的侵袭，像鬼神、狐仙（狐狸）、黄仙（黄鼠狼）、白仙（刺猬）、柳仙（蛇）、灰仙（老鼠）等，即它们以妖术对人类进行报复，使人类受到不同程度遭难的惩罚，这些疾病医生是治不好的，只能去"跳大神"，因为"大神"可以通过癫狂术脱魂或他界飞行，与鬼神直接对话，查找出患病的原因，给鬼神一些好处，代你赔礼道歉，得到谅解，从而祛病驱灾。那么到底是如何"跳大神"的呢？跳大神时，大神身穿神衣，头戴神帽，左手持鼓，右手拿锤，盘腿坐在西北专属的位置上，病人坐在东南位置上。大神在请神前，双眼半闭半睁，打几个哈欠后，开始击鼓，然后起身，边击鼓、边跳跃，边吟唱，音调极其深沉。随着鼓声的加快，大神下巴哆嗦，牙齿咬得咯咯作响，双目紧闭，周身摇晃，表现出神灵即将附体时的痛苦情状。这时大神的助手，拿出一团烧红的火炭，放在大神脚前，为神引路，大神的鼓声突然停止，浑身大抖，表现出神已附体，并开口讲话："你们请我来有什么事情？"病人或病人家属回答："身体抱恙，特请你来看病。"鼓声再次响起，大神随着

① 姚元之，王晔. 竹叶亭杂记·今世说 [M]. 上海：上海古籍出版社，2012：46.

鼓声边询问病人的姓名、家住何方、得病经过、现在的症状，边逐一恭请诸神，探寻病人冲撞了哪位神仙，当大神提到某位神仙的名字时，病人不由得颤抖起来，则认为病人侵袭了此神，是此神在作祟病人，作祟之神借大神之口，陈述所受之苦，必惩罚才能免除其病，要求得到某种物品，患者或患者家属赶紧应允，答应即刻购买送来或病好后还愿。有的大神看病人的病情严重，就让病人裸体躺在床上向其身喷开水或按摩，嘴里一直念念有词。有的危重病人，大神会认为其灵魂被恶神掠取，这样大神就要借助祖先神的力量，远征沙场与恶鬼搏斗，把患者的神灵夺回来，病人方能得救。有的大神道行尚浅，斗不过恶神凶鬼，就嘱咐其另请高明。大神跳神的时间长短不一，视病人症状轻重，短则半个小时，长则一到两个晚上。给患者医治完毕，鼓声停止，"大神"从他界回到人间，魂魄归还本体，实现由神到人的转变。从中可以总结出"跳大神"的基本程序：请神——向神灵献祭；降神——用鼓语呼唤神灵的到来（脱魂）；领神——神灵附体后萨满代神立言；送神——将神灵送走。下面是常见的跳大神唱词：

日落西山黑了天哎咳呀！
日落西山黑了天，家家户户把门关。
喜鹊老鸹森林奔，家雀脯鸽奔房檐。
五爪的金龙归北海，千年王八回沙滩。
行路的君子住旅店，当兵的住进了营盘。
十家上了九家锁，还有一家门没关。
要问为啥门没关，敲锣打鼓请神仙。
叫老乡，请听言，点起了大南香，就请神仙哎咳呀！
左手敲起文王鼓，右手拿起赶仙鞭，
鼓也不叫鼓，鞭也不叫鞭。
驴皮鼓，柳木圈。
奔得啦喊报得远，
横三顺四八根弦，四根朝北，四根朝南；
四根朝北安天下，四根朝南定江山。
中间安上哪吒闹海金刚圈，
上面串上八吊钱哎咳呀！
叫老乡，听衷肠，
或是灰，或是黄，或是鬼来，或是长，

或是哪吒三太子，或许托塔李天王。

要想家宅得安泰就把那神仙请上房哎咳呀！

……

萨满跳神最初只是信奉萨满教的民族举行祭神仪式的一部分，是仪式的需要，后来附加了治病去灾的作用，由于广大民众信之，久而久之，萨满教也就成为一种独特的文化现象，博大精深，源远流长。但对"跳大神"，我们必须有个清醒的认识，有一些纯粹是以欺骗为手段、以营利为目的而进行的封建迷信活动，往往被信奉萨满的人斥之为"跳邪神"。

第五节　从詈骂语看科尔沁人的性格特质

詈骂语属于杂语的一种，是语言的重要组成部分，它违背了人们趋吉避凶、趋雅避俗、趋洁避亵的交际规则，用侮辱对方和对方亲人的词语或是把表示人们最厌恶的词语强加到对方身上，从而达到宣泄过激情绪的目的。① 它是人们在特定情境下的故意犯忌现象，虽然不能传递正能量，但它却是人类最本真的情感流露。

"詈"，小篆的形体为"䍐"，《说文解字》解释为："骂也，从网从言"，是个会意字。"骂"小篆形体为"䍏"，《说文解字》解释为："詈也，从网马声"，是个形声字。许慎把"詈"与"骂"看成意义相同的转注字，指用粗野或带恶意的话侮辱人。其实"詈"和"骂"并不完全相同，《韵会》阐释得清楚："正斥曰骂，旁及曰詈"。"詈骂"组成一个词后意义没有发生变化，而詈骂语这一概念在学术界却有多种叫法："骂人话""詈词""詈辞""詈语""詈称""詈言""骂詈语"等，其内涵的界定也是众说纷纭，"骂人话是一种语言词汇系统的构成材料之一，它主要指一些词和词组，有时也包括一些现成的短句。它的功能是用于侮辱人"②。"詈词是人们在詈骂他人时所使用的一种词语，是构成詈骂话语的最常见、最重要的单位。"③ "詈词，就是骂人的词，是以侮辱、伤

---

① 张廷兴. 民间詈词詈语初探［J］. 民俗研究，1994（3）.

② 王希杰. 论骂人话［J］. 昭乌达蒙族师专学报，1990（4）.

③ 曹炜. 现代汉语词汇研究［M］. 北京：北京大学出版社，2003：206.

害、贬斥他人为目的的。"① 从这些定义中可以总结出詈骂语的两个特点：一是从意义上说带有侮辱性与粗野性，二是从语言单位上看，或词或语或短句。科尔沁地区不仅是蒙古族的原居地，也是我国最大的蒙古族集聚地，汉族、满族、回族、朝鲜族等都是于不同时期从不同地方迁徙而来，就汉语而言，是东北、华北、华东等方言与科尔沁本地方言相互渗透融合形成的，其中也吸收了蒙古语、满语等少数民族语言，成就了独具色彩的地域方言与文化。泼辣、魔性、音韵和谐的詈骂语是其重要组成部分，是东北方言詈骂语中较独特的一支。

一、科尔沁地区汉语方言詈骂语的构成方式

科尔沁地区汉语方言詈骂语的构成方式多种多样，主要有：

（一）复合式

1. 偏正型。由两个部分组成，两个部分之间有修饰被修饰、限制被限制的关系。例如：傻狍子、土狍子、死猪、懒猪、猪脑子、熊货、熊色（shǎi）、熊包、兔崽子、小兔崽子、猴儿崽子、小猴儿崽子、孩崽子、小孩崽子、兔羔子、小兔羔子、王八羔子、鳖羔子、王八犊子、鳖犊子、野狗、疯狗、瞎狗、死狗、癞皮狗、刺儿头、驴脸、小毛驴、野驴、狐狸精、秋后的蚂蚱、井里的蛤蟆、癞蛤蟆、烂货、破鞋、短命鬼、大头鬼、没头鬼等。

2. 动宾型。由两个部分组成，两个部分之间有支配与被支配的关系。例如：放屁、打烂你的狗头、挨枪子、折阳寿、遭天谴、挨黑枪、遭雷劈、挨雷劈、下油锅、下十八层地狱、不得好死、丧良心、滚犊子、挺尸、诈尸等。

3. 主谓型。由两个部分组成，两个部分之间有陈述与被陈述的关系。例如：狗改不了吃屎、下辈子变驴（猪）、永世不得超生等。

4. 联合型。由两个部分组成，两个部分之间是并列的关系。例如：熊包软蛋、瘸骡瞎马、痴眉呆眼等。

（二）附加式

1. 加后缀构成的。有加"儿"后缀的，例如：臭样儿、揍性儿、瘪茄子色儿、山炮儿、小毛驴儿等。有加"子"的，如：土狍子、兔羔子、小猴儿崽子、王八犊子等。有加不规则后缀的，加"吧唧"的：虎了吧唧、傻了吧唧、牛了吧唧、二虎吧唧、秃了吧唧等；加"巴登"的：虎了巴登、傻了巴登、牛了巴

---

① 李淑珍. 山西方言体词性三字格詈词的归属及认知解读 [J]. 忻州师范学院学报，2010 (6).

登、二虎巴登、秃了巴登等；加"光叽"的：虎了光叽、傻了光叽、牛了光叽、二虎光叽、秃了光叽等；加"啷叽"的：虎不啷叽、傻不啷叽、二虎啷叽、牛个啷叽、秃个啷叽等；加"拉叽"的：虎不拉叽、傻不拉叽、秃不拉叽、牛不拉叽、二虎拉叽等。加"烘烘""几几""呵呵"不同叠音后缀的，如：刺儿烘烘、臭屁烘烘、牛烘烘、臭烘烘、二烘烘、痴不几几、傻不几几、熊不几几、蔫吧几几、虎吧几几、傻呵呵、二呵呵、呆呵呵、虎呵呵、熊呵呵等。

2. 加中缀构成的。加"个"的，如：虎个啷叽、牛个啷叽等；加"不"的，如：虎不啷叽、傻不啷叽、牛不拉叽、酸不溜丢等。加"了"的，如：秃了吧唧、牛了巴登、虎了光叽、傻了光叽等；加"里"的，如：花里胡哨、窝里窝囊、埋里埋汰等；加"拉"的，如：丑拉吧唧、傻拉吧唧、秃拉吧唧等；加"巴"的，如：贱巴啰唆、黑巴拉叽、傻巴拉叽等。

3. 加前缀构成的。前缀比较少，主要是"二"，如：二不愣、二不愣子、二的呵、二呵呵、二赖子、二虎巴登、二虎啷叽、二虎拉叽、二把铲子等。

4. 叠音构成的。例如：咧咧、吵吵、嘟嘟、笨笨痴痴、笨笨呵呵、骂骂咧咧等。

二、科尔沁地区汉语方言詈骂语的文化蕴意

英国语言学家帕默尔说过："语言忠实地反映了一个民族的全部历史、文化，忠实地反映了它的各种游戏和娱乐，各种信仰和偏见。"① 科尔沁地区詈骂语是科尔沁地区民俗文化赖以留存、传承的媒介，是深入研究地域历史文化的活化石。

（一）科尔沁地区詈骂语是科尔沁人喜爱音韵的自然再现

科尔沁地区的詈骂语，受北京语音的影响，有一部分带有"儿"字后缀，这种从构词形式上很容易找到规律，如："不上线儿""捺性儿"等构词形式都为动宾式，还有主谓式的以及不带有口语色彩的词语。② 后缀"儿"没有普通话区别词义、词性以及表达喜爱、细小等感情色彩的作用，这些词带上"儿"音尾也不增加新的语义，而且"儿"音尾也不容易去掉，③ 但在语境中表达效果却不同，不带"儿"时贬损的色彩更浓，带上"儿"程度略轻，有时已由贬损幻化成玩笑或亲昵的嗔怪，如"看你那臭样儿""变成瘪茄子色儿了吧"。更

① ［英］L. R. 帕默尔. 语言学概论［M］. 李荣等，译. 上海：商务印书馆，1983：139.
② 谭宏娇，王海欧. 东北方言詈骂语特征浅析［J］. 吉林师范大学学报，2009（3）.
③ 许皓光. 东北方言词汇的构词和修辞特点初探［J］. 辽宁大学学报，1994（4）.

重要的是"儿"化音的运用，使语言增添了一种积极的、开朗的韵律，贬损者与被贬损者都能从中获得愉悦，寻找到生活的情趣。除此之外，科尔沁汉语方言中的詈骂语还具有大量的表义丰富的由拟声词充当的独特的后缀，如"吧唧""巴登""唧叽""光叽"等，并且具有类推效能。就"吧唧"而言，是吃饭时发出的不雅声音，后来也表示其他事物发出的声音或类似的声音，是个拟声词，在科尔沁地区汉语方言中充当了后缀，能构成"二虎吧唧""傻了吧唧""牛了吧唧""秃了吧唧"等詈骂语。带有"吧唧"类的詈骂语，表示人或事物的状态，在原有语义基础上加深情感色彩，使贬义色彩更深更浓，口语色彩极强。汉语的四音节平仄相间、抑扬顿挫，是科尔沁人的最爱，当词语不足四音节时，就会用中缀"了"或"不"等填充，凑足 4 个音节，如"虎了吧唧""傻不唧叽"等，其实就此类词而言，构词模式为：词根+中缀+后缀，后面的三个音节都是词缀，为的就是音节整齐、上口，韵味深长。而叠音后缀"呵呵""烘烘""巴巴"等，同样具有拟形、拟声、拟态等功效，增强语言的表现力。科尔沁人爱声响、爱韵律这是众所周知的，茫茫草原赋予了科尔沁人另一种人生情怀。

（二）科尔沁地区詈骂语是科尔沁人情感的本真流露

在科尔沁地区的詈骂语中，偏正型使用频率最高，所占比例最多，其次是动宾型。偏正型的詈骂语中心词多为动物类或动物类的幼崽类，如：猪、驴、虎、牛、犊子、崽子、羔子等，这与科尔沁地区的生存条件有直接的关系。在水草肥美的科尔沁大草原，牛、羊、狗 、狼、狍子与人们朝夕相伴，是生活的必需品，也是忠实的伙伴，对其脾气秉性认知度非常高，因此就有了细腻的用于描写的詈骂语，而这些詈骂语绝大多数能进入到"像……一样""……似的"的话语模式中："（你）像傻狍子一样""（你）懒猪似的"，构成明喻辞格，也可加"是"或相当于"是"的词语构成暗喻辞格："（你）是个傻狍子""（你）就是个懒猪"，或以借喻形式直接出现。明喻含蓄，暗喻直接，借喻简洁明了、一针见血，是口语、书面语首选的对象，使用频率相当高。动宾型的詈骂语，本身就带有动作性，而且所指对象明确、具体，在语义的表达上比偏正型的更进一层，"挨雷劈""下油锅"等几近天下最恶毒、最残忍、最丑陋之能事，对人和事进行最大化的诅咒与贬损，让其一辈子、几辈子、辈辈都无脸见人、抬不起头，将其打入十八层地狱，永世不得翻身。而"虎了吧唧""虎了巴登""虎了光叽""虎不唧叽"等带有附加词缀的詈骂语，在原有贬损意义的基础上程度更深，除了直面事实进行陈述外，更多的是说话者对人生发出的感叹与质疑，世界上真的存在这样的人吗？真的会做出这样的事吗？隐无可隐、忍无可忍，咬碎牙根直陈实情。科尔沁人生活在茫茫的大草原上，夏季的燥热、冬季的寒冷、春秋两季的大风，造就了他们坚硬、坚强、刚正不阿、敢爱敢恨的性格特点，于是在情感宣泄上敢说敢道、直来直往，图的就是直接、畅快淋漓，是自身情感的本真流露。

（三）科尔沁地区詈骂语是人类自身崇拜的间接凸显

人，《说文解字》曰："天地之性最贵者也。"《礼记·礼运》曰："故人者，天地之德，阴阳之交，鬼神之会，五行之秀气也。故人者，天地之心也，五行之端也，食味，别声，被色，而生者也。""人"字甲骨文写作"𠤎"，突出头、臂、胫，头在臂胫的支撑下高扬着，傲视一切的样子。我们的先辈自古就知道自身的优势、地位与价值，明白在有生命的世界里是"最贵"的，是不可企及的，不由自主地产生出"自娇""自宠""自大"的心理，整个世界唯我独尊，因此，当同类有了与自身行为不符的言谈举止时，就会愤怒、指责甚至辱骂，发泄内心的不满，将其贬为不如自身的低下、卑贱的猪、狗、狼、狐狸，骂为让人心生恐惧的可恶的厉鬼，目的是使其悔改，鼓励上进。表现在语言上有：

"狗"类的：野狗、疯狗、瞎狗、死狗、癞皮狗、打烂你的狗头、狗改不了吃屎等。

"猪"类的：死猪、懒猪、猪脑子、下辈子变猪等。

"虎"类的：虎个嘲的、虎嘲的、虎巴巴、二虎、虎了吧唧、二虎吧唧、虎了巴登、二虎巴登、虎了光叽、二虎光叽、虎不唧叽、二虎唧叽等。

"熊"类的：熊货、熊色（shǎi）、熊包、熊包软蛋等。

"牛"类的：牛了吧唧、牛了巴登、牛了光叽、牛烘烘等。

"鬼"类的：短命鬼、大头鬼、没头鬼、恶鬼、死鬼、鬼托生的、鬼样、鬼声狼嚎、人模鬼样、懒鬼等。

其他的如：傻狍子、土狍子、兔崽子、小兔崽子、兔羔子、小兔羔子、猴儿崽子、小猴儿崽子、王八羔子、鳖羔子、王八犊子、鳖犊子、驴脸、小毛驴、野毛驴、下辈子变驴、狐狸精、秋后的蚂蚱、井里的蛤蟆、癞蛤蟆、狼掏的、瘸骡瞎马、驴脸大挂等。

猪、狗、狼、狐狸等动物与草原人关系最密切，是人们物质生活最重要的组成部分，鬼怪妖魔始终存在于人的精神世界中，意味着死亡与地狱。用与人类生活息息相关的事物进行类比联想，最简单也最直接，从而凸显出只有人类才独有的聪颖、智慧、德性、品质。从深层文化心理看，贬损类詈语则是认准了物、鬼不如人，是对人的价值的肯定和礼赞。① 杨绛先生说："人称万物之灵并不因为创造了人类的文明；人的可贵，也不在于人类创造的文明。人虽然渺小，人生虽然短促，但是人能学，人能修身，人能自我完善，人的可贵在人自身。"

（四）科尔沁地区詈骂语是人类自身颠覆的深刻反映

世间之事，十有八九不如意，怨天怨地怨自己，排解这种怨气最畅快淋漓的方式，就是极尽侮辱、詈骂之能事，把世界上最难听、最让人不能接受也不能忍受的歹毒之语喷射出来，而这些歹毒之语莫过于对心中最崇拜、最敬仰的以"母亲"为代表的女性进行辱骂，对让人类繁衍生息、不断壮大的男女生殖器官进行攻击。远古时代，生产力水平低下，要想寻求社会的发展，作为社会生产力的人的再生产至关重要，而原始人口的生产特点是高出生率、高死亡率、极低的增长率。生殖崇拜文化就是产生于原始社会对于人类自身再生产的迫切需要。郭沫若的《释祖妣》认为，从古文字学的角度考释，"妣"（ ﹨甲骨文）为女性生殖器的象形字，"祖"（ ▲甲骨文）为男性生殖器的象形字。原始人类的生殖崇拜是一种遍及世界的历史现象。② 当人们把某一事物当作崇拜对象时，这一崇拜物就具有了至高无上的地位，变成了不能触碰的对象，而敢于直面它并加以辱骂、践踏于脚下，可见詈骂之人的恶劣情绪已达到了极点。这种疯狂的带有淫秽性的攻击说到底就是对自身的颠覆，其目的就是为了得到最大化的愉悦，取得精神上的慰藉。表现在语言上，如用"屄""鸡巴""蛋""卵子""妈""操"等组合的各种詈骂语。

英国美学家李斯托威尔说过："情绪的表现，既是个人的，又是社会的。每一种情绪状态，都想把它自己表现到外面来。表现的结果，增强了欢乐，减少了与其相伴的痛苦。"③ 科尔沁地区汉语方言詈骂语与科尔沁人一样，气粗声大、盛气凌人、不容置疑，即使是体现消极的情绪和情感，包括谴责、指斥、批评、嘲讽、厌恶、憎恨、仇视、威胁、损毁、中伤、侮辱等等，④ 也从不遮遮掩掩，讲究的就是个畅快淋漓、一步到位，哪怕是对自身进行攻击、以颠覆自我为条件也在所不惜。十里同风不同俗。科尔沁地区的詈骂语虽非语言中的基本词汇，但它却让科尔沁汉语方言绽放出多姿多彩的魅力，让科尔沁地区民俗

---

① 陈伟武. 骂詈行为与汉语詈词探论 [J]. 中山大学学报，1992 (4).
② 赵国华. 生殖崇拜文化略论 [J]. 中国社会科学，1988 (1).
③ 李斯托威尔. 近代美学史评述 [M]. 上海：上海译文出版社，1980：113.
④ 姜明秀. 汉语詈骂语研究 [D]. 吉林大学硕士学位论文，2007.

文化得以留存和传承，揭开其诡异、魔性、丑陋的神秘面纱，我们看到的是科尔沁人积极向上、乐观豁达、勇往直前的民族精神。

　　语言是文化的载体，科尔沁地区汉语方言是地域文化的承载者。科尔沁地区的传统历史文化千千万万，有代表性的有的被纳入到了国家级、省级、市级、县级等非物质文化遗产项目的名单中，仅通辽市人民政府现已公布的五批非物质文化遗产代表性项目名录名单，以及第三批代表性项目名录扩展项目名单，就涉及了科尔沁地区的科尔沁区、开鲁县、库伦旗、奈曼旗、扎鲁特旗、科尔沁左翼中旗、科尔沁左翼后旗和霍林郭勒市的 10 类 121 项，其中民间文学 13 项、民间音乐 19 项、民间舞蹈 5 项、传统戏剧 3 项、曲艺 6 项、杂技与竞技 4 项、美术 9 项、传统手工技艺 35 项、传统医药 8 项、民俗 19 项，像蒙古族长调、蒙古族谚语、哲里木版画、开鲁手工地毯制作技艺等均在其中，这中间有蒙古族非物质文化遗产项目，也有汉族和其他少数民族的，还有多个民族在长时间的历史交往中共建的。聪明睿智的科尔沁人在这片广袤的土地上创造了色彩斑斓的地域文化，但名录中的那些只是冰山一角，尚有支撑我们生活的浩如烟海的政治、经济、历史、科技、风俗习惯、价值观念、审美特征等项目没有被吸收，它们同样重要，千百年来从物质和精神两个层面滋养、丰富着科尔沁地区广大民众的生活，因此我们不但要守护她，而且还要在传承中发展，在发展中创新，只有这样才能实现"各美其美，美人之美，美美与共，天下大同"的夙愿。

主要参考文献

一、著作

[1] 葛剑雄主编. 中国移民史 [M]. 福州：福建人民出版社，1997.

[2] 郝维民，木德道尔吉. 内蒙古通史纲要 [M]. 北京：人民出版社，2006.

[3] 李如龙. 汉语方言的比较研究 [M]. 北京：商务印书馆，2001.

[4] 李如龙. 汉语方言学 [M]. 北京：高等教育出版社，2001.

[5] 马国凡，邢向东. 内蒙古汉语方言志 [M]. 呼和浩特：内蒙古人民出版社，1997.

[6] 钱曾怡. 汉语方言研究的方法与实践 [M]. 北京：商务印书馆，2002.

[7] 王辅政，喜蕾. 内蒙古现代汉语方言 [M]. 呼和浩特：民族出版社，1999.

[8] 曹志耘. 中国方言文化典藏调查手册 [M]. 北京：商务印书馆，2015.

[9] 王世凯，杨立英. 东北方言与文化 [M]. 北京：中国国际广播出版社，2014.

[10] 陈原. 社会语言学 [M]. 上海：学林出版社，1983.

[11] 陈松岑. 语言变异研究 [M]. 广州：广东教育出版社，1999.

[12] 威廉·拉波夫著，石峰等译. 语言变化原理：内部因素 [M]. 北京：商务印书馆，2019.

[13] 张兴权. 接触语言学 [M]. 北京：商务印书馆，2012.

[14] 曹志耘. 汉语方言地图集（语音卷、词汇卷、语法卷）[M]. 北京：商务印书馆，2008.

[15] 费尔迪南·德·索绪尔著；刘丽译. 普通语言学教程 [M]. 北京：九州出版社，2007.

[16] 陆俭明. 现代汉语语法研究教程 [M]. 北京：北京大学出版

社，2013.

[17] 贾彦德. 汉语语义学 [M]. 北京：北京大学出版社，1999.

[18] 王远新. 语言田野调查实录 [M]. 北京：中央民族大学出版社，2011.

[19] 乔子良，薛彦田. 科尔沁史话 [M]. 呼和浩特：内蒙古人民出版社，2009.

[20] 额尔德木图等. 科尔沁文化史 [M]. 呼和浩特：内蒙古人民出版社，2012.

[21] Pinker, Steven. The Language Instinct [M]. New York：William Morrow and Company, Inc, 1994.

[22] 费尔迪南·德·索绪尔. 普通语言学教程 [M]. 高名凯译. 北京：商务印书馆，2011.

[23] 陈原. 社会语言学 [M]. 香港：商务印书馆香港分馆，1984.

[24] 中共通辽市委史志办公室编. 通辽简史 [M]. 赤峰：赤峰彩世印刷有限公司，2012.

[25] 郝维民等. 内蒙古通史 [M]. 北京：人民出版社，2011.

[26] 通辽市文化志编委会. 通辽市文化志（2009—2016 年）[M]. 内部材料，2017.

[27] 林幹. 东胡史 [M]. 呼和浩特：内蒙古人民出版社，1989.

[28] 郝维彬. 科尔沁历史考古 [M]. 呼和浩特：内蒙古人民出版社，2007.

[29] 曹永年. 内蒙古通史 [M]. 呼和浩特：内蒙古大学出版社，2009.

[30] 魏收. 魏书（卷100）[M]. 北京：中华书局，1974.

[31] 脱脱等. 辽史（卷32）[M]. 北京：中华书局，1974.

[32] 亦邻真. 亦邻真蒙古学文集·成吉思汗与蒙古民族共同体的形成 [M]. 呼和浩特：内蒙古人民出版社，2001.

[33] 李锡厚. 辽史 [M]. 北京：人民出版社，2006.

[34] 欧阳修撰，李逸安点校. 欧阳修全集（卷82）[M]. 北京：中华书局，2001.

[35] 向南. 辽代石刻文编 [M]. 石家庄：河北教育出版社，1998.

[36] 闫天灵. 汉族移民与近代内蒙古社会变迁 [M]. 北京：民族出版社，2004.

[37] 中国百科大辞典 [M]. 北京：华夏出版社，1990.

[38] 丁鼎. 中国古代移民述论 [M]. 济南：齐鲁书社，1998.

[39] 梁方仲. 中国历代户口、田地、田赋统计 [M]. 上海：上海人民出版社，1980.

[40] 珠飒. 18—20 世纪初东部内蒙古农耕村落化研究 [M]. 呼和浩特：内蒙古人民出版社，2009.

[41] 刘海源. 内蒙古垦务研究（第一辑）[M]. 呼和浩特：内蒙古人民出版社，1990.

[42] 邢亦尘. 清季蒙古实录 [M]. 呼和浩特：内蒙古社会科学院，1980.

[43] 刘海源. 内蒙古垦务研究·试论清代卓索图盟、昭乌达盟的放垦 [M]. 呼和浩特：内蒙古人民出版社：1990.

[44] 宋乃工等. 中国人口（内蒙古分册）[M]. 北京：中国财政经济出版社，1987.

[45] 章有义编. 中国近代农业史资料（第 2 辑）[M]. 北京：生活·读书·新知三联书店，1957.

[46] 马戎，潘乃谷. 边区开发论著 [M]. 北京：北京大学出版社，1993.

[47] 傅增湘. 绥远通志稿·民族志·蒙志 [M]. 呼和浩特：内蒙古人民出版社，2007.

[48] 满洲事情案内所：满洲帝国概览 [M]. 满洲事情案内所，1940.

[49] 孙宏开. 中国的语言 [M]. 北京：商务印书馆，2007.

[50] 黄伯荣，廖序东. 现代汉语（增订六版）[M]. 北京：高等教育出版社，2017.

[51] 内蒙古自治区地方志办公室编. 内蒙古自治区志·方言志（汉语卷）[M]. 北京：方志出版社，2012.

[52] 天海谦三郎. 旧热河蒙地开垦资料二则 [M]. 满铁调查局印行，昭和十八年（1943 年）.

[53] 洪汝冲. 昌图府志 [M]. 1910 年铅印本.

[54] 关东都督府陆军部编. 东蒙古 [M]. 大正四年（1915）.

[55] 爱德华·萨丕尔著，陆卓元译. 语言论 [M]. 北京：商务印书馆，1985.

[56] 杨锡彭. 汉语外来词研究 [M]. 上海：上海人民出版社，2007.

[57] 向熹. 简明汉语史（上册）[M]. 北京：高等教育出版社，1993.

[58] 王力. 王力文集 [M]. 济南：山东教育出版社，1985.

[59] 刘正埮，高名凯等. 汉语外来词词典 [M]. 上海：上海辞书出版社，1984.

[60] 曹道巴特尔. 蒙汉历史接触与蒙古语言文化变迁 [M]. 沈阳：辽宁民族出版社，2010.

[61] 王玉海. 发展与变革——清代内蒙古东部由牧向农的转型 [M]. 呼和浩特：内蒙古大学出版社，2000.

[62] 亨儿只斤·吉尔格勒. 游牧文明史论 [M]. 呼和浩特：内蒙古人民出版社，2002.

[63] 约瑟夫·房德里耶斯. 语言 [M]. 岑麒祥、叶蜚声译. 北京：商务印书馆，1992.

[64] 张士尊. 清代东北移民与社会变迁：1644—1911 [M]. 长春：吉林人民出版社，2003.

[65] 李守信. 内蒙古文史资料·我出生前后的热河南部蒙旗社会（第十辑）[M]. 呼和浩特：内蒙古人民出版社，1983.

[66] 程志峰主编. 通辽年鉴（2016 卷）[M]. 海拉尔：内蒙古文化出版社，2016.

[67] 杜家骥. 清朝满蒙联姻研究 [M]. 北京：人民出版社，2003.

[68] 斯大林全集（第 11 卷）[M]. 北京：人民出版社，1955.

[69] 乔子良，薛彦田. 科尔沁史话 [M]. 呼和浩特：内蒙古人民出版，2009.

[70] 阎国栋. 俄国汉学史 [M]. 北京：人民出版社，2006.

[71] 李德滨，石方. 黑龙江移民概要 [M]. 哈尔滨：黑龙江人民出版社，1987.

[72] 李斯托威尔. 近代美学史评述 [M]. 上海：上海译文出版社，1980.

[73] L·R·帕默尔. 语言学概论 [M]. 李荣等译. 上海：商务印书馆，1983.

[74] 曹炜. 现代汉语词汇研究 [M]. 北京：北京大学出版社，2003.

[75] 张世方. 北京官话语音研究 [M]. 北京：北京语言大学出版社，2010.

[76] 王军. 东北官话研究 [M]. 北京：中国石化出版社，2017.

[77] 黄伯荣等. 汉语方言语法调查手册 [M]. 广州：广东人民出版社，2001.

［78］王才. 开鲁方言词典［M］. 呼和浩特：内蒙古人民出版社，2014.

［79］唐聿文. 东北方言大词典［M］. 长春：长春出版社，2012.

［80］林焘，王理嘉. 语音学教程［M］. 北京：北京大学出版社，2013.

［81］鲍怀翘，林茂灿. 实验语音学概要［M］. 北京：北京大学出版社，2014.

［82］石锋. 语音平面实验录［M］. 北京：北京语言大学出版社，2012.

［83］石锋. 语音格局［M］. 北京：商务印书馆，2008.

［84］许曦明，杨成虎. 语音学与音系学导论［M］. 上海：上海交通大学出版社，2011.

［85］王洪君. 汉语非线性音系学［M］. 北京：北京大学出版社，2008.

［86］贝先明，向柠. 实验语音学的基本原理与 praat 软件操作［M］. 长沙：湖南师范大学出版社，2016.

［87］中国社会科学院，澳大利亚人文科学院. 中国语言地图集［M］. 香港：朗文（远东）出版有限公司，1987.

［88］中国社会科学院语言研究所. 中国语言地图集·汉语方言卷（第2版）［M］. 北京：商务印书馆，2012.

［89］中国社会科学院语言研究所，中国社会科学院民族学与人类学研究所，香港城市大学语言资讯科学研究中心. 中国语言地图集·少数民族语言卷（第2版）［M］. 北京：商务印书馆，2012.

［90］哲里木盟地方志编纂委员会. 哲里木盟志［M］. 北京：方志出版社，2000.

［91］科尔沁左翼后旗志编纂委员会. 科尔沁左翼后旗志（1989—2007年）［M］. 海拉尔：内蒙古文化出版社，2008.

［92］开鲁县志编纂委员会. 开鲁县志（1998—2007年）［M］. 海拉尔：内蒙古文化出版社，2008.

［93］霍林郭勒市志编纂委员会. 霍林郭勒市志（1994—2006年）［M］. 海拉尔：内蒙古文化出版社，2008.

［94］科尔沁左翼中旗志编纂委员会. 科尔沁左翼中旗志（1998—2008年）［M］. 海拉尔：内蒙古文化出版社，2010.

［95］奈曼旗志编纂委员会. 奈曼旗志（1999—2008年）［M］. 海拉尔：内蒙古文化出版社，2010.

［96］库伦旗志编纂委员会. 库伦旗志（1646年—2008年）［M］. 海拉尔：

内蒙古文化出版社，2010.

　　［97］通辽市科尔沁区志编纂委员会. 通辽市科尔沁区志（1999—2008 年）［M］. 海拉尔：内蒙古文化出版社，2010.

　　［98］扎鲁特旗志编纂委员会. 扎鲁特旗志（1987—2009 年）［M］. 海拉尔：内蒙古文化出版社，2010.

　　［99］通辽市志编纂委员会. 通辽市志（1999—2008 年）［M］. 海拉尔：内蒙古文化出版社，2009.

　　［100］孔江平. 实验语音学基础教程［M］. 北京：北京大学出版社，2015.

　　［101］邵敬敏. 现代汉语通论（第三版）［M］. 上海：上海教育出版社，2016.

　　［102］李斯托威尔. 近代美学史评述［M］. 上海：上海译文出版社，1980.

　　［103］姚元之，王晫. 竹叶亭杂记·今世说［M］. 上海：上海古籍出版社，2012.

　　［104］多桑. 多桑蒙古史［M］. 北京：中华书局，1662.

二、论文及其他

　　［1］科尔沁地区近三百年人口变化及其效应研究［D］. 内蒙古师范大学硕士学位论文，2006.

　　［2］王铁钢. 清末民初达尔汉王旗汉族移民问题研究［D］. 内蒙古师范大学硕士学位论文，2010.

　　［3］祁凤清. 科尔沁汉译蒙古语地名研究［D］. 湘潭大学硕士学位论文，2000.

　　［4］姜明秀. 汉语詈骂语研究［D］. 吉林大学硕士学位论文，2007.

　　［5］东北方言中的满语借词［D］. 广西师范学院硕士学位论文，2010.

　　［6］通辽市人口发展对策研究［D］. 延边大学硕士学位论文，2007.

　　［7］谢木其尔. 科尔沁左翼中旗地名语言文化研究［D］. 内蒙古师范大学硕士学位论文，2013.

　　［8］法国汉语传播研究［D］. 吉林大学博士学位论文，2019.

　　［9］肖顺良. 美国汉语传播研究［D］. 中央民族大学博士学位论文，2015.

　　［10］苏德. 多维视野下的双语教学发展观——内蒙古地区蒙古族中小学个案［D］. 中央民族大学博士学位论文，2005.

　　［11］王越. 沈阳方言语法研究［D］. 上海师范大学博士学位论文，2020.

[12] 张欢. 汉蒙双语地区汉语通用语变异研究——以内蒙古通辽市为个案 [D]. 吉林大学博士学位论文, 2018.

[13] 佟桦. 通辽市汉语方言陈述语气词研究 [D]. 中央民族大学硕士学位论文, 2012.

[14] 兰特模. 汉人移植东北之研究 [J]. 新亚细亚, 1932 (5).

[15] 范立君. "闯关东"与东北区域语言文字的变迁 [J]. 北方文物, 2007 (3).

[16] 陈保亚. 语言接触导致汉语方言分化的两种模式 [J]. 北京大学学报 (哲学社会科学版), 2005 (3).

[17] 滕德永. 清代公主的妆奁 [J]. 宁夏社会科学, 2016 (4).

[18] 张淼, 高淼淼.《奉天通志》中东北方言的满语借词考证 [J]. 满语研究, 2011 (2).

[19] 李如龙. 论语言接触的类型、方式和过程 [J]. 青海民族研究, 2013 (10).

[20] 杜家骥. 清朝的满蒙联姻 [J]. 历史教学, 2001 (6).

[21] 余志鸿. 语言接触与语言结构的变异 [J]. 民族语文, 2000 (4).

[22] 张志敏. 东北官话的分区 (稿) [J]. 方言, 2005 (2).

[23] 赵君秋. 东北官话分区补正——与张志敏先生等商榷 [J]. 社会科学战线, 2010 (7).

[24] 熊正辉, 张振兴. 汉语方言的分区 [J]. 方言, 2008 (2).

[25] 张万有. 内蒙古汉语方言词汇特点初探 [J]. 内蒙古社会科学, 1997 (1).

[26] 顾会田. 从赤峰汉语方言词汇的成因和来源看汉、蒙、满语言的融合 [J]. 黑龙江民族丛刊, 2010 (6).

[27] 包晓华. 通辽地区蒙汉语言接触的社会动因及发展趋势 [J]. 前沿, 2015 (9).

[28] 赵玉红. 奈曼方言中的虚词"来"[J]. 现代语文, 2014 (2).

[29] 李作南, 李仁孝. 内蒙古汉语方言中的返借词 [J]. 内蒙古大学学报, 2007 (4).

[30] 李欣等. 科尔沁汉语方言语音研究 [J]. 内蒙古民族大学学报, 2019 (5).

[31] 郭晓燕. 通辽市方言与普通话同形词比较分析 [J]. 语文学刊, 2014

（1）.

　　[32] 张清常. 内蒙古自治区汉语方音概况 [J]. 内蒙古大学学报（社会科学版），1963（2）.

　　[33] 罗自群. 语言接触影响下的北方汉语方言的声调 [J]. 晋中学院学报，2016（4）.

　　[34] 龚德全. 科尔沁方言与北京官话语音比较 [J]. 广播电视大学学报，2015（4）

　　[35] 吴孟珍. 内蒙古通辽市科尔沁区汉语方言的儿化 [J]. 艺术科技，2015（9）.

　　[36] 林华勇等. 科尔沁右翼中旗汉语方言的人称代词 [J]. 中山大学学报，2014（3）.

　　[37] 潘文国. 语言的定义 [J]. 华东师范大学学报（哲学社会科学版），2001（1）.

　　[38] 胡朝阳，刘旭. 关于"语言定义"的评析与重新阐释 [J]. 湖北科技学院学报，2018（1）.

　　[39] 罗伯特·L·库珀. 姚小平译. 研究语言传播所用的分析框架：以现代希伯来语为例 [J]. 国际社会科学杂志（中文版），1985（4）.

　　[40] 李宇明. 什么力量在推动语言传播 [J]. 汉语国际传播研究，2011（2）.

　　[41] 戴庆厦，田静. 濒危语言的语言活力——仙仁土家语个案研究之二 [J]. 思想战线，2003（5）.

　　[42] 吴应辉. 国家硬实力是语言国际传播的决定性因素——联合国五种工作语言的国际化历程对汉语国际传播的启示 [J]. 汉语国际传播研究，2011（1）.

　　[43] 俞志强. 论语言国际传播动因的综合性和复杂性 [J]. 汉语国际传播研究，2013（1）.

　　[44] 董新林. 魏营子文化初步研究 [J]. 考古学报，2000（1）.

　　[45] 天峰，王玉霞. 浅谈蒙古语词的文化涵义 [J]. 内蒙古民族大学学报，2005（6）.

　　[46] 崔瑾. 借词背后的认同——从蒙语借词说起 [J]. 剑南文学，2012（12）.

　　[47] 宋立恒. 汉魏文献记载中的"东墙"实为今之荞麦考 [J]. 农业考

古，2012 (6).

[48] 朱成勇. 民族文化融合的艺术结晶——试析中国古代少数民族作家的汉语诗写作 [J]. 西华师范大学学报（哲学社会科学版），2013 (1).

[49] 杨福瑞，孙国军. 20世纪契丹名号、族源、族属问题的学术争鸣 [J]. 赤峰学院学报，2018 (12).

[50] 李鹏. "松漠"考——兼论契丹起源地 [J]. 北方文物，2017 (1).

[51] 朱晓真等. 元朝的历史地位新探 [J]. 包头职业技术学院学报，2014 (1).

[52] 张岗. 清代北方流民对直隶口外的开发 [J]. 河北学刊，1986 (3).

[53] 景爱. 清代科尔沁的垦荒 [J]. 中国历史地理论丛，1992 (3).

[54] 雷雨，高霞. 内蒙古西部方言语言接触研究述评 [J]. 内蒙古民族大学学报，2014 (3).

[55] 何廉. 东三省之内地移民研究 [J]. 经济统计季刊，1932 (2).

[56] 林传甲. 察哈尔乡土志 [J]. 地学杂志，1916 (8).

[57] 贾晓玲. 影响蒙汉双语生普通话成绩的原因与对策 [J]. 内蒙古民族大学学报，2012 (5).

[58] 包晓华. 内蒙古通辽地区蒙汉语言接触的社会动因及发展趋势 [J]. 内蒙古民族大学学报，2015 (5).

[59] 梁黎明，刘宪友. 对通辽市人口发展变化的分析 [J]. 内蒙古统计，2001 (6).

[60] 郝青云. 元明戏剧中蒙古语词的文化解析 [J]. 内蒙古民族大学学报，2010 (5).

[61] 黄锡惠. 满语地名与满族文化 [J]. 满语研究，2000 (2).

[62] 姜雅明. 源于俄语的汉语外来词研究 [J]. 天津外国语大学学报，2011 (2).

[63] 王尧. 源于俄语的汉语外来词在汉语中的发展变化探讨 [J]. 语文建设，2016 (12).

[64] 王玮琦. 哈尔滨方言中的俄语借词接触调查分析 [J]. 林区教学，2016 (5).

[65] 王瑛，玛丽娅（LUKYANENKAM）. 俄源汉语外来词的构词模式和特点——以《汉语外来词词典》405个俄源汉语外来词为例 [J]. 沧州师范学院学报，2018 (4).

[66] 范立君. 东北地区满语兴衰及其文化走向 [J]. 溥仪研究, 2015 (4).

[67] 杨惠栋. 从东北方言词看东北饮食文化 [J]. 语文学刊, 2011 (9).

[68] 王晶, 李照和. 我国北方少数民族智力体育项目嘎拉哈游戏考辨 [J]. 广州体育学院学报, 2020 (4).

[69] 张廷兴. 民间詈词詈语初探 [J]. 民俗研究, 1994 (3).

[70] 王希杰. 论骂人话 [J]. 昭乌达蒙古族师专学报, 1990 (4).

[71] 李淑珍. 山西方言体词性三字格詈词的归属及认知解读 [J]. 忻州师范学院学报, 2010 (6).

[72] 谭宏娇, 王海欧. 东北方言詈语特征浅析 [J]. 吉林师范大学学报, 2009 (3).

[73] 许皓光. 东北方言词汇的构词和修辞特点初探 [J]. 辽宁大学学报, 1994 (4).

[74] 陈伟武. 骂詈行为与汉语詈词探论 [J]. 中山大学学报, 1992 (4).

[75] 赵国华. 生殖崇拜文化略论 [J]. 中国社会科学, 1988 (1).

[76] 刘国石, 刘金德. 东北地区汉语中的满语因素 [J]. 东北史地, 2009 (3).

[77] 王艺颖. 辽宁东北官话语法研究四十年 [J]. 辽东学院学报 (社会科学版), 2020 (3).

[78] 顾会田. 北京官话区朝峰片汉语方言语法说略 [J]. 赤峰学院学报, 2011 (1).

[79] 何占涛. 朝阳方言语法特征 [J]. 文教资料, 2007 (31).

[80] 张万有. 赤峰汉语方言语法特点初探 [J]. 昭乌达蒙族师专学报, 1999 (3).

[81] 赵国华. 生殖崇拜文化略论 [J]. 中国社会科学, 1988 (1).

[82] 吕羿蒙. 东北方言中"咋""咋的"反问评价功能初探 [J]. 汉字文化, 2020 (5).

[83] 时雪敏. 通辽方言与普通话的比较研究 [J]. 语文学刊, 2008 (3).

[84] 凌满婷. 东北方言名词和动词词尾"的"——以哈阜片内蒙古通辽为例 [J]. 文化学刊, 2021 (2).

[85] 张洪杰, 梁晓玲. 东北方言语法研究的新进展 [J]. 语文教学通讯, 2013 (4).

[86] 王光全. 东北方言的几个语法问题 [J]. 吉林师范学院学报, 1991

(2).

[87] 李逊. 日本明治汉语教科书所见清末东北方言语法特点 [J]. 长春师范大学学报, 2017 (3).

[88] 弘扬草原文化 构建和谐社会——"草原文化研究高层论坛"发言摘要 [N/OL]. 中国文明网 (2005-08-09). http: //www. godpp. gov. cn/ssbgt _ /2005-08/09/content_ 6020403. htm.

[89] 春节该吃饺子还是该吃年糕 [N/OL]. 人民网 (2017-01-31). http: //gz. people. com. cn/GB/n2/2017/0131/c370110-29655342. html.

[90] 国家民委主任等参观少数民族语言文字工作成就展 [EB/OL]. 中央政府门户网站 (2007-11-28). http: /www. gov. cn/gzdt/2007-11/28/content-818035htm.

[91] 札萨克和硕达尔罕亲王世家. http: //www. tongliaowang. com/ zhuanti/content/2012-08/19/content_ 289022. htm.

[92] 通辽市统计局. 2010 年第六次全国人口普查主要数据公报 [N]. 通辽日报, 2011-05-30.